LA
CAPTIVITÉ A ULM

PAR

LE R. P. JOSEPH

MISSIONNAIRE APOSTOLIQUE, AUMÔNIER DES PRISONNIERS DE GUERRE

SUIVI

D'UNE LISTE DES DÉCÈS

ET ORNÉ DE DEUX LITHOGRAPHIES

AVEC APPROBATION DE NN. SS. LES ARCHEVÊQUES ET ÉVÊQUES

de Bordeaux, Paris, Cambrai, Nevers, le Puy, Luçon,
Saint-Claude, etc.

QUATRIÈME ÉDITION

Se vend au profit des Victimes de la Guerre

TOURS	PARIS
CATTIER, LIBRAIRE-ÉDITEUR	LECOFFRE FILS ET Cie
Rue de la Scellerie, 26-28	Rue Bonaparte, 90

1872

TOUS DROITS RÉSERVÉS

LA
CAPTIVITÉ
A ULM

ULM (Wurtemberg)

A

MES CHERS AMIS

LES SOLDATS FRANÇAIS

PRISONNIERS DE GUERRE

A ULM ET NEU-ULM

ET

A TOUS LEURS BIENFAITEURS

AVIS DE L'ÉDITEUR

SUR

LA TROISIÈME ÉDITION

L'accueil excellent que ce livre a rencontré dans le public, et qui s'est manifesté par l'écoulement exceptionnel des premières éditions, les additions nombreuses qui viennent d'y être faites et qui en rehaussent le mérite ; les œuvres patriotiques enfin dont il doit assurer le succès, nous engagent à le publier de nouveau. Les appréciations suivantes feront ressortir mieux que nos paroles l'importance que les honnêtes gens doivent attacher à sa propagation.

« C'est une page saisissante d'histoire contemporaine, » dit un lecteur compétent, « et qui a sa place obligée dans toutes les bibliothèques. Je ne crois pas qu'aucun livre traitant de nos malheurs ait été aussi bien inspiré que celui-ci. Rien de plus émouvant et de plus simple que ce récit ; rien de plus clair que les appréciations qui l'accompagnent. Pas un mot superflu ; c'est court, et dit beaucoup ; les commentaires se font d'eux-mêmes avec une facilité qui semble répondre à la pensée de l'auteur.

» Jamais livre ne fut plus utile à répandre, il est impossible qu'il ne soit goûté. S'il ne l'était pas, il faudrait croire à la perte de tout sentiment..... Mais, non ! il est encore en France de nobles cœurs, et il est digne de les toucher. »

« Cette histoire, dit la *Semaine de Nevers*, est aussi touchante qu'elle est pleine d'intérêt, non-seulement pour nos anciens prisonniers en Allemagne et pour leurs familles, mais pour la France entière. Si peu qu'il reste de patriotisme au fond de l'âme, ou même simplement de sang humain dans les veines, on ne peut lire sans émotion ces pages écrites avec un grand cœur par le témoin, le confident, l'ange consolateur de tant de misères. »

Les approbations de l'Épiscopat confirment chaleureusement ces appréciations.

Évêché de Saint-Claude, le 15 février 1872.

Mon approbation est acquise à bien juste titre à l'excellent travail du R. P. Joseph, aumônier de l'armée française, sur la captivité de nos prisonniers qu'il n'a pas voulu abandonner et qu'il a suivis généreusement en Allemagne. Je l'ai lu et relu avec un intérêt et un charme toujours croissant : je ne connais pas de récit pieux et populaire, sur nos désastres, plus propre à réveiller le sentiment chrétien, à relever le courage et à fortifier le patriotisme en ceux qui ont manqué et qui manquent encore, dans les jours malheureux que nous traversons, de ces grandes et précieuses qualités. Aussi je ne m'étonne pas que les premières éditions se soient épuisées avec tant de rapidité, et qu'il en faille une nouvelle, à laquelle je souhaite bien vivement le bon accueil qui a salué l'apparition du livre.....

† LOUIS-ANNE,
Évêque de Saint-Claude.

Nevers, le 23 novembre 1871.

Mon Révérend Père,

Vous savez que j'étais en tournée de confirmation quand vous avez bien voulu m'envoyer votre histoire de la *Captivité d'Ulm*. Dès que j'ai pu trouver, à mon retour, un moment de loisir, j'ai mis la main sur ce livre en me proposant simplement d'y jeter un coup d'œil; mais à peine en avais-je parcouru deux ou trois pages isolées, que, cédant à un entraînement irrésistible, il m'a fallu le lire tout entier. Jamais rien au monde ne m'a plus vivement intéressé ni touché plus profondément.

Vous avez fait véritablement un bon livre, l'un des meilleurs qu'il soit possible d'écrire en ces tristes temps. Je voudrais qu'il fût sous les yeux de tous mes chers diocésains, et je ne négligerai aucun moyen de le leur faire connaître. Il ranimera dans tous les cœurs l'amour de la Religion et celui de la Patrie. C'est la continuation de votre vaillante et fructueuse mission, non plus seulement vis-à-vis de nos pauvres prisonniers, mais vis-à-vis de la France entière. Puisse ce nouvel effort de votre zèle obtenir des résultats encore plus consolants!

Permettez-moi, mon cher et révérend Père, de vous offrir, comme particulier et surtout comme évêque, l'expression de ma bien sincère et bien vive reconnaissance.

† AUGUSTIN,
Évêque de Nevers.

J'ai pu me donner la jouissance de lire votre intéressante *Captivité à Ulm*, et je m'empresse de vous adresser mes vifs remerciements en même temps que mes sincères félicitations.

En écrivant ce mémorial, qui retrace d'une manière saisissante des événements et des leçons que la France ne devrait pas oublier, vous avez ajouté une excellente action à tous les actes de dévouement apostolique dont le clergé catholique, — l'auteur pour sa bonne part, — vient d'enrichir les annales de l'Eglise, pendant la douloureuse période que nous venons de traverser.

Vos émouvants récits sont émaillés de réflexions profondément justes et d'enseignements précieux, qui sont de nature à profiter aux lecteurs tant soit peu sérieux : puissent ceux-ci se multiplier dans la mesure de vos efforts et de mes désirs !

Je bénis avec effusion l'ouvrage et son auteur.

Recevez avec cette assurance, mon révérend Père, l'expression de mes sentiments respectueux et dévoués.

† PIERRE,
Évêque du Puy.

Mon Révérend Père,

Je vous remercie d'avoir bien voulu m'adresser votre relation : *La Captivité à Ulm.*

Votre mission a été vraiment apostolique : vous la complétez par cet ouvrage, où respirent la piété, le zèle et la franchise. Vous n'avez pas craint de mettre le doigt sur la plaie : un médecin dévoué et courageux tient à guérir un malade, non à le flatter. Vos conclusions, appuyées sur les faits, sont pratiques et dignes de l'attention de ceux qui veulent et qui doivent réorganiser. Pour que toute chose reprenne sa place, c'est à Dieu d'abord qu'il faut, en toutes choses, rendre celle qu'il lui appartient. On ne construit, on ne réédifie utilement qu'avec lui. *Nisi Dominus ædificaverit domum, in vanum laboraverunt.....*

† CHARLES,
Évêque de Luçon.

Bordeaux, le 8 décembre 1871.

Mon Révérend Père,

Je viens de lire vos pages si émouvantes sur la captivité d'Ulm; il est difficile de trouver une lecture plus attachante. Que de souffrances! Que de misères! Que de prodiges de foi, de charité, de dévouement! Une plume sacerdotale pouvait seule retracer cela avec émotion et avec impartialité à la fois, car vous ne cherchez pas seulement à attendrir vos lecteurs sur le sort de nos malheureux soldats prisonniers dans une forteresse d'Allemagne; vous ne vous proposez pas de flatter cet orgueil national qui nous a été si funeste et d'exciter des rancunes patriotiques contre nos impitoyables vainqueurs. Votre but est plus élevé. Vous avez voulu faire sans doute un livre intéressant, mais par dessus tout une bonne œuvre. Vous avez voulu montrer par les faits mêmes où est l'unique source de la modération dans la victoire, de la patience au milieu des douleurs les plus amères, de la sérénité en face de la mort, de la charité bien comprise et vraiment efficace. Il y a eu des chefs de corps humains, et il y en a eu sans entrailles; il y a eu des prisonniers résignés et des prisonniers blasphémateurs, des enfants dociles à l'Église et des endurcis : partout vous recherchez la cause de ces dispositions si opposées. Les premiers étaient restés chrétiens, ou avaient au moins reçu une éducation chrétienne; les seconds étaient les représentants de l'éducation sans Dieu. On voit dans votre livre la charité des libres-penseurs réduite à des mots sonores, la charité officielle distribuant, sans grands résultats, des sommes considérables, et la charité chrétienne seule capable de soulager les besoins réels et de calmer les grandes douleurs. Mais ce qui brille surtout dans vos récits, c'est le zèle du clergé catholique, c'est le dévouement de nos humbles religieuses, qui ont su, en Allemagne, comme en France, se mettre au-dessus de toute pusillanimité, sans abdiquer les sentiments du plus pur patriotisme, et traiter avec amour et respect tous ceux en qui la foi leur faisait voir des membres souffrants de Jésus-Christ.

Puisse votre livre se répandre et faire pénétrer profondément dans les âmes de ses lecteurs les enseignements qui en ressortent à chaque page !

† Ferdinand, cardinal DONNET,
Archevêque de Bordeaux.

PROLOGUE

La captivité est finie! Nos derniers malades viennent de rentrer en France; notre mission touche à sa fin; mais avant de mettre bas les armes, il nous reste à remplir un devoir inspiré par la reconnaissance, le patriotisme et la religion.

De tous les maux engendrés par cette effroyable guerre, la captivité a été, sans contredit, le plus désastreux. Elle a privé tout d'un coup la France de ses meilleurs défenseurs; elle a jeté 400,000 jeunes hommes dans les prisons glaciales de l'Allemagne, où ils arrivèrent anéantis par les émotions, brisés par les fatigues, épuisés par les privations. Au lieu d'un confort nécessaire, ils trouvèrent des aliments détestables, des logements malsains, des geôliers souvent inhumains; ils manquaient enfin des vêtements les plus nécessaires. C'est sur ces misères incommensurables que la charité a étendu son royal manteau; elle a soulagé toutes ces infortunes, calmé toutes ces douleurs et séché bien des larmes.

Que de prodiges elle a enfantés ! Il faudrait des volumes pour décrire tous les actes de sublime dévouement, de généreuse abnégation, d'inimitable héroïsme, qui ont surgi, comme par enchantement, au milieu de la consternation universelle. Grâce à cette merveilleuse expansion de l'amour inspiré par la foi, malgré ses ruines, ses hontes et ses désastres, la France est restée « le plus beau royaume après celui du ciel. »

Témoin ému de tant de vertus fécondes, pouvions-nous garder le silence ? Tandis que les peureux et les égoïstes crient que « la France est perdue, » n'est-ce pas un devoir de démontrer la plénitude de sa vie, et que, si elle a foi en Dieu et en ce qui lui reste de force, elle peut être sauvée ?

Nous aurions donc voulu citer les noms de tous nos bienfaiteurs, détailler minutieusement leurs charités ; cette tâche eût été bien douce pour nous, bien édifiante pour le lecteur. Mais que d'aumônes ont été répandues sur nous par des mains inconnues ! Et quant aux dons en nature, ils arrivaient souvent dans des moments où la misère était si pressante, que les distributions devaient se faire à mesure qu'on dépouillait les ballots.

Si nous avons le regret de ne pouvoir marquer sur

ce fragile papier tous les noms de ceux qui ont été les anges consolateurs de notre infortune, ils trouveront une compensation meilleure dans cette assurance que leurs noms sont écrits au livre de l'éternelle vie.

O vous tous qui avez eu pitié de nous, nobles châtelaines et pauvres orphelines, riches seigneurs et humbles ouvriers, clergé et laïques, agréez notre merci du temps, en attendant celui de l'immortalité !

Et vous, qui nous avez soutenu par vos bienveillantes sympathies, dans la tâche la plus difficile et la mission la plus douloureuse qui puissent être imposées à un prêtre, permettez que nous déposions ici le témoignage de notre impérissable gratitude, en attendant que votre charité reçoive sa récompense de la bouche du Christ, que vous avez soulagé dans nos soldats captifs : *In carcere eram, et venistis ad me*.

Ce récit est tout d'actualité, et donnera de la captivité subie par tant de milliers d'hommes un aperçu dont l'intérêt n'échappera à personne. Le tableau que nous traçons reproduit, à peu de chose près, la physionomie de toutes les prisons d'Allemagne.

Nous ferons connaître aussi les œuvres merveilleuses de la religion, et on verra que là, comme partout, « la mission du prêtre est enracinée dans les douleurs de l'humanité. » Des traits édifiants, qui seront lus avec émotion, attesteront tout ce que notre armée possède encore de religion, de piété, de bravoure, malgré les efforts d'un demi-siècle pour la corrompre.

En reproduisant au grand jour des faits qui l'honorent, nous avons acquis le droit de ne pas dissimuler ses misères. Au milieu des périls présents, ce serait une félonie envers la patrie et un crime devant Dieu. Les questions d'amour-propre national ou de vanité froissée doivent disparaître en présence de l'œuvre immense de notre réhabilitation. Mais qu'on ne s'en alarme point : nous avons essayé d'apporter à l'accomplissement de ce difficile devoir tous les tempéraments qui nous sont suggérés par notre dévouement aux âmes et notre inviolable attachement pour une armée que nous aimons, malgré ses défauts, avec une invincible persévérance, et que nous admirons, malgré ses défaites, avec la passion qu'inspirent ses anciennes gloires.

Nous protestons que, s'il y a des tristesses dans ce récit, il ne s'y rencontre pas d'amertume ; car nous voudrions pouvoir effacer les fautes de notre pays au prix même de notre sang.

Et maintenant, cher lecteur, veuillez parcourir ces lignes avec indulgence. Je les ai écrites en courant et au milieu des innombrables préoccupations qui sont la suite inévitable des devoirs que j'ai eu à remplir auprès de nos malheureux enfants, et des obligations nouvelles imposées à tout Français par nos malheurs.

J'ose même vous prier de le propager de tout votre pouvoir. Ma sollicitude envers nos chers captifs n'est pas éteinte : j'ai encore autour de moi des mutilés qui manquent de pain, des orphelins qui ont perdu leur père sur la terre étrangère, des malades qui subissent dans la douleur les conséquences de leur exil; s'il y a un profit, il sera pour eux, et vous aurez fait une bonne action et une aumône.

Ensuite on trouvera au chapitre xv des détails très-précis sur une entreprise importante et qui est comme le couronnement de la charité de la France pour ses enfants captifs : j'ai nommé l'œuvre des tombes de nos soldats morts sur la terre d'exil. Nous devons à notre honneur national, à notre culte traditionnel pour les morts, à l'amour de la patrie, de ne point laisser leurs cendres dans le triste abandon où elles se trouvent. Un comité a donc été constitué; une souscription est ouverte. Les premières éditions de ce livre ont contribué puissamment au résultat. Il faut à tout prix mener cette œuvre à bonne fin. Nous comptons encore une fois sur le zèle patriotique et l'activité charitable de nos lecteurs, qui auront de la sorte l'inappréciable mérite d'avoir soulagé nos prisonniers vivants, et honoré la sépulture de ceux qui ont eu le malheur de succomber sur la terre étrangère.

En retour nous prierons le Rémunérateur du verre d'eau froide de vous récompenser.

Nous supplions le Dieu tout-puissant, qui a fait « guérissables les nations de la terre », de répandre sa bénédiction sur ce pauvre livre inspiré par le patriotisme et par la foi. Nous lui demandons de donner à notre gouvernement « les dons d'intelligence et de force », qui seuls peuvent réparer le passé et assurer l'avenir ; de former en nous un peuple chrétien, docile et inviolablement uni dans l'amour du pays, et enfin de faire une France nouvelle avec les vertus antiques.

Lons-le-Saunier (Jura), 17 août 1871.

LA CAPTIVITÉ A ULM

CHAPITRE I.

LE BOMBARDEMENT DE STRASBOURG.

Avant d'entrer en matière, il importe d'exposer rapidement les débuts de notre ministère dans cette atroce guerre, qui a été ourdie dans l'ombre et provoquée par l'implacable ennemi de notre grandeur et de notre prospérité ; dont la déclaration a été consommée par la pression des révolutionnaires français ; dont le succès fut compromis par un gouvernement qui gaspilla des milliards pour corrompre le peuple et affaiblir l'armée, et dont l'issue lamentable est le plus terrible coup de verge que la justice divine ait jamais infligé aux vices d'un peuple.

« *Qui bene amat, bene castigat*, m'écrivait à ce propos un saint religieux du fond de la Suisse. Si vous savez courber la tête, reconnaître la main qui vous frappe, vous humilier et vous corriger, la mesure de vos châtiments sera celle de vos futures grandeurs. »

Je souhaite à tous les Français assez de patriotisme pour méditer ces vérités, les seules qui, en ne trompant pas, sont capables de nous sauver.

Dès le principe de cette guerre, nous fûmes frappé du soin que l'on avait pris pour ne point fournir de prêtres en nombre suffisant à l'armée sur les champs de bataille ; comme les hostilités devaient éclater dans l'Est, nous offrîmes notre personne à Mgr Raess, le vaillant et saint évêque de Strasbourg, qui encouragea nos projets; notre plus pressant désir était de nous rendre sur les champs de bataille; la Providence disposa autrement de notre bon vouloir.

Tout à coup nous fûmes cerné dans Strasbourg, sur le théâtre d'une lutte qui dura près de deux mois. Le jour et la nuit, nous étions au milieu des blessés, des malades et des mourants, remplissant aussi fréquemment l'office d'infirmier que notre ministère de prêtre, couvert souvent du sang qui jaillissait des blessures, témoin consterné des gémissements des mourants et des cris des mutilés; et en face de ces scènes d'indicible désolation les incendies partout, la fumée suffocante, les cris de désespoir de la foule,... puis la fusillade, le canon, la mitraille, dont les sons répercutés dans l'air produisent des fracas sans fin, des craquements sinistres, des bruits épouvantables. La mort sous les yeux à chaque minute : les projectiles pénétraient jusque dans l'asile de la douleur et tuaient, à côté de nous des malades et des blessés... Notre sauvage ennemi se vante de nous avoir envoyé près de deux cent mille projectiles; nos officiers m'ont affirmé que le chiffre en doit monter à trois cent cinquante mille! Et c'est aussi le plus vrai.

Il est impossible de décrire l'effet de cet horrible bombardement, dans l'âme des plus endurcis; il amena chez plusieurs une conversion solide : on se confessait en pleurant; le besoin de la prière rentrait dans les âmes; chaque jour, à la chapelle des ambulances, nous faisions une instruction, et il en résulta de grands fruits, car plus de mille soldats s'approchèrent des sacrements.

Voici une de ces lettres qui font ressortir mieux que nos paroles l'action de la grâce sur l'âme de ces braves, et le bon accueil qu'ils lui ont fait. Elle a été écrite par un jeune soldat qui avait été blessé une première fois à la bataille de Froeschwiller ; à peine guéri de sa blessure, il est monté sur les remparts, où il a sans doute succombé, car il nous a été impossible de le retrouver.

« Strasbourg, le 5 septembre 1870.

Mes très-chers parents.

« Je suis heureux de vous annoncer que je sors aujourd'hui de l'ambulance militaire, guéri de ma blessure, reçue à la bataille du 6 août.

« Je loue et bénis la très-sainte Vierge de m'avoir obtenu la grâce d'entrer dans cette maison, où j'ai retrouvé le bonheur dans la paix d'une bonne conscience ; car je me suis réconcilié avec le bon Dieu, et j'ai eu la consolation de faire la sainte communion avant de rejoindre, sur les remparts, mes compagnons d'armes qui défendent la ville de Strasbourg, depuis longtemps cernée par l'ennemi.

« En grâce avec Dieu, je ne crains pas la mitraille ; si je succombe, je vous laisse, dans cette lettre, la plus précieuse des consolations, en vous assurant que votre fils est mort en bon chrétien : il a reçu les faveurs que Dieu accorde aux âmes repenties et qui meurent sous la protection de la sainte Vierge. Remerciez-la, mes chers parents, des bienfaits qu'elle m'a procurés pendant une neuvaine que notre cher aumônier nous fait en ce moment, et moi je lui demanderai de vous consoler.

« O quel bonheur d'être chrétien! Votre nom, ô Marie, est un écho d'une patrie meilleure! Je veux vous rester fidèle ; votre souvenir sera mon soutien!

« France! ô mon pays, ô ma patrie! tes sauvages ennemis t'ont humiliée, parce que tu as perdu la force qui vient d'en haut, en désertant le drapeau de la religion ; mais je t'aime plus que jamais... Élève tes yeux vers celle qui est ta protectrice, elle te délivrera de leurs coups ténébreux, et tes prières te vaudront de nouveau les gloires du triomphe.

« Mes chers parents, priez toujours la Vierge Marie qu'elle vous obtienne de conserver la foi et la grâce de Dieu, et nous nous retrouverons dans le ciel, où nous serons heureux toujours !

« Adieu, je vous embrasse du plus profond de mon cœur...

« Votre fils, qui vous aime tendrement et qui vous demande pardon des peines qu'il vous a causées,

« T***. »

Joie d'une bonne conscience, bonheur d'être chrétien, invincible courage devant la mort, amour de la patrie, piété filiale : tout cela est éloquent dans ces lignes sorties d'un cœur que la religion a touché de sa main douce et puissante.

O libres-penseurs, montrez-nous ce type parmi les vôtres !

Et, disons-le à la louange de cette brave armée du siége, si petite par le nombre, si puissante par son courage, chaque fois qu'une victime avait succombé au poste du devoir, sa compagnie sollicitait les honneurs de la sépulture ecclésiastique, et, ici, nous sommes heureux de rendre une justice tardive à l'héroïsme d'un brave aumônier, M. l'abbé Krauth, notre ami et notre meilleur soutien pendant cette triste période, qui satisfit à toutes les demandes, en accompagnant au péril de sa vie, trois ou quatre fois par jour, les restes de nos braves à leur dernière demeure. Chaque fois il fallait passer sous une grêle de projectiles de toutes sortes, qui venaient interrompre, jusque dans l'enclos des morts, les devoirs sacrés de la sépulture.

Le dévouement de ce digne prêtre a été enseveli, avec bien d'autres, dans un oubli qui l'honore. Que saint Paul avait raison lorsqu'il s'écriait : « Si nous n'espérions pas la résurrection future, nous serions les plus malheureux des hommes ! »

Voilà, Messieurs les libres-penseurs, comment l'Église fait son devoir dans la vie et dans la mort.

Dans l'impossibilité où l'on était de transporter les défunts hors des remparts, le jardin botanique fut assigné aux sépultures.

« Elle est là, en grande partie, l'histoire de la résistance héroïque de Strasbourg. Chacune des croix de ce champ funèbre représente un drame : l'une dit que l'enfant innocent fut frappé d'un obus au milieu de ses jeux insouciants ; l'autre raconte qu'un père, qu'une mère fut arrachée du milieu des siens ; ici le soldat, héros obscur tombé aux avant-postes ou foudroyé sur le rempart ; là l'officier enlevé à la tête de ses preux. Chaque Strasbourgeois a vu porter dans ce triste jardin un parent, un ami, un être aimé, car chaque jour pendant de longues semaines a eu son deuil, et l'on ne pouvait passer une heure sans apprendre qu'une nouvelle victime venait d'être frappée (1). »

Les sépultures avaient un caractère profondément émouvant : il y avait là, chaque fois, cinq ou six cercueils, sur lesquels nos héros survivants venaient répandre leurs prières et leurs larmes. « Après son âme, après le sang de ses veines, l'homme n'a rien de plus précieux que ses larmes, car ses larmes sont le trésor de son cœur, le sang de son âme. » A la vue de ces militaires qui portaient sur leurs visages les rudes traces des souffrances endurées pour la patrie, et qui, cette fois, étaient baignés par les pleurs, on sentait

---

(1) *Le Siège de Strasbourg.*

visiblement qu'ils portaient sous une enveloppe de bronze un cœur tendre comme celui de l'enfant.

Chaque fois nous prononcions un éloge funèbre pour restituer à ces morts leur caractère d'immortelle grandeur, dont un matérialisme hideux les dépouillait, et aussi pour réconforter le cœur des survivants, qui devaient lutter toujours, avec l'acharnement du désespoir, contre une armée vingt fois supérieure.

Voici un de ces discours : nous eûmes l'honneur de le prononcer sur la tombe d'un vaillant soldat et d'un grand chrétien; nous le publions à la demande de quelques-uns de ses amis.

« Général (1),

« Messieurs,

« Vous ne vous lassez pas de combattre ni de succomber au poste de l'honneur, et moi, qui ne puis quitter le chevet de nos blessés que pour répandre les prières de l'Église sur les restes mortels de nos braves, je ne dois point me lasser de jeter dans vos âmes la sainte parole de la force et de l'encouragement.

« Permettez-moi en même temps de déposer au pied de ce cercueil le juste tribut de nos éloges et de nos éternels regrets, et de pleurer avec vous sur la perte irréparable que nous venons de faire dans la personne de M. Ducrot, chef de bataillon du génie, officier de la Légion d'honneur, qui a succombé hier au poste du devoir.

« Il était frère du vaillant général Ducrot, qui a laissé, par sa charité et sa bravoure, d'impérissables souvenirs dans cette cité de Strasbourg. Jules Ducrot possédait, comme son frère, les brillantes qualités et

---

(1) M. le général Uhrich.

les solides vertus qui font le chrétien qui ne rougit point de son Dieu, le citoyen qui aime sa patrie et le soldat qui sait mourir pour elle. Il était un solide chrétien et savait allier les austères pratiques de la foi avec les convenances sociales et les devoirs du métier. Ce qui paraît incompatible aux hommes dépourvus du sens religieux se rencontrait chez lui dans un merveilleux accord. Nature ardente pour le bien, il avait su gravir, à force de se dompter, les hauteurs sublimes de la vertu. C'est là, Messieurs, que vous avez découvert les trésors de bonté dont son âme était remplie, son affabilité envers ses égaux, son dévouement au devoir, sa condescendance à l'égard des soldats, sa fermeté dans le commandement, dont il pratiquait la paternité.

« Justice lui fut rendue. Hier soir encore, deux militaires qui appartenaient à son bataillon pleuraient à la porte de l'ambulance... J'essayais de les consoler...
« Ah ! dirent-ils, notre commandant était bien bon, il
« ne sera pas remplacé. »...

« Cet aveu et ces larmes sont plus éloquents que toutes mes paroles.

« Où irais-je chercher, Messieurs, la source de tant de valeur, si ce n'est dans une famille chrétienne et dans les fécondes inspirations de la religion pratique ?

« Ah ! laissez-moi placer ici le souvenir de vos mères ; vous leur devez votre bonté, votre bravoure. Tout ce qui se rencontre de délicatesse et de force, de sainteté et d'honneur dans votre vie n'est qu'un épanchement de leur cœur dans le vôtre ; ce sont elles qui, selon l'originale pensée de Joseph de Maistre, *vous ont appris à craindre Dieu et à n'avoir pas peur du canon.*

« C'est à une de ces mères, c'est à une de ces familles, que la mollesse des temps modernes fait malheureusement disparaître, que notre regretté commandant devait son incomparable bravoure.

« Et vous ne me donnerez point de démenti, Messieurs, si j'ajoute que c'est à la religion consciencieusement pratiquée que M. Ducrot devait sa grandeur et sa force morale. Il comprenait, en effet, que la foi catholique, dans laquelle il avait eu le bonheur d'être baptisé, est l'inspiratrice de tout bien, la puissance créatrice de toute vertu vraie, qu'elle ne saurait exercer sa salutaire influence sur tous les actes de la vie qu'à la condition d'être acceptée avec son dogme, sa morale et ses pratiques.

« Il se confessait, il communiait avec la simplicité d'un enfant et le rare bon sens d'un homme, qui sait que sa raison ne s'affaiblit pas en se soumettant à celle de Dieu.

« Par là il réduisait à néant les folles théories des sophistes qui ne voient dans la religion qu'un idéal, en repoussent les enseignements et les grâces régénératrices, et ne l'acceptent, dans les relations sociales où elle se trouve engagée, que par intérêt ou par politique.

« Grave erreur, Messieurs, car il n'y a pas de discipline sans loi, pas de loi sans la sanction de l'autorité dont Dieu est le principe : *Omnis potestas a Deo*; et si vous reléguez la religion, qui est le fondement de tout, dans les régions de l'abstrait ou d'un idéal mensonger, vous préparez la catastrophe de l'ordre social tout entier ; en détruisant la foi religieuse vous ruinez du même coup la foi politique, dont elle est la base essentielle. « Il est plus facile, disait l'historien Plu« tarque, de bâtir une ville dans les airs que de fonder « un État sans religion. »

« Et n'est-ce pas du mépris de ces vérités que sont nées les barbares maximes du droit moderne, *de la force qui prime le droit*, que nos ennemis pratiquent depuis deux mois, aux portes de cette ville, où ils mettent tout à feu et à sang, avec une sauvagerie qui, depuis le règne du cimeterre de Mahomet, ne rencontre pas d'exemples dans l'histoire ?

« C'est en présence de ces atrocités que le commandant Ducrot se trouvait placé. Il avait compris sa mission.

« Citoyen vraiment chrétien, il savait aimer sa patrie, et le pur sang français coulait dans ses veines avec une rare abondance. Quoi d'étonnant, Messieurs ?
« la patrie n'est-elle pas le prolongement de la fa-
« mille ? »

Elle est notre sol, elle conserve notre histoire et notre nationalité, elle abrite notre berceau et notre foyer, elle protége et alimente notre vie, elle couvre nos tombes pour l'immortalité. Et lorsque cette patrie s'appelle la France, que ne doit-on pas faire pour elle ? Et quand l'ennemi foule son sol de son pied oppresseur, ou quand il attaque ses villes et ses campagnes avec une barbarie sans nom, pour lui ravir, avec son honneur, une partie de son territoire, nos sacrifices doivent se mesurer à la profondeur de nos périls. O France ! tout ce qu'il y a d'or dans nos bourses et de sang dans nos veines t'appartient, et ne sera jamais trop pour la rédemption de ton indépendance et de ta foi ! « Et si jamais nous t'oublions, ô ma noble patrie !
« que notre main droite s'oublie elle-même. » *Si oblitus fuero tui, Jerusalem, oblivioni detur dextera mea.*

« Le divin Maître, Messieurs, n'a-t-il pas répandu des larmes sur sa patrie selon la chair, et n'a-t-il pas fondé par là dans nos âmes le patriotisme qui ne recule devant aucun sacrifice et qui ne fléchit devant aucun danger ?

« Religion et patrie ne font donc qu'une même chose, et au jour où des mains sacriléges ont voulu détacher la patrie de la religion, elles ont tué le patriotisme et l'ont remplacé par l'égoïsme et l'ambition personnelle.

« Qui dira les tristesses du commandant Ducrot en présence de nos ruines? Il ne s'en pouvait consoler que dans sa foi. Quelques jours avant sa glorieuse fin, il répétait à un de ses amis la parole d'un grand pape : *Et qui in cunctis deliquimus, in cunctis ferimur...* En présence de tant de malheurs, le sacrifice de sa vie pour sa patrie devenait la preuve suprême de son amour pour elle.

« Il sut mourir en héros.

« Je n'ai rien à vous apprendre, Messieurs, sur la lutte inégale que vous soutenez depuis un mois contre des forces vingt fois supérieures aux vôtres. L'histoire dira que vous vous êtes montrés dignes de votre ancien renom.

« M. le commandant Ducrot a partagé tous vos périls; il s'est présenté devant l'ennemi avec l'invincible constance du juste : jour et nuit sous des nuées de projectiles, sur les remparts, aux postes avancés, là où il y avait un danger, il était, par ses exemples, le mot d'ordre et la force du soldat... C'est là qu'il est tombé, plus glorieux et plus vaillant dans la mort qu'il ne l'avait été dans la vie...

« Oui, Messieurs, s'il est une gloire, c'est de mourir martyr pour la défense du droit et de la justice, pour le salut de la patrie : *Dulce et decorum pro patria mori.*

« Je dépose ces éloges, avec mes larmes et mes prières, sur le cercueil de ce brave défenseur du sol natal... Puissent-ils être une consolation pour la famille qui le pleure, pour l'illustre général qui perd en lui plus qu'un frère, pour vous enfin, Messieurs, qui sentez mieux que personne, dans ces jours de périls, le poids de cette irréparable perte.

« O vous qui avez payé à la patrie le tribut de votre sang, pieux et noble héros, adieu !

« Adieu au nom de la France, que vous avez tant aimée !

« Au nom de votre famille, que votre glorieuse mort consolera !

« Au nom de vos amis, qui conserveront le souvenir de vos vertus ! Du haut du ciel, où vous jouissez de la récompense, servez-nous encore auprès du Tout-Puissant, afin qu'oubliant ses justices, il n'ait plus pour nous que des miséricordes.

« Adieu !

« Et vous, Messieurs, courage toujours ! Vous êtes en ce moment les mandataires de la patrie, qui vous contemple. Défendez jusqu'à la mort cette place, qui est la clef de la France et le rempart de l'honneur national. Et si, à votre tour, vous devez succomber, rappelez-vous qu'au delà de notre exil en ce monde il est un livre que l'Écriture appelle « le livre de la vie », *liber vitæ*, où sont écrits les noms de ceux qui ont combattu le bon combat, et auxquels Dieu a accordé une couronne que le temps ne flétrira pas, car elle est immortelle. »

Ces allocutions se renouvelaient plusieurs fois par jour devant les restes mutilés et glorieux des soldats et des chefs. Il faut ajouter ici les noms des Fiévet, des d'Huard, des Nicolas, des Cavalier-Joly, des Mathiss, des Verenet, des Hermstetter, des Darcy, et de tant d'autres vaillants de l'armée et de cette garde mobile alsacienne, si française, si chrétienne et si pieuse.

Un jour c'étaient quelques cercueils de ces incomparables francs-tireurs qui luttaient volontairement pour le salut de leur chère cité. La mort de ces martyrs était d'un trop grand prix pour n'en pas faire ressortir les gloires. Notre discours, cette fois, fut interrompu par les cris de : « Vive la France! Vive le Saint-Siége! » Notre âme était inondée de joie : les défenseurs de Strasbourg venaient de proclamer éloquemment le sens qu'ils entendaient donner à la lutte qu'ils soutenaient contre l'ennemi..... *pro aris et focis.*

Non, aucun bombardement n'est comparable à celui-là. Strasbourg laisse loin en arrière Metz, Paris, Belfort, etc. Il faut remonter à la destruction de Jérusalem pour se faire une idée de ces ruines, de ces cadavres amoncelés, de ces flots de sang innocent : femmes, enfants, jeunes filles, vieillards étaient immolés chaque jour.

La plume se refuse à dépeindre toutes ces atrocités; quelques traits, toutefois, sont nécessaires.

Les nuits surtout des 18, 19, puis des 23, 24, 25, 26 août, dépassèrent en horreur tout ce qu'on peut imaginer. A huit heures du soir environ, l'infernal tapage commençait, et durait jusqu'au lendemain : c'était un roulement de tonnerre continu, des sifflements stridents, le fracas des murs qui s'écroulaient au-dessus de nos têtes, un océan de flammes qui s'échappait de tous les coins de la ville, et de près et dans le lointain on entendait les cris plaintifs des blessés ou des agonisants. Les obus arrivaient de tous côtés et tombaient de préférence sur la cathédrale et les églises, dans les ambulances et les hôpitaux.

Les blessés recueillis dans les séminaires durent être transportés dans les caves. Triste séjour pour les convulsions de la souffrance! Aux Petites-Sœurs, qui avaient recueilli, elles aussi, des blessés à côté de leurs vieillards, un boulet vint achever dans son lit de douleur un zouave déjà mutilé!

Dans la rue de l'*Arc-en-Ciel*, un obus tomba sur un

pensionnat tenu par des Sœurs : deux jeunes filles furent tuées sur le coup, cinq autres furent transportées à l'ambulance. L'une mourut, les quatre autres furent amputées.....

Un matin, en entrant dans la sacristie de l'hôpital, j'aperçus mon enfant de chœur qui sanglotait dans un coin. « Pourquoi pleurez-vous, mon ami? — Ah! répondit-il, mon pauvre père a été tué cette nuit par un boulet ; il laisse ma mère veuve avec cinq enfants ; je suis l'aîné, et je n'ai que onze ans..... »

Dans les rues, les maisons et les réduits les plus cachés, les éclats des obus faisaient de nombreuses victimes, et les blessures de ces malheureux étaient le plus souvent mortelles : les uns avaient les jambes coupées, d'autres les bras ; — plusieurs ont eu la tête enlevée; des enfants ont été broyés, quelquefois sur les bras de leurs mères ; une femme fut tuée avec son enfant; la tête du pauvre innocent tomba d'un côté, le tronc et les jambes furent lancés par la fenêtre.

En présence de ces inhumaines boucheries et de ces mutilations sauvages auxquelles aboutit le progrès *athée* du xixe siècle, on ne risque rien de demander le retour pur et simple à la barbarie.

La nuit du 24 août ne peut se décrire. Les 300 bouches à feu que l'ennemi avait réunies autour de la place vomirent en même temps leurs terribles projectiles. A toutes les extrémités de la ville, à la cathédrale, au temple neuf, au Broglie, place Kléber, quai Finkmatt, on entendait les cris sinistres : Au feu! au feu! qui se mêlèrent toute la nuit aux roulements lugubres, au fracas épouvantable des boulets et des balles ; la ville entière était enveloppée dans un océan de flammes et de fumée; des multitudes de femmes et d'enfants fuyaient leurs habitations, traînant après eux quelques vêtements ou un paquet de leurs objets les plus précieux. Heureux s'ils ne succombaient pas en chemin. Ils venaient demander aux ambulances un asile moins exposé. Là, tout était plein de blessés. Ces infortunés passaient alors la nuit sur la terre humide, au pied des remparts, ou dans les caves, où ils pleuraient et priaient... Les hommes, eux, luttaient avec l'énergie de l'héroïsme, au péril de leur vie, contre l'élément dévastateur.

C'est dans cette nuit que furent anéantis le Musée de peinture avec ses remarquables toiles, la bibliothèque, composée de 300,000 volumes, de plusieurs milliers d'incunables, d'in-folios enrichis de miniatures délicieuses, de chartes les plus curieuses, de l'histoire entière de l'Alsace, de collections uniques que les savants de l'Europe venaient admirer et consulter. Et de tous ces joyaux des lettres, des arts et des sciences, il ne restait qu'un peu de poussière et quelques parchemins calcinés qui furent emportés par le vent.

« Encore trois nuits comme celle-ci, disions-nous avec terreur, et nous serons ensevelis sous les décombres, ou consumés vifs dans l'immense brasier. »

Et l'Europe se taisait; seule, la Suisse obtint un peu plus tard d'arracher au sauvage vainqueur la proie de quelques centaines de femmes, vieillards et enfants. La parcimonie qu'il apporta à cette œuvre d'humanité a quelque chose d'odieux, et suffit pour flétrir à jamais sa mémoire.

La Religion, toutefois, devait faire entendre sa voix. Le 25 août, monseigneur Raess tenta de fléchir le général Werder en faveur de son malheureux peuple. A trois heures de l'après-midi, il sortit de la place avec un parlementaire : il voulait demander que le bombardement cessât, selon le droit, contre une population inoffensive, et que les hostilités fussent dirigées seulement contre la forteresse et la garnison. Il ne put même le voir ; et tandis qu'autour de lui, comme à l'abri du pavillon parlementaire, on construisait une batterie qui, le soir même, tira sur la cathédrale, il lui fut répondu que le général ne laisserait certainement pas sortir les femmes et les enfants, puisque c'était un élément de découragement et de faiblesse pour nous, et de force pour lui ; que ce qu'on avait vu jusque-là n'était rien, qu'il y avait 63,000 soldats et 300 canons.

« Eh bien, Monsieur, attaquez-vous donc aux remparts, livrez l'assaut, s'écria le vénérable prélat indigné, c'est tout ce que l'on vous demande ! — Oh ! nous pourrions certainement prendre la ville de vive force, répondit le chef d'état-major, car nous savons que vous n'avez pas de garnison ; mais *son Excellence* veut épargner le sang de ses soldats. »

Donc, le sang d'enfants innocents, de vieillards débiles, de faibles femmes, n'était rien. C'est un trait qu'on peut opposer encore aux protestations du prussien contre l'accusation de barbarie qui pèse sur lui. Ah ! c'est un grand crime au compte de l'Europe, ou plutôt de la révolution cosmopolite, d'avoir préparé l'éclosion de cette puissance sur le continent.

« Après cela, on devait s'attendre à tout, et les résolutions se montrèrent à la hauteur des circonstances. Le général Werder avait compté sur la frayeur des femmes de Strasbourg pour lui ouvrir un passage ; mais celles-ci ont répondu par le plus admirable exemple de détermination, de patriotisme qu'ait enregistré l'histoire : durant tout ce siége, sans que jamais la pluie de fer et de feu qui tombait de toutes parts dans les rues les arrêtât, on les a vues, intrépides et tremblantes, se pressant dans les églises, où elles priaient le Dieu tout-puissant de les sauver par un miracle ; dans les hôpitaux, où elles se multipliaient auprès des malades et des blessés ; et lorsque, revenant du Contades je rentrais en ville le matin, maintes fois j'en ai rencontré, la figure pâle et défaite, les traits amaigris, frissonnant de tous leurs membres à chaque détonation, qui me disaient : « N'est ce pas, Monsieur, on ne se rendra pas ! » (1)

L'Évêque était à peine rentré en ville que l'ennemi répondit à sa courageuse démarche par un bombardement effroyable. Vers minuit, on put contempler un tableau horriblement grandiose, la cathédrale, *cette huitième merveille du monde,* était en feu ; elle avait été criblée de projectiles ; les sculptures, les colonnettes, les statues que la terreur de 93 avait épargnées, étaient mutilées, le grand orgue troué par les obus, les magnifiques vitraux anéantis, l'horloge astronomique seule n'était pas endommagée. On ne peut décrire l'effet que produisait la masse de pierre de l'énorme chef-d'œuvre entouré de flammes et éclairé jusqu'au sommet par l'incendie. C'était fantastique, saisissant et horrible en même temps.

Dans cette même nuit, la plus poignante scène de terreur se passa à l'hôpital civil, qui recevait des projectiles comme les autres édifices : l'église était en feu ; les salles étaient remplies de malades, de vieillards, de blessés, et à tout moment des obus éclataient près d'eux ; tous ces malheureux allaient trouver la mort dans le brasier..... Qui dira leurs cris, leurs gémissements, leurs angoisses ! On lutta avec l'énergie du désespoir, et l'église seule fut détruite.

On évalue à deux mille, non compris les morts, le nombre des mutilés de la population civile.

Et les Allemands s'étonnent de l'invincible antipathie de l'Alsace pour ses bourreaux !

(1) *Notes sur le siège de Strasbourg*, par M. du Petit-Thouars.

C'est vraiment trop de naïveté : ce sang-là criera vengeance éternellement, l'Alsace en porte sur son front la marque indélébile, qu'elle opposera toujours à ses vainqueurs comme la cause indestructible de ses résistances et de ses haines pour le régime prussien.

Les droits de la guerre autorisent-ils ces actes de sauvagerie ?

Jamais ! chez les peuples civilisés qui comptent pour quelque chose l'honneur et l'humanité (1).

La nécessité de s'emparer de Strasbourg peut-elle les justifier ?

Tout le monde sait que si tous ces projectiles qui ont été lancés dans la ville pour la détruire et tuer ses habitants, avaient été dirigés exclusivement sur les travaux de défense, comme il était juste, Strasbourg n'aurait pas tenu, et se serait rendu quinze jours plus tôt.

Les Allemands eux-mêmes étaient indignés de ces atrocités ; voici ce que nous lisons dans un de leurs journaux :

« Le nom du général Werder prendra place dans l'histoire à côté de celui de Tilly. Jamais, même sur les champs de bataille les plus sanglants, où gisaient des milliers de cadavres, je n'ai vu un spectacle plus

---

(1) « Par un singulier contraste, les progrès de la science moderne nous conduiraient-ils à ce point qu'il entrerait à l'avenir dans les droits de la guerre d'écraser à distance, à couvert, toute une population civile pour contraindre la garnison d'une place forte à se rendre ? Au degré où nous a fait descendre l'oubli des principes les plus élémentaires de ce christianisme qui a enfanté notre grande civilisation européenne, je n'ose pressentir la réponse. Je ne souhaite, pour ma part, d'autre châtiment au souverain qui, déjà ceint des lauriers de la victoire, a laissé ses lieutenants inaugurer cette ère nouvelle, que d'entendre à son dernier jour, à sa dernière heure, les cris des petits enfants de Strasbourg expirant dans les flammes. » (*Notes sur le siége*, par M. du Petit-Thouars.)

désolant que celui de Strasbourg après sa reddition. Des centaines de maisons appartenant à des gens honnêtes et paisibles ne sont plus qu'un monceau de ruines, qui couvrent çà et là les cadavres de pauvres femmes et d'enfants innocents. Les palais des Lettres, des Arts et des Sciences, où s'étaient concentrés les travaux intellectuels de plusieurs générations d'hommes savants, ne sont plus qu'un tas de cendres et de poussière ; de nombreux établissements industriels, objets des bénédictions du pays, ont disparu ; la magnifique bibliothèque, admirée par l'Europe savante, s'est évanouie dans une mer de flammes et de fumée ; enfin la cathédrale, œuvre la plus splendide de l'architecture gothique, a été incendiée, mutilée, dégradée (1)... »

On a dit aussi, pour justifier ce vandale, que ces barbaries doivent être attribuées à Bismark, de Roon, Moltke, et enfin à leur maître et seigneur le *pieux* Guillaume-Attila.

Mauvaise raison : un soldat qui respecte le droit des gens et de l'humanité n'accepte pas de pareils commandements.

Ce qui m'épouvante dans tout cela, c'est qu'un peuple qui ait osé ces choses ait acquis, par cet odieux abus *de la force contre le droit*, la prépondérance en Europe.

Ce n'est guère qu'au mois de septembre que commença le bombardement régulier des remparts ; dès lors il y eut des victimes en grand nombre, et je n'oublierai jamais les scènes navrantes dont je fus le témoin assidu, à toutes les heures du jour et de la nuit, en présence des corps mutilés de nos pauvres soldats, auxquels je prodiguais les secours de la religion et

---

(1) *Die Warte,* numéro du 15 octobre.

tous les soulagements en mon pouvoir. On quittait un mourant pour en retrouver un autre, sous le feu incessant de l'ennemi qui lançait ses projectiles de telle façon qu'ils passaient par-dessus la ville tout entière et tombaient ensuite sur les remparts, en frappant par derrière les soldats qui les garnissaient. « Il n'y avait pas sur toute la ligne une seule batterie couverte, et chaque obus faisait des victimes ; jusqu'à la fin du siège on vit passer quinze, vingt fois par jour des brancards sur lesquels se tordaient des blessés, ou les voitures funèbres qui emportaient les morts. Les braves défenseurs de Strasbourg allaient avec courage à leurs dangereux postes ; nul ne savait s'il en reviendrait, et chaque fois que des détachements quittaient les casernes pour en relever d'autres aux remparts, ceux qui partaient et qui restaient se disaient adieu, se serraient avec effusion les mains ; puis quand on revenait sain et sauf, on s'embrassait comme des amis qui se retrouvent le soir d'une bataille (1). »

Enfin Strasbourg devait tomber : la défense était désespérée, le carnage effroyable ; la prise de la ville devenait certaine, car des brèches avaient été pratiquées dans les remparts. Il fallait se rendre.

Le 27 septembre fut cette date à jamais néfaste dans les annales de la patrie.

« Le lendemain, 28 septembre, la garnison se disposa au départ. Les bataillons, les compagnies étaient formés ; les clairons sonnèrent, les tambours battirent, et on se mit en marche vers le faubourg National. Mais, en traversant les rues, par quels cris et quelles acclamations ne furent-ils pas accueillis, tous ces braves défenseurs de Strasbourg ! Quelle émotion sur tous les visages ! Que de larmes quant on vit passer

---

(1) *Siége de Strasbourg.*

pour la dernière fois ces vaillants soldats qui venaient de lutter avec tant d'héroïsme! L'accablement et la douleur se lisaient dans leurs traits. Avoir tant de fois exposé sa vie, avoir bravé la mort en face pendant des journées, pendant des semaines et des mois; avoir résisté à toutes les fatigues, et aboutir ensuite à la captivité! Il y avait de quoi briser leurs cœurs.

« Si l'on n'avait écouté que leur ardeur, que leur dévouement, que leur ferme résolution, on aurait résisté encore. Mais le général Uhrich avait écouté la voix de l'humanité; il savait que la résistance était vaine désormais, que tout le sang versé coulerait sans profit; il ne voulait pas prolonger les souffrances d'une population malheureuse, en partie ruinée; il avait écouté la raison aussi; car il avait vu que les remparts ne pouvaient plus être défendus; il voulait éviter à la ville et à ses soldats les terribles conséquences de l'assaut, et, prenant conseil de son cœur, de sa conscience, de son devoir tout à la fois, il dit : « C'est assez! »

« Les soldats brisèrent leurs armes, les jetèrent à l'eau, les lancèrent contre les pavés, et se dirigèrent, vivement surexcités, vers le lieu du rendez-vous. Artilleurs, pontonniers, marins, chasseurs, infanterie de ligne, cavalerie, turcos, zouaves, gendarmes, douaniers, gardes mobiles, francs-tireurs, officiers, soldats, enfants de troupe : tous se pressaient dans un pêle-mêle indescriptible. La foule les entourait silencieuse et triste : c'était une séparation si cruelle! Comme le danger qu'on partage rapproche pourtant les hommes! On était des étrangers l'un pour l'autre; vient un péril commun, et l'on est presque frères : on sentait s'en aller des amis, une partie de soi-même, avec ces pauvres prisonniers...

« Tout à coup la longue colonne s'ébranle, un dernier regard, une dernière poignée de main ; une larme à la hâte, et... adieu (1) ! »

Puis on entendit subitement les tambours, les fifres et une marche militaire. C'étaient les troupes allemandes qui entraient à Strasbourg.

Bientôt nous fûmes cernés dans nos ambulances; on arracha de leurs lits nos blessés et nos malades pour les transporter en Allemagne. C'est comme si l'on nous avait arraché l'âme.

Que faire? c'était bien simple, il fallait les suivre; les abandonner eût été une cruauté. Nous traversâmes le Rhin le même jour pour nous rendre à Fribourg-en-Brisgau. Là nous fûmes accueilli par Mgr de Kübel, qui nous offrit l'hospitalité dans sa maison épiscopale, avec une générosité dont nous lui garderons fidèlement le reconnaissant souvenir jusqu'à la mort.

Le vénérable prélat, qui unit à la douceur de la colombe la force du lion, et qui résiste avec un indomp-

---

(1) *Siège et Bombardement de Strasbourg.*

Les Allemands étaient accourus de tous les bords du Rhin pour assister au défilé de nos défenseurs. « Ceux-ci marchaient avec dignité et le front haut, me disait un témoin oculaire, et on lisait sur leurs fronts le sentiment de leur valeur : Nous sommes battus, nous ne l'avons point mérité, nous avons la conscience d'avoir fait bravement notre devoir. »

« Dès que nous fûmes hors de la place, dit M. du Petit-Thouars dans son rapport au ministre de la marine, cette masse se disloqua et forma sur la route une longue colonne maintenue par un double cordon de fantassins et de cavaliers prussiens, dont la brutalité ne tarda pas à s'exercer sur les traînards. Nous marchâmes ainsi durant deux longues journées, presque sans repos ni distribution de vivres, continuellement maltraités ; et malgré les conditions expresses de la capitulation, un grand nombre d'officiers se virent enlever leurs armes. Mais ceux qui ont fait cette route *à pied* ne peuvent le regretter, car ils ont pu encore protéger leurs hommes en intimidant de temps en temps les officiers et les soldats de l'escorte, et ils savent maintenant ce que c'est de se trouver livrés sans défense aux mains des Allemands. »

table courage aux odieuses persécutions des Badois contre l'Église, nous donna pleine juridiction pour son diocèse, dont nous visitâmes les dépôts.

Quelques jours après, nous apprîmes que le typhus avait éclaté à Ulm parmi les prisonniers, et qu'ils allaient se trouver sans secours ; nous nous y rendîmes en toute hâte, et c'est là que commencèrent pour nous d'autres épreuves, dont on trouvera le récit dans les pages que l'on va lire.

CHAPITRE II

LA VILLE D'ULM

Avant Sadowa, la ville d'Ulm, chef-lieu du cercle du Danube, était une forteresse de la Confédération germanique. Bâtie sur la rive gauche de ce fleuve, qui reçoit là l'Iller et la Blau, elle domine une plaine riche et fertile.

Elle compte 25,000 habitants, dont 6,000 catholiques, non compris la garnison, qui est de 3,000 hommes en temps de paix, et qui peut être portée à 20,000 hommes en temps de guerre.

La cathédrale d'Ulm, qui appartient depuis la réforme au culte protestant, est un des plus majestueux monuments de l'architecture gothique en Allemagne ; elle est remarquable par ses vastes proportions, la pureté de ses lignes et son élévation. Le chœur et les cinq nefs sont entièrement terminés, malheureusement sa tour colossale, qui devait dépasser en hauteur la flèche de Strasbourg, est restée inachevée ; les guerres de religion du xve siècle ont arrêté son essor vers le ciel.

Comme tous les temples, elle est peu ornée à l'intérieur ; on y remarque quelques beaux vitraux, un orgue immense et un chœur en bois sculpté.

Ulm ne renferme aucun autre monument digne d'être cité. Le pont du Danube, terminé en 1842, celui du chemin de fer, fini en 1854, et l'embarcadère, sont des constructions très-ordinaires. Les rues de la ville sont étroites, tortueuses, assez malpropres.

La ville possède aussi un collége, une école des arts et métiers et des écoles primaires très-nombreuses. L'industrie, favorisée par la navigation du Danube, consiste dans la mouture, la fabrication des tissus, des pipes, de l'amadou, des cartes à jouer, des allumettes, etc. La bière, fabriquée dans d'innombrables brasseries, s'exporte au loin, et possède une réputation fort méritée.

La ville de Neu-Ulm, située sur la rive droite du Danube, a remplacé l'ancien faubourg de Schweikhoffen ; elle appartient à la Bavière, et se trouve enclavée dans l'ensemble des travaux de défense. Elle renferme près de 2,000 habitants, presque tous catholiques.

Ces fortifications, dont la première pierre fut posée le 18 décembre 1844, sont assurément les plus imposantes de l'Allemagne ; elles forment une immense ceinture de remparts, de murailles, de fossés, de bastions ; il faut au moins cinq heures pour en faire le tour, et elles sont couronnées par de nombreux ouvrages avancés, établis sur les collines qui entourent la vieille cité et la dominent.

Les principaux sont la citadelle du Wilhelmsburg, puissante et grandiose construction qui peut abriter plusieurs milliers de soldats, et qui paraît imprenable. Les forts Alpek, Pritwitz, XII, XIV, XV, XVI, XXXVI, Unter-Kuhberg, Ober-Kuhberg, Kienlesberg, Donau-bastion I et XXIV, qui défendent l'entrée du Danube aux deux extrémités de la ville, servaient de prison à nos soldats.

Ulm était autrefois une ville libre impériale du cercle de Souabe; elle passa à la Bavière en 1802, et au Wurtemberg en 1810. Aujourd'hui elle a sacrifié son indépendance au despotisme militaire de Bismark, qui en a fait une forteresse prussienne avec un gouverneur prussien.

Tout le monde connaît la célèbre capitulation d'Ulm, dont Napoléon 1er fut le héros, en 1805, et par laquelle 30,000 hommes et un immense matériel de guerre étaient livrés à sa discrétion.

En 1870, notre sort fut bien différent. Après les défaites de nos armées de l'Est et de la Loire, 10,000 soldats français entraient dans la ville comme prisonniers de guerre; 2,000 environ arrivèrent à Neu-Ulm.

Ils furent casernés dans les forts et casemates énumérés plus haut; mais de nouveaux désastres ayant amené de nouvelles victimes, on construisit pour elles des baraques en bois, à l'instar de celles des autres camps allemands.

Dans quelques villes, on utilisa d'anciens couvents pour y loger nos prisonniers. Singulier retour des événements de ce monde! ces établissements avaient été supprimés par Napoléon Ier, au nom « des immortels principes »; les religieux en avaient été chassés, leurs biens confisqués, et le vainqueur ne se doutait pas que, par ses odieuses spoliations, il préparait des prisons aux fils de ses soldats...

Ces constructions, y compris même les baraques, étaient assez saines; on ne peut en dire autant des casemates, que je comparerais volontiers aux *Ergastula* des anciens. Bâties à un et deux étages sous terre, elles ne recevaient la lumière que par quelques rares ouvertures, sans fenêtres, qu'on était obligé de boucher avec de la paille dans les froids excessifs.

Les pauvres prisonniers étaient alors dans une obscurité complète. Il en résulta de nombreuses maladies d'yeux; plusieurs, en sortant de là, ne voyaient plus la lumière du jour; d'autres perdaient la vue à la nuit tombante, et ne supportaient plus les faibles lueurs de la lampe ou de la chandelle.

Les infirmités contractées de la sorte sont incalculables.

Dans les temps secs, le séjour de ces lieux horribles était encore tolérable; mais lorsqu'arrivaient les pluies ou le dégel, ils devenaient presque inhabitables : l'eau suintait à travers les voûtes et les murs, et coulait dans les étroits corridors; l'humidité pénétrait alors les vêtements et les paillasses. Toutes ces causes d'insalubrité engendrèrent de nombreuses maladies, qui trop souvent, hélas! se terminèrent par la mort... Et combien, parmi les survivants, qui conserveront toute leur vie les traces indélébiles de ces souffrances!

L'administration allemande s'en préoccupa; elle fit évacuer quelquefois ces tristes habitations; mais il arrivait sans cesse de nouveaux prisonniers : il fallait de la place, et cette plaie des casernements malsains devint une cruelle et inévitable nécessité.

Ah! on ne se doutait pas du sort réservé à notre armée prisonnière; si on avait su calculer les privations, les souffrances, les maladies qui allaient décimer ses rangs dans des proportions que n'atteignent pas les plus sanglantes batailles, on eût percé les rangs ennemis, même au prix des plus grands sacrifices; on ne se serait pas livré si servilement et si lâchement! La France n'eût peut-être pas été sauvée, mais on aurait épargné des vies et des larmes; on aurait évité à nos soldats cette humiliation, la plus cruelle de toutes dans les phases de cette effroyable guerre.

Les épicuriens et les sceptiques, qui présidaient à ces catastrophes, étaient incapables de tant de patriotisme.

A Neu-Ulm, les prisonniers furent placés dans les casemates des remparts, qu'on appelait « poternes », et quelques baraques ; ces logements étaient assez convenables ; leurs habitants ont moins souffert que les prisonniers de l'autre rive, et ils jouissaient, en général, d'une liberté plus large.

Tel fut, pendant neuf mois, le théâtre de nos souffrances et le champ où nous eûmes à exercer le ministère le plus douloureux et le plus difficile qui puisse être imposé au prêtre.

CHAPITRE III

L'ARRIVÉE DES PRISONNIERS

Les premiers prisonniers arrivèrent à Ulm vers le 10 août, après les sanglantes batailles de Wissembourg et de Reichshoffen.

Ils étaient peu nombreux ; la plupart étaient blessés, et avaient été arrêtés dans leur fuite, ou chez des paysans qui leur avaient donné asile.

Au commencement de septembre, après les désastres de Sedan, la vieille ville ouvrit les portes de ses forteresses à 5,000 vaincus de cette horrible journée. Ils arrivèrent dans le plus triste état, et avec le cortége de toutes les souffrances causées par l'incurie qui avait présidé à tous les détails de cette déplorable campagne.

Il faudrait distinguer ici deux périodes : une qui a précédé ou accompagné nos défaites, l'autre qui les a suivies.

La première période est accablante pour les intendants de l'armée qui étaient partout, et les vivres nulle part.

Avant la bataille de Wœrth, nous avons vu de nombreux convois arrivant aux stations qui avoisinent Strasbourg, et dont les soldats demandaient du pain grands cris; depuis Lyon on ne leur avait fait aucune distribution de vivres !

Il en fut de même avant Sedan, et toujours et partout. Les soldats mouraient de faim ; les mieux favorisés vivaient avec 100 grammes de biscuit par jour ; plusieurs restaient deux ou trois jours sans manger : il n'y avait plus de pain dans les campagnes qu'ils traversaient ; ils étaient réduits à arracher des fruits qui n'étaient pas mûrs, ou à broyer entre leurs dents quelques poignées de blé qu'ils payaient chèrement : un sous-officier nous raconta qu'un jour il donna un franc pour une poignée de froment…

Ajoutez à cela des fatigues inouïes, des marches forcées, des insomnies continuelles. Quelle est, dans ces conditions, la valeur d'une armée ? N'est-elle pas livrée par avance à toutes les défaites ?

La seconde période accuse l'ennemi. Enivré des joies sauvages de la victoire, il a oublié les droits de l'humanité : nos prisonniers, traînés dans l'exil, sous les baïonnettes de leurs impitoyables gardiens, n'obtenaient le plus souvent que le soir, après une journée de marches forcées, un mauvais morceau de pain ou de viande de cheval, qu'on brûlait au feu des bivouacs pour ne pas l'avaler crue. Si, pendant la marche, l'un ou l'autre se baissait pour calmer sa soif brûlante dans l'eau boueuse des chemins, un coup de crosse venait lui rappeler que ce soulagement n'était pas permis. Le soir, on les faisait coucher à la belle étoile, sans vêtements, dans des terrains humides ou marécageux.

Plusieurs, accablés de fatigue, ne purent continuer leur route : on les fusilla sur place...

Après de pareils traitements, les tempéraments les plus robustes devaient succomber. Le typhus, la variole, la dyssenterie, firent dès lors d'innombrables victimes.

Mais il ne faisait pas encore froid; les nuits d'automne étaient supportables; l'hiver devait préparer à ces transports un nouveau genre de cruauté.

Je laisse la parole à un journal allemand : le *Wanderer:*

« Seize cents prisonniers de guerre de l'armée de la Loire sont entrés, dans la nuit, à Berlin, par le chemin de fer de Potsdam, pour être dirigés sur Stettin, où ils seront internés; mais ils sont dans un état tellement déplorable, qu'il est impossible de les transporter plus loin. Leur voyage d'Orléans à Berlin a duré 17 jours, et ni les prisonniers, ni les hommes de l'escorte n'auraient été en état de voyager encore une seule heure.

« Le transport a été effectué en soixante wagons ouverts; les malheureux devaient se tenir debout, car il n'y avait pas de siége; leur mince uniforme était trempé par les pluies battantes; le froid glacial leur gelait le corps; la neige leur montait jusqu'aux genoux, et leurs jambes vacillantes, leurs membres roidis leur refusaient le service.

« La descente de wagon était très-dangereuse, à cause des marchepieds gelés ou glissants. Un turco qui, malgré les avertissements, voulut descendre, tomba sous les roues et fut broyé. Cinq prisonniers sont morts de tétanos; plus de cent ont dû être transportés chez des particuliers, les ambulances étant toutes pleines. Avant que tous soient mis à couvert, il en mourra encore un grand nombre. Plusieurs d'entre eux ont été pris, après avoir avalé un peu de bouillon chaud, de spasmes, auxquels a succédé un sommeil profond. Les soldats sains sont déjà internés dans les casernes, et des gens bienfaisants leur ont donné de la nourriture et des habits.

« Le nombre des prisonniers du 3e régiment de zouaves est très-grand; immédiatement après son arrivée de l'Algérie, il a pris part aux combats d'Orléans, et a été presque anéanti. L'habillement de ces militaires n'est rien moins qu'approprié aux besoins d'un hiver du Nord. Leurs souliers étaient tellement déchirés, qu'ils tombaient en lambeaux; leurs larges pantalons et burnous étaient collés aux membres roidis, et ont dû leur être coupés du corps. On a dû les hisser sur les voitures qui devaient les transporter, et les porter dans les chambres qui leur étaient destinées.

« A l'autorité militaire incombe le devoir d'ouvrir une enquête sévère sur le transport des prisonniers, de prendre des mesures promptes pour mettre fin à ces souffrances. De pareilles scènes ne doivent pas se renouveler, et si les compagnies de chemin de fer ne possèdent pas de voitures couvertes en nombre suffisant, il faut supprimer de pareils transports, dont les hommes de l'escorte souffrent d'ailleurs autant que les prisonniers eux-mêmes. »

La *Gazette de Cologne* ajoute :

« Les forteresses en Allemagne sont toutes surchargées de prisonniers, et le transport de ces malheureux, dans des wagons à charbon, ouverts jour et nuit par un froid de 8 à 12 degrés, comme cela a eu malheureusement lieu, est *une cruauté* que l'on ne saurait jamais défendre *devant le tribunal de l'humanité.*

« Beaucoup de ces malheureux arrivent malades, exténués de froid et de faim, légèrement couverts, et assez souvent sans souliers et sans bas. Même dans les campagnes de 1812, en Russie, les misères et les souffrances ne peuvent avoir été beaucoup plus grandes que ce qu'on voit ici journellement. »

L'armée de Metz nous arriva dans un état indescriptible : tous étaient pâles de faim ; plusieurs furent transportés dans les ambulances, où ils moururent peu après ; leur estomac était tellement débilité, qu'il ne supportait plus une seule goutte de bouillon.

Un grand nombre étaient affaiblis au point d'être réduits à tendre non la main, mais la bouche pour recevoir les aliments qu'on leur distribuait ; en d'autres dépôts la situation était pire : à Coblentz, si je ne me trompe, 2,000 hommes avaient été entassés dans une caserne ; un médecin assura qu'ayant déplacé un monceau de paille qu'il avait vu remuer, il avait découvert trois malheureux qui agonisaient ; quatre cadavres gisaient quelques pas plus loin ; le typhus et la dyssenterie les décimaient partout. Tel est l'état où de lâches calculs et de basses spéculations avaient réduit cette armée de Metz, naguère si brillante, si disciplinée et si courageuse...

Un jour on apporta du chemin de fer, dans l'hôpital, un jeune soldat en proie au tétanos, mais on avait négligé de se procurer un billet d'entrée ; l'inspecteur fut inflexible : on le laissa dans les corridors par un froid de 12 degrés. J'arrivai sur ces entrefaites ; j'obtins à force d'instances qu'il fût couché dans un lit ; je lui fis avaler un cordial ; il expira peu après.

Mon Dieu ! je n'accuse pas cet Allemand ; je fus témoin des mêmes scènes aux portes de l'hôpital militaire de Strasbourg. Que voulez-vous, le dieu Réglement est là ; périssent toutes les armées, plutôt que de lui faire une entorse ! Les hommes sont faits pour le Réglement, et non pas le Réglement pour les hommes. La conclusion est que le *Réglementarisme*, qui a tué la France, finira par tuer toute l'Europe.

Et après toutes ces barbares inhumanités, il ne nous reste que la ressource suprême des gémissements qui s'échappent involontairement de la conscience opprimée.

Depuis que *la force prime le droit*, il n'y a plus de tribunal où l'on puisse faire appel. L'Europe civilisée, l'Europe morale, l'Europe chrétienne n'est plus, depuis que les nations ont livré leur indépendance et leur vie catholique aux mains des sociétés secrètes.

O peuple! si tu savais le mal que tu as fait en chassant de ton sein le Christ, sauveur du droit!

La place convenable pour loger une si grande multitude manquait surtout. On fut réduit, dans plusieurs villes comme Posen, Magdebourg, etc., à l'emploi des tentes; nos malades même y avaient leurs lits dans la boue; les affections les plus graves n'étaient abritées que par un peu de toile; l'eau suintait au travers de la tente et tombait sur leurs couches. On m'a rapporté qu'à Posen quelques hommes seraient morts gelés dans la nuit du 10 décembre; la violence du vent était si grande qu'une tente fut enlevée au milieu de la nuit; vingt lits remplis de malades furent ainsi découverts et laissés à la belle étoile. Au mois de janvier, heureusement, tous ces tristes campements avaient disparu.

Nos prisonniers arrivaient entassés pêle-mêle; c'était une incroyable confusion de tous les uniformes, de tous les costumes, de tous les régiments : zouaves, ligne, marine, garde impériale, artillerie, génie, tout était confondu; on n'avait fait d'exception que pour les turcos. La vue de ces compagnies avait quelque chose de fantastique, et faisait éprouver les plus pénibles sentiments.

Il était indispensable de classer cette multitude.

En l'état des esprits, il y avait lieu de séparer les officiers des soldats; on ne pouvait compter sur les premiers pour commander les seconds et les maintenir dans l'ordre. En conséquence, l'administration prussienne décida que des compagnies de 600 à 800 prisonniers seraient formées; elles étaient subdivisionnées en sections, et les sections en escouades ou pelotons. A la tête de chaque compagnie était placé un officier allemand, qui avait sous ses ordres un ou deux lieutenants ou sous-officiers allemands aussi. Toutefois, à Ulm, on voulut bien charger des sous-officiers français des fonctions de chef de section et de peloton.

Cette combinaison avait des avantages : chaque soldat pouvait, dans ses besoins, s'adresser au chef de peloton, qui en référait à ses supérieurs.

Mais elle révéla, dans toutes ses profondeurs, l'esprit d'indiscipline qui a envahi l'armée dans ces derniers temps. Les sous-officiers n'étant pas respectés, ils n'étaient point obéis, souvent ils eurent à subir des insultes ; de là on passait à des voies de fait, qui étaient punies de cachot.

Nous devions défendre le principe d'autorité; quiconque l'attaquait devant nous était mal reçu.

« Ils ne sont pas plus que nous, » disaient les soldats.

Nous répondions : « Vous êtes dans l'erreur; ils ont
« reçu de par la loi, dans l'armée, un grade que les
« défaites et la captivité n'ont pu supprimer; ils con-
« servent donc toute leur autorité, et vous leur devez
« l'obéissance et le respect. »

Eh oui, on avait dit : « Les prêtres sont des hommes comme les autres. »

Qu'a-t-on prétendu par là?

Il ne faut pas les écouter plus que les autres, et ne pas pratiquer la morale qu'ils enseignent.

Qu'en est-il résulté?

On a tiré de cette maxime des conséquences rigoureuses. Le fils a dit : « Mon père est un homme comme un autre ; pourquoi compter avec lui ? » Et on a brisé les liens de la piété filiale, et on y a substitué la révolte.

Le citoyen a dit : « Le prince est un homme comme un autre ; pourquoi me soumettre à ses décrets ? » Et on a fomenté l'anarchie dans l'État.

L'ouvrier a dit : « Le patron est un homme comme un autre ; mettons-nous en grève, ou supprimons-le. » Et on a créé l'anarchie dans le travail.

Le soldat a dit : « L'officier est un homme comme un autre ; pourquoi m'astreindre à son commandement. » Et on a suscité l'anarchie dans l'armée.

Tout cela, au fond, n'est que de la révolution et le commentaire pratique de la parole de Satan : « Vous êtes tous des dieux. »

Et avec ces beaux sophismes, on va loin.

Mais l'Apôtre a dit : « Toute puissance vient de Dieu, et celui qui résiste à la puissance, résiste à l'ordre de Dieu. »

C'est ainsi que la religion transfigure l'autorité : derrière le prêtre, le père de famille, le prince, le patron, l'officier, elle montre Dieu, qu'ils représentent auprès des diverses classes sociales, qui font de l'humanité une grande famille.

Les aveugles ! ils ne voient donc pas qu'en supprimant Dieu et le prêtre, ils ont enlevé à toute autre autorité sa base et sa sanction, et que, dans ces conditions, aucun commandement ne peut subsister ?

Quelques semaines avant la guerre, un de ces prêtres dévoués au salut du soldat avait pénétré dans une caserne de Lyon ; il donnait des conseils et distribuait quelques bons livres. Un officier l'aperçut, et le fit mettre à la porte ; puis se tournant vers ses soldats, il leur dit : « N'écoutez pas ces hommes-là, c'est de la crapule !... »

« Eh bien, me disait un témoin oculaire, cet officier

s'imaginait que, par cette impiété, il gagnerait en crédit dans l'esprit de ses subordonnés ; il s'est trompé : c'est notre mépris qu'il s'est attiré. »

En effet, « se faire gloire du nom de libre-penseur, ce n'est pas un titre d'honneur, tant s'en faut. L'honnête homme ne pense pas librement, mais comme sa conscience, la raison et les lois l'obligent de penser. On a dit de certains hommes qu'ils font de leur corps ce qu'ils veulent : ce sont les saltimbanques. Les libres-penseurs, en faisant de leur raison ce qu'ils veulent, ne sont que les saltimbanques de la pensée (1). »

Il ne faut pas se le dissimuler, ces libres-penseurs sont une puissance dans l'armée. Le jour où nous eûmes la consolation de ramener quelques hommes à la pratique des devoirs chrétiens, la persécution commença : était-ce bien le moment et le lieu ? Mais ces *libéraux*, oppresseurs de la conscience et violateurs de la liberté humaine, sont inconvertissables. Chaque acte de foi les irritait ; ils fermaient les yeux sur toutes les débauches : l'ivrognerie, la luxure, le blasphème ; mais lorsqu'un soldat communiait, c'était un crime irrémissible ; il était en butte à toutes les tracasseries et mis hors la loi.

C'était intolérable, et nous prîmes le parti de lutter, avec les armes de la parole divine, corps à corps contre cette *secte* qui met la gangrène aux blessures de la France. Il s'agissait de démasquer leurs erreurs, de dénoncer leur intolérance et de paralyser leur influence.

La riposte ne se fit pas attendre ; je reçus des lettres dignes de ces héros...

En voici un échantillon :

« ... Mes idées sur votre Christ, qui est tout au plus un grand homme, sont des verges qui vous frappent,

---

(1) De Lansade.

Monsieur. Je suis un de ces libres-penseurs qu'il vous plaît tant d'attaquer, et partant, un de ceux qui acceptent courageusement les conséquences de leurs opinions et de leurs actes, et qui ne reculent jamais devant le but qu'ils se proposent : *le progrès par la révolution.* Vous pouvez réfuter nos doctrines, mais vous ne pouvez nous nuire; nous restons ce que nous sommes; avec ce parti pris, vous pouvez comprendre que dans la lutte que je veux avoir avec les préjugés, c'est-à-dire avec le clergé, moi, libre penseur, c'est-à-dire le progrès, je ne me considèrerai jamais comme vaincu, et d'une épreuve je me relèverai toujours plus fort et plus grand. Et, pour terminer, Monsieur, je ne vous cacherai pas que je fus nourri de la lecture du *Juif-Errant,* des œuvres de Voltaire et de Jean-Jacques, de Renan; que *la Religieuse* et *le Jésuite* me sont connus; que le *Siècle* est mon journal, toutes choses que vous savez bien déjà, n'est-ce pas? Mais je suis bien aise de vous le répéter. »

C'est un de nos soldats prisonniers qui m'écrivait cela !

Celui qui dirait les ravages produits dans l'âme de ces hommes par le mauvais journal, le roman obscène, les discours corrupteurs de la caserne et du casino, ferait connaître des choses effroyables. Ignorant ce que la religion a de vénérable et de saint, n'ayant à son égard que des préjugés absurdes dont ils se servent pour la dénoncer au mépris public, ils sont ses plus dangereux persécuteurs.

Tel est le mal, sous un de ses aspects; et il est sans contre-poids, puisque l'exercice d'un culte quelconque est officiellement banni de l'armée française.

Nos officiers et sous-officiers qui méprisent Dieu se sont rendus méprisables aux yeux de leurs soldats; à l'heure des périls ils ont trouvé en eux des indisciplinés, et, au jour de l'épreuve, des insulteurs. Si, après cela, on ne renonce pas aux errements qui créent de pareilles situations, il faudra désespérer de la guérison.

CHAPITRE IV

LES OFFICIERS ALLEMANDS

Il n'est pas sans intérêt de faire connaître le milieu dans lequel nous avions à vivre.

Nous étions arrivés en pays ennemi; l'atmosphère avait je ne sais quoi de suffocant.

Des triomphes sans cesse renaissants célébrés par les joies folles de la populace, qui insultait publiquement, dans les rues, à notre malheur; les angoisses de la patrie qui s'agitait derrière nous dans les étreintes d'une agonie sans fin; ces jeunes captifs si nombreux, dont la présence sur la terre de l'exil, était la démonstration la plus navrante de notre ruine, nous mettait la mort dans l'âme mille fois le jour. Nous avions de plus à porter le poids accablant de relations continues et nécessaires avec nos vainqueurs et nos maîtres. Il fallait une prudence à toute épreuve, des ménagements extrêmes : la moindre parole, un manque de tact, une démarche inconsidérée, pouvaient nous perdre.

Telle était la situation.

Dans les écrits publiés jusqu'à ce jour, il y a eu un parti pris de dénigrer tout, jusqu'aux qualités les plus incontestables des Allemands. C'est du patriotisme mal entendu.

Certes, nous ne sommes pas disposé à exalter les incendiaires de Bazeilles et de Châteaudun, les sauvages bombardiers de Strasbourg, les pillards de nos campagnes inoffensives. Nous avons vu ces horreurs de trop près pour ne pas les maudire, et ne pas pressentir le châtiment mérité que l'avenir réserve à ces barbaries. Tout empire qui se forme par de tels moyens n'est pas viable.

Mais, comme il faut être juste, nous dirons que nous avons rencontré, chez quelques Allemands, de la bienveillance et des sympathies qui ont allégé notre mission.

Chacun, en France, a pu apprécier la valeur des officiers allemands. Si tous ne brillent pas par l'austérité des mœurs et les convictions religieuses, qui sont l'unique source des vertus militaires, il faut bien avouer que la gangrène *voltairienne* n'a point atteint chez eux les croyances immortelles, le nerf de la conscience, l'attachement au devoir, l'inviolabilité de la discipline, et, par dessus tout, l'amour invincible de la patrie, toutes choses altérées chez nous par l'égoïsme, ce fruit pourri de *la libre pensée* et de *la morale indépendante*. En général, ils regardent la Religion comme une *propriété nationale* et le bien le plus sûr du foyer domestique; les sottes railleries, la morgue incrédule, l'indifférence impie se rencontrent rarement dans leurs casernes : là, le soldat respecte et pratique; il se confesse et communie; il sait tenir son fusil avec bravoure, parce qu'il tient son livre de prière avec piété. Vous n'avez pas rencontré un seul troupier allemand *sans un manuel du soldat chrétien* dans le hâvre-sac. Le Règlement l'exige, il a raison : ce livre-là vaut mieux que la *théorie*, qui n'a plus de raison d'être dès qu'on a supprimé le principe fécond qui en soutient l'application : *la Foi religieuse*. Il est vrai que ces grandes et saintes pratiques vont tomber en Allemagne; la sécularisation des écoles innovée récemment par Bismark, qui n'est, après tout, que le mannequin docile des sociétés secrètes, portera la cognée à la racine de l'arbre ; le rationalisme possèdera alors la plénitude de son expansion, et conduira bon gré mal gré l'empire nouveau-né à une ruine irrémédiable. Il m'est doux d'espérer que ma patrie, par une voie opposée, reviendra aux principes qui ont fait la force de l'ennemi, et reconstituera son antique valeur. Mais, hélas ! le révolutionnaire français, complice assermenté des Teutons, rendra cette gloire impossible.....

A la tête du gouvernement d'Ulm se trouvait le général prussien Pritwitz, septuagénaire d'un haut mérite, qui avait contribué largement à l'œuvre des fortifications, dont l'une porte son nom. Il n'aimait pas la France, et ne cachait pas son mépris pour nos mœurs, nos allures, nos défauts et surtout notre irréligion. Mais il paraissait équitable et ne manquait pas de compassion. Les ordres qu'il recevait de Berlin étaient toujours rigoureux : il savait en mitiger l'exécution ; il conciliait l'humanité avec le devoir, accueillait les suppliques de nos soldats, et y faisait droit quand cela était possible.

Il tenait personnellement à la présence d'un aumônier français, et si je n'ai pas été banni ou emprisonné, comme plusieurs de mes collègues, c'est en partie à son esprit conciliant que je le dois.

Le lendemain de mon arrivée, il me manda dans son cabinet, et me reçut avec politesse. « Monsieur l'aumônier, dit-il, je suis heureux de vous savoir ici : le militaire ne doit pas se passer du prêtre. Vous organiserez le service religieux comme vous l'entendrez, mais de façon à ce que tous vos soldats en profitent. Je ne conçois pas une armée sans religion, et une armée est sans religion quand la pratique du culte n'y est pas en honneur. Je sais qu'en France vous ne conduisez pas vos soldats à l'église, c'est une des causes de votre ruine. En Allemagne, l'office divin est obligatoire pour l'armée ; il faut que vos soldats se conforment à nos réglements. Lorsque vous aurez des difficultés, venez me trouver. »

En vérité, ce prussien ne prêchait pas trop mal. Nos soldats ne demandaient pas mieux ; mais je fus stupéfait d'apprendre de la bouche de vieux troupiers que c'était la première fois qu'ils entendaient la messe et prêcher depuis dix, quinze, vingt ans et au delà, et pour cela il avait fallu venir en Allemagne...

A ses côtés était placé le général bavarois Dietl, commandant des forts, qui lui succéda plus tard dans le gouvernement général, et c'est avec lui que j'eus le plus de relations. Il me témoigna une bienveillance qui, dans ces cruelles circonstances, ne pouvait être dépassée et dont je lui suis profondément reconnaissant.

C'est grâce à ce concours que nous pûmes procurer les joies du retour à un grand nombre de blessés pendant le cours de cet hiver rigoureux.

Nous assistions tous les jours à des scènes bien émouvantes. Un soir, quatorze avaient obtenu leur départ ; ils vinrent me faire leurs adieux, et chercher des secours de route ; presque tous étaient mutilés. Je leur adressai quelques conseils, puis ils se mirent à genoux et me demandèrent une dernière bénédiction ; ils voulurent m'embrasser, et nous nous séparâmes les larmes aux yeux. Quelques-uns peut-être avaient appris à être hostiles à mon habit : la religion et les malheurs rapprochèrent toutes les distances (1).

(1) Ces départs furent supprimés dans la suite, voici comment : Un sergent blessé à la main obtient son rapatriement ; il rentre en France, prend du service, et passe sous-lieutenant. A peine arrivé à ce grade, il envoie au gouverneur d'Ulm sa carte, avec son nouveau titre. Dès lors, tous les départs furent interdits, grâce à cette misérable fanfaronnade d'un égoïste ; c'est un trait qui peint notre moral...

Les préliminaires de la paix avaient été signés; l'émeute du 18 mars, ce crime de lèse-patrie, le plus horrible qu'ait jamais enregistré aucune histoire, arrêta tout de suite les dispositions favorables aux prisonniers. Chose singulière! la détention devint plus rigoureuse, les sorties furent plus difficiles et les départs complétement suspendus. D'autre part, les instances des familles devinrent plus pressantes : des veuves, des vieillards, des épouses nous envoyaient des lettres pleines d'angoisses; quelques hommes abrutis par cette longue captivité perdaient la tête.

Un jour un vieillard vint du fond de la Franche-Comté, traversa les lignes ennemies, pour supplier qu'on lui rendît son fils. Il fut exaucé... Une autre fois, une jeune fille appelait son père auprès de sa mère mourante. Cette grâce fut accordée.

Les émotions se succédaient nombreuses, poignantes. Le général Dietl sut y compatir, et nous pûmes obtenir avant le terme le rapatriement de plusieurs centaines de prisonniers.

C'est une manie propre à notre siècle de reléguer la religion au dernier plan, comme un meuble au moins inutile. C'est à tort : elle a sur la vie humaine plus d'action qu'on ne pense, et si nous avons rencontré chez nos ennemis quelques sympathies, c'est à ses inspirations que nous les devons.

Il est juste de dire aussi que les officiers catholiques nous ont témoigné en général plus de dévouement que ceux des autres cultes.

Nos prisonniers conserveront de leur sollicitude un souvenir durable : c'est à ce titre que nous mentionnerons M. le major Reichstadt, adjudant du gouverneur, homme loyal et charitable; il rendit à beaucoup de soldats d'importants services; il leur consacra tout son crédit, facilita mon ministère dans plusieurs circonstances, et s'employa activement à procurer des secours à nos nécessiteux. Son épouse, Mme Reichstadt, était, de son côté, pour tous une vraie mère ; en dehors de sa sollicitude pour nos malades, elle passait une partie de son temps à coudre des vêtements ; sa maison était ouverte à toutes les requêtes. Que de larmes elle eut le bonheur de sécher, et combien de mères lui doivent de la reconnaissance ! Un autre officier supérieur, M. le colonel Conradin Sonntag, commandant tout le dépôt des prisonniers, se dévoua à tous leurs intérêts avec les sentiments d'une vraie charité. Chaque jour nous avions à l'importuner, et, toujours empressé à nous aider de son influence, il nous rendit d'inappréciables services.

Parmi les commandants des forts, il faut placer au premier rang M. le capitaine von Hueber, de la 1re compagnie de la citadelle : sa bonté proverbiale lui mérita de la part de nos soldats le surnom de *Papa*. Attentif à tous leurs besoins, il s'appliqua surtout à leur faciliter l'accomplissement de leurs devoirs de chrétiens. Aucun de ses collègues n'y mit autant de soins que lui ; nous dirons plus loin les entraves ignobles apportées par certains officiers aux exercices religieux.

Pendant le carême, le capitaine, abordant un groupe de prisonniers endurcis, leur dit : « Vous êtes tous des Chinois.

— « Mais non, se récrièrent-ils, nous sommes Français.

— « Eh bien ! répliqua le capitaine, les Français sont catholiques, le catholique doit faire ses pâques. Si vous ne les faites pas, je vous répète que vous êtes des Chinois. »

Cette leçon gaillarde profita à quelques-uns.

Il n'eut pas affaire à des ingrats : la veille de leur départ, nos soldats trouvèrent, dans leur pauvreté, le moyen de lui exprimer leur gratitude en lui offrant une tabatière en argent où étaient gravés ces simples mots : *Souvenir reconnaissant des prisonniers français.*

« Mon commandant, lui écrivit un soldat, comme nous nous trouvons sur le point du départ, permettez-moi de vous adresser ces quelques lignes pour vous témoigner nos sentiments de reconnaissance.

« Vous avez fait pour nous soulager tout ce qui dépendait de vous, comme un bon père de famille fait à ses enfants. Sans votre bon cœur nous aurions été plus malheureux.

« Mon commandant, je désirerais d'un grand cœur vous voir chez moi, cela me ferait un grand plaisir de boire un bon coup de vin vieux avec vous et mes chers parents, dont vous avez soulagé l'enfant... »

M. le capitaine Schutz, commandant la caserne des pionniers, eut pour eux des soins auxquels on ne saurait mieux rendre justice qu'en citant le témoignage suivant :

« Monsieur, lui disait un marin, soyez assuré que le souvenir de votre bienveillance ne s'effacera jamais de ma mémoire, et qu'il me sera agréable de rendre compte à ma patrie des bons soins dont vous n'avez cessé d'entourer ses enfants captifs. Quoique placé dans un camp différent, je n'en suis pas moins heureux de constater que chez vous l'humanité sait s'allier au devoir, et que dans votre esprit le prisonnier de guerre n'a pas cessé d'être homme. Vos efforts à nous être utile, votre sincère sympathie, vous ont concilié l'estime générale, qui sera pour vous une douce récompense. »

MM. Schaeffer, von Baldinger, Hauk, à Ulm; Koppel à Neu-Ulm, ont également mérité la reconnaissance de nos soldats par leurs attentions à alléger leurs souffrances.

D'autres étaient, sinon hostiles, du moins parfaitement indifférents au sort de nos infortunés compatriotes ; ils les abandonnaient à de jeunes officiers subalternes dont les prisonniers eurent beaucoup à souffrir ; souvent ils s'en plaignaient amèrement, mais inutilement... Ces hommes sans humanité étaient insensibles à nos gémissements.

Je ne devais pas échapper à leurs tracasseries.

Le général gouverneur m'avait autorisé à visiter les casernes et les forts ; je me gardai bien d'abuser de cette faveur, et pour ne point froisser la susceptibilité de ses subalternes, je ne m'y rendais que pour des motifs sérieux.

Chaque fort avait des infirmeries ; il fallait m'assurer si les secours : vêtements, vin, chocolat, etc., étaient distribués régulièrement, et arrêter, s'il y avait lieu, les abus et les détournements. Je tenais à constater aussi les besoins des valides.

Plusieurs de ces officiers, rationalistes, francs-maçons, humanitaires, subissaient ma présence avec une colère mal déguisée : j'avais le double tort d'être prêtre catholique et citoyen français ; c'était plus qu'il n'en fallait. J'eus à souffrir beaucoup ; malgré l'autorisation officielle de visiter les forts, j'étais mal accueilli, et surveillé dans toutes mes paroles et mes démarches auprès de nos malheureux prisonniers. Je ne m'occupais cependant que de leurs âmes et de leurs nécessités corporelles. Si j'ai fait du prosélytisme, c'est pour les exhorter, en public et en particulier, à la résignation, à la patience, à l'obéissance et à la discipline.

Que les gouvernements le comprennent enfin, le prêtre est de tous les régimes ; sa maxime constante est celle-ci : « Obéissez aux pouvoirs constitués. Là seulement résident l'ordre, la prospérité et la paix. »

Il ne tient pas au prêtre que cette maxime ne soit pas

suivie, et que par suite la période des révolutions soit constamment ouverte : on a si bien appris au peuple à se moquer du prêtre !

Vers la fin de janvier, je montai à la citadelle pour confesser et consoler un de nos soldats qui, par un de ces actes de révolte malheureusement trop fréquents dans notre armée, avait frappé avec violence l'officier allemand commandant son fort ; il n'y avait pas de doute sur le châtiment qui l'attendait : il devait être fusillé.

Je l'engageai à se confesser ; il le fit avec de profonds sentiments de foi, et ne put me témoigner assez le bonheur qu'il éprouvait d'être réconcilié avec Dieu. Quelques jours après il m'écrivit au crayon le billet suivant :

« Mon très-cher aumônier, je vous remercie beaucoup de toutes les bontés que vous avez pour nous tous, et particulièrement pour moi. Vous dire la joie que m'ont fait éprouver vos doux conseils est chose impossible. Vous avez remis dans mon cœur les sentiments chrétiens que m'avaient inspirés des prêtres vénérables, et que j'ai perdus en vivant dans la débauche des casernes, qui ont été pour moi, comme pour beaucoup de mes camarades, une école de perversion. Il y a cinquante jours que je languis en prison, et je ne suis pas encore jugé... Ah ! si l'on savait combien je regrette la faute que j'ai commise ! Je remercie Dieu tous les jours de m'avoir envoyé, à l'âge de vingt-trois ans, un de ses fidèles serviteurs pour me remettre dans le droit chemin. Je vous serais très-reconnaissant si vous vouliez bien m'envoyer un paroissien pour apprendre mes prières, que j'ai eu le malheur d'oublier... Et je vous promets, mon cher aumônier, que dans la vie et dans la mort je serai fidèle à vos bons conseils... »

La pensée de ce pauvre enfant, qui devait être condamné à mort si jeune, me brisait le cœur...; je tentai une démarche pour obtenir sa grâce.

Le gouverneur, à qui j'adressai ma supplique, me répondit : « Dites à vos soldats qu'on sera indulgent pour le coupable, grâce à leur bonne conduite, et au soin qu'ils ont eu de ne pas appuyer sa révolte. »

Je respirai enfin.

Le malheureux parut plusieurs fois devant le juge d'instruction; on fit traîner son procès en longueur, et quand la paix fut signée, on le renvoya secrètement en France, sans le citer devant le conseil de guerre. On lui a donc sauvé la vie.

Mais combien sa détention fut rigoureuse! pendant cinquante-sept jours on le fit coucher sur la planche, par le froid le plus intense, et pendant trois mois il ne put ni sortir ni communiquer avec qui que ce fût. J'obtins seulement de lui envoyer des vêtements et des livres, et j'avais pu le confesser.

Les officiers de son fort m'en firent un crime : les gardiens du détenu furent condamnés à huit jours de fers, au pain et à l'eau, pour m'avoir permis d'exercer mon ministère; j'étais accusé à mon tour devant le conseil du gouvernement; et comme l'acte religieux dont j'étais coupable ne suffisait pas pour motiver une condamnation, ils eurent la bassesse de me calomnier; on m'accusa donc d'avoir procuré au prévenu tabac, papier, encre, plumes, délit prévu par leurs règlements. C'était faux; ma justification fut facile, et j'adressai une protestation au gouverneur. On ne m'inquiéta pas; mais les officiers battus surent se venger.

J'étais allé visiter, au fort 14, une infirmerie où se trouvaient quelques blessés et des malades. En sortant, je rencontrai le lieutenant commandant ce fort, grossier personnage qui fit souffrir cruellement ceux de nos compatriotes qui étaient confiés à ses soins ; il les priva de la plupart des libertés accordées par ses autres collègues, restreignit mes communications avec eux, et les priva une fois pendant six semaines de l'assistance aux offices.

« Que faites-vous là? me dit-il en allemand sur le ton le plus courroucé.

— « Je visite les malades.

— « Vous n'avez pas ce droit.

— « Je vous demande pardon ; j'y suis autorisé officiellement ; vous savez, du reste, que ce n'est pas la première fois que je remplis ce devoir.

— « Où est votre passe? »

Je la lui présentai ; il me l'arracha des mains violemment, refusa obstinément de me la rendre.

« J'en ferai mon affaire, » fit-il à plusieurs reprises.

Son chef hiérarchique avait tout préparé ; le complot fut bien conduit. Une tempête fut soulevée contre moi au conseil ; la franc-maçonnerie y employa toutes ses intelligences.

Le lendemain, le gouverneur me fit savoir que je ferais bien de ne plus visiter les forts.

C'était une défense polie. Il fallut s'y conformer.

Cette interdiction, que je n'avais pas provoquée, et qui portait atteinte à la liberté de mon ministère, me fut bien cruelle. Quelques jours après la décision, un soldat tomba gravement malade dans l'infirmerie d'un fort, et mourut au bout de quelques heures. Je reprochai à l'infirmier de ne pas m'avoir prévenu ; il me répondit : « Vous n'avez plus le droit de visiter les forts. »

Mon ministère avait été restreint aux seuls hôpitaux et à l'église. On venait de réaliser ce que les libéraux français réclament à grands cris : « enfermer le prêtre à la sacristie. » Pauvres gouvernements, qui ne voient que des ennemis dans ceux qui sont les soutiens de leur pouvoir, et les plus fermes appuis de l'ordre et de la prospérité des nations! « Nous ne voulons pas, disent-ils, de cléricalisme. » — Soit; mais vous aurez autre chose : la Révolution avec le sinistre cortége des pétroleux (1).

Malgré ces persécutions particiles, nous fûmes, ce me semble, traités moins mal à Ulm qu'on ne le fut ailleurs. Dans d'autres dépôts, on rencontra nombre d'officiers sans cœur. C'est à leur inhumanité qu'il faut attribuer les sentiments de vengeance contre la Prusse que tant de prisonniers ont emportés dans leur âme, et si les révoltes n'ont pas été plus nombreuses dans ces villes, c'est à l'ascendant de la religion qu'on le doit.

(1) Voici, en preuve, le manifeste que Karl Max, jadis secrétaire de Bismark, et maintenant président de l'Internationale, lançait après la défaite de la Commune : « Désarmez et recueillez-vous, l'incendie de Paris est trop prématuré. Nous ne sommes encore que trois millions; dans vingt ans nous serons cinquante, cent millions. Alors le monde nous appartiendra ; car ce ne sera pas seulement Paris, Lyon, Marseille qui se soulèveront contre l'odieux capital, mais Berlin, Munich, Dresde, Vienne, Londres, Liverpool, Manchester, Bruxelles, Saint-Pétersbourg, New-York, le monde entier enfin. Et devant cette insurrection universelle, comme l'histoire n'en a pas encore connu, le passé disparaîtra comme un hideux cauchemar ; car l'incendie populaire allumé sur cent points à la fois, comme une immense aurore, en détruira jusqu'au souvenir... »

Voilà qui est net; en persécutant le clergé, nos gouvernants font l'œuvre de ces hommes-là. Quand donc les honnêtes gens se ligueront-ils sous la bannière civilisatrice de la Religion, pour repousser de l'Europe cette réapparition du mahométisme ?

CHAPITRE V

LE CLERGÉ ALLEMAND

Nous n'avons pas à faire ici l'apologie du sacerdoce catholique. Partout et toujours il prouve par ses œuvres la divine origine de son ministère.

Dans les violentes crises que nous venons de traverser, il s'est tenu constamment à la hauteur de sa sublime mission : sur les champs de bataille, pendant les siéges meurtriers de nos villes, dans les ambulances, au chevet des mourants et des blessés, il a été fidèlement le premier à la peine et le dernier à l'honneur. Je me trompe : souvent, pour prix de ses services, il a dû boire dans une abondante mesure la coupe de toutes les ingratitudes. C'est juste : sa récompense n'est pas de ce monde.

Le clergé allemand ne s'est pas séparé, dans ces œuvres de dévouement, de notre clergé national; il a eu à cœur de prouver au monde que le prêtre, comme la charité dont il est l'apôtre, ne connaît pas de frontières : les inimitiés des nations, les rivalités des partis, les haines implacables des guerres ne trouvent pas de place dans le champ pacifique de son action, et il est fort heureux qu'au sein de nos tourmentes la Providence nous ait ménagé cette oasis impénétrable aux passions humaines. Le clergé d'Allemagne s'est donc montré dévoué et plein de zèle pour nos chers prisonniers : nous tenons à le constater et à lui rendre justice.

Nous fûmes accueilli, à Ulm, par M. l'abbé Dischinger, curé-doyen de la ville, qui mit généreusement son presbytère à notre disposition. Nous acceptâmes avec reconnaissance ; cette hospitalité nous débarrassait des soins d'un ménage, et, en nous unissant au personnel du clergé, elle nous couvrait dans les escarmouches que nous avions à essuyer. La suite prouva que nous avions deviné juste.

Nos magasins d'effets et nos provisions de toutes sortes furent établis à la cure, où l'on avait commencé déjà le service des distributions. Il est impossible de décrire les sujétions qui en résultèrent pour le vénérable doyen ; il les accepta avec une touchante générosité ; sa maison fut dès lors ouverte à toutes les infortunes : 300 ou 400 hommes, chaque jour, venaient exposer là leurs souffrances, leurs tristesses et leurs privations !

M. l'abbé Dischinger était, en toute vérité, le type du bon pasteur ; sous un extérieur assez réservé, il cachait un cœur d'or. Ne connaissant pas le français, il y suppléait en travaillant de toutes ses forces aux améliorations qu'il était possible d'introduire dans le régime de nos soldats.

Ceux qui avaient un métier ayant été autorisés à travailler en ville, il se faisait lui-même leur intermédiaire pour leur trouver une place. Dans les affaires multiples des renseignements, des fournitures, des recouvrements de fonds, nous avions en lui un mandataire constamment dévoué. Ajoutons que ses charitables sœurs payèrent de leurs personnes, en présidant, pendant toute la captivité, à la confection du linge des prisonniers. Nous en sommes encore ému profondément. Dieu soit leur récompense !

La veille du nouvel an, nous avions dessein de donner une orange à chaque malade ; or l'orange, dans ce pays des neiges, est un fruit très-rare. Le bon prêtre, ayant su notre intention, se mit à parcourir lui-même tous les magasins de la ville, et, le soir, il nous annonça joyeusement qu'il avait ramassé un nombre suffisant de ces fruits pour nos chers infirmes.

Aussi y eut-il une grande explosion de joie dans les salles. Le soldat est un peu enfant : la moindre douceur lui cause un plaisir infini. Un jeune turco qui se mourait de la poitrine nous voit entrer avec un panier rempli de fraîches oranges ; il se lève subitement, fixe sur nous ses deux grands yeux noirs. « Oh ! l'Afrique ! » s'écria-t-il mélancoliquement. Il en reçut deux, les saisit convulsivement, et fixant encore sur nous un regard reconnaissant : « Merci, nous dit-il, avec effusion ; merci, marabout ; tu es bien bon. Allah te récompensera. Merci ! » Nous avions eu le bonheur de lui rappeler, avec ce simple fruit, tous les souvenirs de la patrie absente.

D'ordinaire les audiences de nos hommes ne devaient commencer qu'à une heure ; souvent quelque indiscret forçait la consigne, et venait nous surprendre pendant notre repas ; l'excellent curé faisait apporter un couvert, et admettait à sa table, à côté de nous, le pauvre exilé...

Chaque matin, il fallait porter la sainte communion dans trois ou quatre hôpitaux ; car nos ambulances n'avaient malheureusement pas de chapelles. Le temps matériel nous manquait pour suffire à tout. Un des vicaires, M. Baluff, se fit notre collaborateur, et, pendant tout ce rude hiver, il ne se laissa rebuter ni par la longueur du chemin, ni par les froids excessifs, pour porter le Pain des forts à nos malades.

M. l'abbé Wolff, curé de Neu-Ulm, et son vicaire, rendirent avec zèle et empressement les mêmes services aux prisonniers de ce dépôt.

Dans les villes où les prêtres français ne purent aborder nos soldats, les ecclésiastiques allemands qui connaissaient un peu notre langue recherchaient avidement les fonctions d'aumônier; et il faut leur en savoir gré : aux peines d'un ministère laborieux s'ajoutaient les haines, les susceptibilités d'un gouvernement ombrageux ; leur dévouement compromettait leur avenir, et, parce qu'ils se montraient charitables, ils furent accusés plus d'une fois d'être du *parti français,* comme on accusait sottement nos confrères de France de tenir au *parti prussien.* Les égoïstes et les lâches ne comprendront jamais rien au désintéressement surnaturel du prêtre. *Animalis homo non intelligit ea quæ sunt spiritûs Dei.*

Et dans l'impuissance de citer tous les noms, nous rendrons hommage à M. l'abbé Trippé, curé de Saint-Nicolas d'Erfurth, qui a été « l'infirmier de nos malades, le consolateur de nos malheureux, et le père de tous ».

Qu'il nous soit permis aussi de déposer le tribut de notre admiration et de nos regrets sur la tombe d'un prêtre allemand, M. le curé de Lubek, qui fut martyr de sa charité pour nos soldats. Il venait d'inhumer quelques-uns de nos prisonniers; à peine rentré, on l'appela au chevet de quelques mourants ; il s'y rendit en toute hâte et prit une affection pulmonaire à laquelle il succomba au bout de quelques jours.

Nous ne sommes pas au bout.

A côté du prêtre, dans ce pays ennemi, la religion avait placé, pour soulager nos soldats, un ange qu'on appelle « la Sœur de Charité ».

On a dit, avec beaucoup de vérité, « qu'elle est un phénomène unique dans l'histoire pour l'idolâtre et l'homme civilisé; elle assume un poste d'honneur dans l'éducation et l'exercice de la bienfaisance publique. Elle a une place incontestée dans les écoles de son sexe, dans les hôpitaux civils et militaires, dans les hospices d'incurables et dans les prisons, dans les bagnes et les colonies pénitentiaires, près du chevet du malade, dans les salles d'asile, dans les mille associations de la charité. Elle exerce une action bienfaisante sur l'enfance, sur l'adolescence, sur l'âge mûr, sur la vieillesse, sur celui qui entre dans la vie comme sur celui qui la quitte. Partout où il y a une larme à essuyer, une douleur à apaiser, une infortune à soulager, vous trouverez la vierge chrétienne en tête. Elle quitte parents, frères, sœurs, amis, biens et jouissances de la terre, famille et patrie, pour se dévouer à l'humanité souffrante. Elle renonce à tous les ornements de son sexe, à tous les luxes qui tuent la femme. Elle se revêt d'une bure grossière, suit un régime pénible. La voyez-vous, cette pauvre et frêle créature? Elle traverse l'Océan, elle brave la tempête, les fatigues et les ennuis d'un long voyage. Elle est sur toutes les plages du monde pour y répandre les bienfaits de l'instruction et de la vraie civilisation. Elle affronte même les balles et les boulets sur les champs de bataille, pour étancher le sang du blessé, ami ou ennemi, et rappelle sur la terre étrangère, par son dévouemement, à celui qui meurt victime de son devoir, la grande image de la patrie, le souvenir d'une sœur ou d'une mère absente (1). »

Cette femme se trouvait auprès du lit de douleur de presque tous nos malades. Trois hôpitaux sur cinq avaient l'inestimable privilége d'être soignés par des sœurs franciscaines. La maison-mère de ces saintes filles est à Biberach. Elles observent la règle du Tiers-Ordre de Saint-François, et font des vœux perpétuels. L'observance est, chez elles, en grand honneur; elles unissent l'office de Marthe à celui de Marie, la prière avec les œuvres de dévouement. On les a vues à la suite des armées ennemies, dans un grand nombre d'ambulances.

(1) L'abbé Bénard.

Nous laissons, avec un soin jaloux, la palme des œuvres à l'institut des Filles de la Charité de Saint-Vincent-de-Paul, qui sera imité toujours, égalé quelquefois, jamais surpassé. Toutefois j'ai rencontré rarement plus de perfection religieuse, plus de simplicité, plus de charité désintéressée que dans ces Franciscaines allemandes. Elles acceptent tous les offices de dévouement : gardes-malades chez les pauvres et les riches, institutrices dans les écoles, hospitalières dans les maisons de santé, elles offrent un refuge à toutes les misères. Aucune œuvre de soulagement corporel ou spirituel ne leur est étrangère. Et, chose merveilleuse, ces emplois différents ne nuisent pas les uns aux autres, ni ne portent atteinte à l'esprit de l'ordre, parce qu'ils sont vivifiés par la même source : la charité! A la peine et dans les plus bas offices, la supérieure des religieuses est l'égale, pour ne pas dire la première de toutes.

Je fus souvent très-surpris de trouver la supérieure des Sœurs à genoux, récurant les planchers, ou lavant les flanelles et les mouchoirs de nos soldats. J'en témoignai un jour mon étonnement : « Oh ! dit-elle, on n'est bien supérieure que quand on est la première à la peine. » Je me rappelai alors la lumineuse pensée de saint Vincent de Paul, qui voulait qu'on appelât les supérieures de ses maisons : *Sœurs servantes*. Ce titre caractéristique est à lui seul une institution ; partout où les supérieures des établissements de charité seront *Sœurs servantes*, aucune fondation ne périclitera, parce qu'elles seront fidèles au divin Modèle qui a dit : « Je ne suis pas venu pour être servi, mais pour servir et livrer ma vie pour le salut de tous... »

Elles ne savaient pas le français, sinon une seule, que nous pûmes obtenir de Strasbourg, et qui nous rendit les plus précieux services. Elles avaient réussi cependant, à force d'efforts héroïques, à apprendre quelques phrases. Mais qu'elles étaient éloquentes dans la langue de la charité, qui est celle des anges! Quels soins pour nos blessés et nos malades! Que de nuits elles ont passées à veiller à leur chevet! Toujours prévenantes, empressées, pleines d'attentions, le sourire sur les lèvres, « le cœur caché dans la main! » Quelle délicatesse elles apportaient dans les pansements et les soins de propreté! Nos pauvres soldats arrivaient souvent couverts de vermine; elles les nettoyaient, lavaient leurs vêtements, sans crainte de la contagion. « C'est l'affaire de se changer, » disaient-elles gaiement. Et ces soins dégoûtants leur arrivaient trois ou quatre fois par jour.

Ces admirables filles me témoignaient une reconnaissance contre laquelle je dus protester souvent. Le Maître a dit : « Aimez votre prochain comme vous-même. »

En conformité de ce précepte, elles considéraient comme fait à elles-mêmes tous les soulagements que je procurais à mes compatriotes. A toutes les fêtes, je faisais donner des gâteaux à tous les malades : comme elles étaient heureuses de faire ces distributions : *Vergelt's Gott!* disaient-elles. « Que Dieu vous le rende! »

Si j'apportais quelques douceurs ou procurais quelque agréable surprise à leurs chers protégés, elles ne contenaient pas leur joie, et me répétaient : *Vergelt's Gott!* Elles sentaient le prix des âmes. Quand il se rencontrait un cœur rebelle, inaccessible à toute pensée de l'éternité et du salut, comme elles étaient tristes, et quelle joie lorsqu'elles pouvaient me dire : « Il est décidé à se confesser; » et, après que le pauvre prodigue avait reçu tous les sacrements, elles venaient à moi avec un visage radieux, et me donnaient leur *Vergelt's Gott!* « Que Dieu vous le rende! »

« En vérité, a dit Jésus-Christ, il y aura plus de joie dans le ciel pour la conversion d'un seul pécheur que pour la persévérance de quatre-vingt-dix-neuf justes. » Et ces joies, les justes de la terre savent les goûter.

O saintes filles! je vous adresse, à mon tour, le *Vergelt's Gott!* de la reconnaissance. Vous avez remplacé en dévouement, auprès du pauvre exilé, une mère, une épouse, une sœur. Merci, au nom de la France, que vous avez soulagée dans ses enfants; au nom des familles dont les fils ont été sauvés par vos soins. Après tant d'héroïsme, les méchants vous calomnieront; les gouvernements vous supprimeront. « Réjouissez-vous et tressaillez d'allégresse : vos noms sont inscrits dans les cieux ! »

Comme nos soldats étaient reconnaissants de leurs excellents soins ! et comme ils sentaient profondément leur absence dans les hôpitaux dont l'administration et le service étaient purement *laïcs!* Quand on demandait à ces malades : « Vous manque-t-il quelque chose ? — Oh! oui, des sœurs ! » Allons ! MM. les révolutionnaires, hypocrites amis des malheureux, à qui ce peuple que vous flattez pour le ruiner a confié follement la gestion de ses intérêts, continuez vos suppressions, privez les asiles de l'enfance, de la vieillesse et de la douleur de cette vraie fille du peuple qu'on appelle *sœur de charité*, et la lumière se fera, et du sein de l'infortune des millions de poitrines maudiront votre mémoire.

Soin des malades, démarches pour adoucir le sort des prisonniers, défense de leurs intérêts, consolations apportées à leur douleur, tel est le sommaire des œuvres du clergé et des religieux en faveur des enfants de la France. Toute reconnaissance est impuissante... Mais au jour des solennelles assises de l'humanité, le Souverain Rénumérateur leur décernera la récompense si justement méritée.

Le silence sur ces choses eût été peut-être plus modeste. Si nous nous sommes décidé à soulever un coin du voile qui cache tant de vertus, c'est pour répondre aux stupides calomnies que certains partis imposent à la crédulité du peuple, contre le clergé et les ordres religieux.

Après de pareils dévouements, on ne devrait guère s'attendre à ces persécutions odieuses que l'impiété avait suscitées aux plus mauvais jours du dernier siècle. C'est ce qui a lieu cependant. Nous avions à peine quitté les cachots de nos prisonniers et les ambulances de nos blessés, que cette guerre aveugle contre l'Église et ses ministres recommençait avec une fureur nouvelle.

Que n'a-t-on pas fait croire au peuple ?

Lorsque le clergé, défenseur naturel de tous les opprimés, quêtait pour les prisonniers, les sociétés secrètes ont dit : « C'est pour les Prussiens... »

Et le peuple l'a cru.

Le clergé quête aujourd'hui pour les veuves et les orphelins de la guerre, et la démagogie crie : « C'est pour Henri V. »

Et le peuple le croit

Plus une calomnie est absurde, plus elle est accueillie. Jusques à quand le peuple consentira-t-il à ce qu'on insulte de la sorte à sa loyauté, à son bon sens et à son cœur ?

Je demande donc, à mon tour, si c'est par amour pour les Prussiens que les aumôniers catholiques se sont enchaînés volontairement au milieu des Français, pendant neuf mois, dans les prisons glacées de l'Allemagne (1)?

---

(1) On avait bien répandu le bruit, dans certaines communes du Centre, que j'étais allé au milieu de nos prisonniers parce que je tenais pour les Prussiens ; et on l'a cru !

Je demande aussi à quel mobile obéissaient ces prêtres *prussiens*, ces Sœurs de charité *prussiennes*, se dévouant au soulagement de ces Français, qui étaient pour eux des ennemis?

Ah! c'est que le prêtre est, par sa vocation, toujours et partout le meilleur ami du peuple. A quelque nationalité qu'il appartienne, il ne voit qu'un frère dans l'homme qui souffre; seul au monde, il pratique sincèrement « la fraternité », cette vertu bénie, dont le nom est profané chaque jour par la démagogie, qui s'en sert comme d'un masque pour couvrir ses incendies, ses pillages et ses assassinats.

Nous livrons donc ces actes du dévouement catholique à la publicité, comme une protestation contre de perfides mensonges.

Nous les signalons aux journalistes glaneurs de scandales, qui ne trouvent pas assez de boue pour la jeter à la face du prêtre.

Celui-ci sans doute n'en continuera pas moins sa divine mission; « il passera en faisant le bien. » Attaché au pilori des haines publiques, ou sous la fusillade de ses bourreaux, il trouvera toujours dans son cœur la prière du Christ : *Pater, ignosce illis :* « Mon Père, pardonnez-leur. »

Cette part faite, il ne consentira jamais à être un apostat; il doit donc prémunir le peuple contre les fausses doctrines qui le trompent.

C'est pourquoi nous supplions l'ouvrier des villes et des campagnes de se tenir en garde contre ces séductions de la presse et ces propos criminels. Du jour où les empoisonneurs publics qui les propagent ne trouveront plus de lecteurs ni d'auditeurs, la mauvaise presse aura disparu. Je ne lui souhaite point d'autre châtiment. Hélas! il sera difficilement appliqué, et c'est le signe le plus évident de notre décadence morale.

CHAPITRE VI

LE CLERGÉ FRANÇAIS

« Calomniez, calomniez, disait Basile, il en restera toujours quelque chose. »

C'était aussi la devise de Voltaire et de ses fils.

Depuis un siècle on l'a pratiquée avec acharnement contre le christianisme et le clergé ; elle a préparé la guillotine de 93, le despotisme du premier empire, la révolution de 1830, les persécutions de la monarchie de Juillet et du second Empire, enfin le massacre des otages en 1871.

C'est pour opposer la vérité au mensonge que nous avons écrit le chapitre précédent. Après avoir rendu justice au dévouement de l'Église d'Allemagne, le patriotisme et la foi nous obligent à rendre hommage aux efforts héroïques du clergé français pour soulager la patrie dans ses malheurs.

Nous resterons au-dessous de cette tâche, et nous nous en consolons, dans l'espoir que des plumes plus compétentes et plus habiles que la nôtre payeront à la religion ce tribut de justice. Plus que jamais il importe *de ne pas cacher la lumière sous le boisseau,* et de mettre en pratique la maxime de l'Évangile : *Que votre lumière brille à la face des hommes, afin que, voyant vos bonnes œuvres, ils glorifient votre Père, qui est dans les cieux.*

Qu'il nous suffise de constater combien l'Église possède de vitalité, pour ne se point laisser abattre par tant de persécutions, et combien son amour pour l'humanité est profond, puisqu'elle ne se lasse pas de répondre à l'ingratitude par des bienfaits.

Le clergé, on le sait, s'est trouvé au premier rang sur

les champs de bataille, dans les ambulances : partout, en un mot, où il y avait un danger à courir, une douleur à calmer.

Tout d'un coup 400,000 soldats sont traînés en exil et jetés en prison. Ils y arrivent brisés par les fatigues, épuisés par les privations, accablés par le désespoir ; et presque nus, ils vont passer de longs mois sous les rigueurs d'un climat sibérien.

Qui songeait alors à eux ? Qui les a suivis en Allemagne pour s'associer à leurs douleurs et à leurs privations ?

Ce sont les aumôniers. Et, qu'on le sache bien, les bras n'ont pas manqué ; beaucoup de prêtres séculiers et réguliers arrivaient de tous les points de la France au plus fort de l'hiver, et sollicitaient avec instance la faveur de s'associer à nos travaux. Il fallait répondre par des refus : on tolérait un aumônier, deux étaient de trop ! Et combien de dépôts dont l'aumônier unique fut banni ou emprisonné !

La plupart des ordres religieux comptaient de leurs membres dans cet apostolat : les PP. Carmes, Capucins, Dominicains, Barnabites, Jésuites, Lazaristes, de la congrégation du Saint-Esprit, etc.

Parmi ces religieux, quelques uns, selon la naïve image de saint Vincent de Paul, ont contracté *des infirmités qui leur serviront d'horloge pour toute la vie.* D'autres ont succombé à la peine.

Qui n'a pas connu le R. P. Hermann-Cohen, ce pianiste si brillant et si distingué, qui s'était élevé des ténèbres du judaïsme jusqu'aux splendeurs de la vérité catholique, dont il est devenu un des apôtres les plus infatigables ? A la première nouvelle de nos désastres, il était accouru en Allemagne avec le R. P. Mathieu dominicain, qui avait auparavant payé généreusement le tribut de son zèle sacerdotal pendant le siége de Strasbourg.

Arrivé à Berlin, le P. Hermann apprit le délaissement où se trouvaient nos prisonniers à Spandau ; il partit en toute hâte. C'est là qu'il tomba victime de son dévouement apostolique pour nos français devenus ses enfants. Voici le pieux récit de sa sainte mort, tel qu'il fut écrit par le prêtre qui l'assistait à ses derniers moments :

« Si je ne me trompe, c'était le 5 décembre que vous avez laissé le R. P. Hermann à Spandau, pour consosoler les pauvres prisonniers. Il n'a passé au milieu d'eux que six semaines, mais durant ce court espace de temps, il a travaillé avec tant de succès, d'abnégation et d'amour, que personne parmi nous ne l'oubliera jamais. Il était comme un aimable et bon père parmi nos captifs, leur procurant presque tout ce qui était nécessaire aux besoins de leurs corps et de leurs âmes. Combien de nos malheureux compatriotes reçurent de sa main bienfaisante les vêtements du corps et le pain céleste des âmes ! Nous ne pouvons nous empêcher de lui appliquer l'éloge de l'Ecriture : « Voilà ce prêtre excellent qui a plu à son Dieu pendant sa vie, et qui, à sa mort, a été trouvé juste devant lui. » Le 11 janvier, pour la première fois, il se sentit souffrant et dût ne plus sortir. Son seul regret était de ne pouvoir plus célébrer les saints mystères et réciter son bréviaire. La petite vérole se déclara ; il en avait contracté le germe aux hôpitaux, où, comme vous l'avez vu vousmême, elle faisait tant de ravages. Quelques jours auparavant, il avait éprouvé une douleur à la main. La pensée de la mort ne l'effraya pas, et sur son lit de souffrances, elle le réjouit. « Combien il est doux de mourir, répétait-il souvent ! » Nous, nous espérions toujours que son état s'améliorerait ; mais Dieu voulait récompenser son fidèle serviteur, il voulait lui dire : « J'ai été prisonnier, et vous êtes venu me visiter ; j'ai été malade, et vous avez voulu me soigner. J'ai été nu, et vous êtes venu me couvrir. Allons ! fidèle serviteur, c'est le moment où, parce que vous m'avez servi sur la terre, je vais vous couronner dans le ciel. » Le père, sentant sa mort prochaine, voulut recevoir les sacrements. Durant les huit jours de sa maladie, il reçut cinq fois le Pain Eucharistique. Oh ! quel pieux prêtre ! Dans les plus affreuses douleurs, lors même qu'il était en délire, il ne voulait parler que de choses religieuses, du saint Père, prisonnier à Rome ; des Français captifs à Spandau, des soins qu'il voulait leur prodiguer......

Et aucun mot de sa vie passée, alors qu'il était encore le célèbre artiste, ne vint dans sa bouche. Quelle foi ! Quel grand amour pour Notre-Seigneur Jésus-Christ ! Je ne pouvais m'empêcher de me dire en secret : « Est-ce bien lui qui était autrefois juif, indifférent, et peut-être même ennemi du christianisme ? » La veille de sa mort, je lui administrai pour la dernière fois le saint Viatique. Il embrassa très-souvent le crucifix que je lui présentais, en s'écriant : « Oh ! oui, voilà mon ami, voilà mon meilleur ami ! » Des larmes coulaient de mes yeux attendris, et je ne pouvais plus parler pour prononcer les paroles de la sainte liturgie. Hélas ! quel malheur pour nous ! Il allait mourir. Et cependant ses forces le soutinrent encore jusqu'au lendemain vendredi, 20 janvier.... Je l'avais quitté pour me rendre à l'appel de plusieurs malades, à l'hôpital. Quand je rentrai, le R. P. Augustin venait de s'endormir dans le Seigneur...

Une sœur de charité priait à son chevet, et le père lui avait dit : « *Sursum corda, Te Deum laudamus* » (1).

(1) Lettre à M. l'abbé Guers.

Les gouvernements de Bade et de Bavière se distinguèrent surtout par leur intolérance; de la part du premier, il n'y a pas lieu d'être étonné : tous les membres du gouvernement badois sont protestants; de plus, ils appartiennent à la fine fleur des carbonari allemands; depuis bientôt trente ans ils dirigent contre l'Église catholique, bien qu'elle renferme les deux tiers de la population de l'État, la persécution la plus odieuse qui se puisse imaginer. Nulle part en Europe, pas même dans la *libre* Suisse, elle n'est opprimée à ce degré.

Mais qui eût dit que la catholique Bavière s'associerait à de telles persécutions? Il est vrai que son gouvernement aussi est franc-maçon; que son roi, qui a vendu sa couronne à Bismark, a livré du même coup son trône aux sociétés secrètes et son honneur au schisme Dœllinger, dont il a accepté le triste patronage. Mais quand un État est catholique, certaines pudeurs semblent de rigueur. C'était trop attendre de son libéralisme; elle n'a toléré, à notre connaissance, dans ses nombreux dépôts de prisonniers, qu'un seul aumônier français pour le seul service des hôpitaux, et parce que ce prêtre eut le courage de se tenir pendant deux mois à la porte avant d'obtenir l'autorisation d'entrer; ailleurs on se tirait d'embarras comme on pouvait; il en résulte que beaucoup de malades sont morts sans sacrements. Cela importait peu... Est-ce que ces gens-là croient à l'immortalité de l'âme?

Ce ne sont pas les prêtres qui ont manqué, c'est la liberté...

Tout le monde connaît à cette heure les souffrances de nos prisonniers. Qui a jeté le premier cri d'alarme en Allemagne, en Suisse, en France, dans toute l'Europe?

Ce sont les évêques, les prêtres, les journaux catholiques.

Nous sommes trop reconnaissant des efforts surhumains qui ont été tentés de toutes parts, dans la suite, pour ne pas leur rendre témoignage; mais nous ne serons que juste en affirmant que c'est le clergé qui a donné la première impulsion à ce mouvement patriotique; nous étions à l'œuvre depuis longtemps, lorque les sociétés internationales pour les prisonniers se formèrent, que M. Crémieux lança sa fameuse circulaire *à tous les cultes!*

Notre admirable épiscopat s'est donc mis à l'œuvre sur-le-champ, et la France, vaincue, envahie, spoliée, trouva encore dans son cœur meurtri d'inépuisables ressources. Les mandements de nos prélats étaient inspirés par les sentiments du plus ardent patriotisme et de la plus tendre compassion. Ils forment une page d'honneur dans l'histoire de nos désastres.

Le zèle de nos évêques ne s'arrêta pas là; il établit des comités sur plusieurs points, et centralisa les ressources pour les mieux répartir.

Plusieurs se mirent en relation avec les aumôniers.

Mgr Nogret, évêque de Saint-Claude, nous écrivit des premiers :

« Nous sommes à une époque de perturbation d'esprit si grande, que j'en suis à me demander si j'ai répondu à votre gracieuse lettre. En tous cas, je vous renouvelle mes sentiments de profonde reconnaissance pour tout le bien que vous faites à mes chers diocésains, qui sont, dans leur captivité, l'objet de votre charité tout apostolique. Ah! vous faites là une œuvre qui vous sera d'un grand prix devant Dieu, et c'est à quoi vous tenez par-dessus tout.

« Je viens d'envoyer 1,000 fr. à Mgr Mermillod, afin de vous aider dans l'exercice de votre rare dévouement, que je ferai connaître encore par notre *Semaine religieuse.* Veuillez dire à mes pauvres diocésains que leur évêque ne les oublie pas, et qu'il leur envoie ses meilleures bénédictions...

« † Louis-Anne, évêque de Saint-Claude. »

S. Ém. le cardinal-archevêque de Bordeaux nous écrivait de son côté :

« En réponse à votre touchante lettre en faveur des prisonniers d'Ulm, j'ai hâte de vous adresser des secours par les soins de M. Blanchy, vice-président de notre œuvre. Je suis heureux de pouvoir venir en aide à nos chers compatriotes, et de vous donner en même temps un témoignage de vive sympathie en reconnaissance de votre dévouement et de votre charité...

« † Ferdinand, cardinal Donnet, archevêque de Bordeaux. »

Mgr Delalle, dont l'église de Rodez pleure aujourd'hui la perte, nous écrivit plusieurs lettres en faveur de ses enfants spirituels.

« Je suis profondément touché, disait-il, de votre zèle et de votre dévouement. Vous remplissez-là une mission digne de toutes les sympathies, et dont la patrie française vous sera reconnaissante.

« Je vous envoie 1,000 fr. par Mgr Mermillod, pour nos pauvres prisonniers d'Ulm, surtout pour les malades ; je suis trop heureux d'avoir pu m'associer à cette belle œuvre. Je vous recommande mes chers soldats de l'Aveyron, et je vous prie de leur faire une part de ce secours un peu plus large qu'aux autres...

« † Louis, évêque de Rodez. »

Mgr de Langalerie, évêque de Belley, en nous envoyant des secours, nous encourageait de tout son pouvoir :

« Je vous remercie à mon tour, mon très-cher père, des remercîments que vous m'exprimez d'une manière si touchante. Oh! oui, continuez à faire beaucoup de bien à nos pauvres prisonniers, ils en ont si besoin! Il m'a semblé, d'après votre lettre, qu'ils ont un peu moins à souffrir des rigueurs de la saison ; j'en bénis Dieu du fond de mon cœur. Ah! s'ils savaient la part que nous prenons à leurs douleurs...!

« † Pierre, évêque de Belley. »

Mgr Forcade, évêque de Nevers, en outre des encouragements qu'il daigna nous donner, et de la sollicitude qu'il mit à soulager ses diocésains dans tous les dépôts allemands, se constitua leur correspondant avec leurs familles. Le vénérable prélat voulut bien s'intéresser à chacun de « ses chers Nivernais » en particulier.

« Je vous serais très-reconnaissant, m'écrivait-il, si vous aviez la bonté de me donner de temps à autre des nouvelles *des miens*. La transmission de ces nouvelles aux familles leur fait tant de bien! De mon côté, je m'empresserai de vous adresser la correspondance qui m'arrivera pour leurs fils.

« En attendant, j'envoie du fond de mon cœur ma bénédiction à mes chers Nivernais d'Ulm, et je vous prie de leur dire, dans l'occasion, que je ne cesse de chercher, par tous les moyens, à adoucir leur triste situation. Mais ils peuvent atteindre ce but beaucoup plus facilement que moi. Qu'ils profitent de vos instructions et de vos soins pour devenir de meilleus chrétiens ; c'est dans le secours de Dieu et la pratique de la vertu qu'ils trouveront la grande, pour ne pas dire l'unique source de toute consolation... »

Une autre fois Sa Grandeur nous écrivait encore :

« J'ai reçu votre bonne lettre avec les reçus qui y étaient joints. Je ne puis assez vous remercier de votre grande charité pour les pauvres prisonniers de mon diocèse. Afin que vous puissiez les secourir encore mieux, je vous envoie 500 fr. par Mᵐ Mermillod..., et dans le prochain numéro de ma *Semaine religieuse* j'engagerai les familles qui n'ont rien envoyé à se montrer plus généreuses... Les *reçus* que vous envoyez vont rassurer les familles.

« Veuillez remettre à H... la somme de 10 fr. que sa famille lui a envoyés par nos mains, et qu'il dit n'avoir point reçus; cela m'étonne. Il importe d'ailleurs qu'aucune plainte de ce genre ne soit tant soit peu fondée. Les démagogues ont répandu et répandent encore dans le pauvre peuple le bruit que l'argent envoyé par moi en Allemagne n'est pas pour nos prisonniers, mais pour les Prussiens ! Et il ne manque pas, bien entendu, de gens assez simples pour croire cela. *Pater, ignosce illis* (1). »

« † Augustin, évêque de Nevers. »

Quand, en retour d'un si noble et si haut dévouement, on assiste à de si misérables calomnies, il y a lieu d'être stupéfait.

Cette conjuration contre le bon sens du peuple a quelque chose d'infernal, et ses succès attestent douloureusement combien bas le sens moral et la conscience sont tombés en France. Les révolutionnaires le savent bien, et voilà pourquoi ils exploitent ce peuple avec une ténacité implacable pour en faire l'instrument de leurs convoitises et la victime de leurs passions.

On a dit un mot plein de vérité, et qui résume ce triste état : « La révolution se sert des pauvres, et l'Église catholique sert les pauvres (2). »

De tous les côtés, les honnêtes gens demandent avec effroi : Qui nous tirera de là ?

---

(1) Mon Dieu, pardonnez-leur.
(2) Mᵐ Mermillod.

C'est bien simple: l'Évangile, dont on ne veut pas, et le prône du dimanche, auquel on n'assiste plus.

Mgr l'évêque de Nevers ne borna pas là sa charité; il députa en Allemagne, pour consoler nos prisonniers et leur apporter des secours, deux de ses prêtres: M. l'abbé Valois, le vénérable archiprêtre de sa cathédrale, et M. l'abbé Lemoine. Nous conservons de leur visite, faite au plus fort de l'hiver, le meilleur souvenir; ils remplirent leur difficile mission à travers mille obstacles. A Ratisbonne, pour prix de leur dévouement, ils furent arrêtés, et passèrent plusieurs heures en prison. Cet attentat est au compte de la *libérale* Bavière.

Les RR. PP. Bigot, Dufor, et Dreveton, de Grenoble; M. l'abbé Fagard, du clergé de Laon; M. l'abbé Lienhart, de Strasbourg; M. Loyson, président honoraire de la cour de Lyon, au nom du comité de ce diocèse, voulurent bien nous visiter et nous apporter des aumônes (1).

A part ces quelques visites, nous étions dans la plus complète solitude. Du reste, on ne pouvait nous aborder impunément. La Prusse était ombrageuse à l'excès; elle était cependant victorieuse; mais la générosité lui est inconnue. Non, elle n'a pas su profiter de ses triomphes; son inhumanité lui vaudra tôt ou tard de terribles coups de verges; car la haine qu'elle a entassée dans le cœur de ces 400,000 prisonniers est indescriptible.

MM. les curés de nos villes et de nos villages suivaient les exemples de leurs évêques, non-seulement par le zèle qu'ils apportaient à nous recommander leurs prisonniers, mais par les sacrifices personnels qu'ils s'imposaient pour les soulager. Nous pourrions former un volume des lettres qu'ils voulurent bien nous adres-

---

(1) M. Guyenne, doyen de Montcornet (Aisne), visita aussi l'Allemagne, et nous envoya des vêtements. M. l'abbé Guers donna pendant dix jours des soins à nos malades avec un parfait dévouement.

4*

ser; on verrait que, si le patriotisme n'est le monopole de personne, il est une vertu chez le prêtre; nul n'aime la patrie mieux que lui, parce que son amour est inspiré par la foi et par la connaissance des véritables intérêts de ses concitoyens.

« Monsieur l'aumônier, nous écrivait un bon curé, Dieu est notre père, tous les hommes sont nos frères; la charité ne connaît point de limites; mais elle doit abonder surtout envers celui qui est exilé et pauvre. J'ose donc vous recommander un de mes paroissiens qui a été fait prisonnier à Strasbourg; ce jeune homme était le modèle de ma paroisse, et je ne crois pas que la vie des casernes l'ait déjà gâté.

« Je recommande son âme à votre paternité, car c'est son bien le plus précieux. Je vous recommande aussi ses besoins corporels; je crois qu'il manque de vêtements; si vos ressources le permettent, veuillez lui donner le nécessaire, sinon mettez le tout à mon compte, et je vous rembourserai les dépenses..... La patrie vous sera reconnaissante de votre charité, dont tous les bons cœurs sont émus... Que Dieu ait pitié de notre chère France. Ah! qu'il importe de ramener toutes les intelligences à la vraie lumière, toutes les volontés à la pratique de la loi de Dieu, tous les cœurs à l'amour de la vertu! Puissent nos soldats, à la démoralisation desquels on a tant travaillé, comprendre ces vérités; et alors, mais alors seulement, ils seront dignes de nous sauver. »

« J'ai quatre-vingt ans, m'écrivait un saint prêtre, et ma vue ne me permet presque plus d'écrire; pardonnez-moi donc, monsieur l'aumônier, ma mauvaise écriture et la liberté que je prends de venir vous importuner au milieu de vos accablements, pour vous recommander un soldat de ma paroisse, prisonnier à Ulm. Le pauvre enfant doit souffrir beaucoup : consolez-le ; il est pauvre : assistez-le ; je considèrerai comme fait à moi-même tout ce que vous ferez pour lui. On prêche depuis longtemps au peuple que nous sommes ses ennemis, et il n'a pas de meilleurs amis, on nous accuse de ne pas aimer notre patrie : elle n'a pas de fils plus dévoués. Combien nous souffrons de ses malheurs : je crains bien, vu mon grand âge, de n'en pas voir la fin ; mais je mourrai avec la consolation d'avoir, jusqu'à mon dernier soupir, travaillé à son salut. »

En lisant ces lettres de nos évêques et de nos prêtres, on est ému jusqu'aux larmes ; on admire la féconde vie de l'Église, les saintes puissances de son enseignement et les tendresses de son inépuisable charité ; il semble qu'on entend les accents de saint Paul à Philémon en faveur de son fils spirituel l'esclave Onésime.

« Votre charité, mon frère, nous a comblés de joie et de consolation, parce que les cœurs des saints ont été soulagés par vous.

« C'est pourquoi, quelque confiance que m'inspire Jésus-Christ en vous ordonnant ce qui est de votre devoir, néanmoins j'aime mieux vous supplier, quoique je sois Paul et déjà vieux, et, de plus, maintenant prisonnier pour Jésus-Christ.

« Or la prière que je vous fais est pour mon fils Onésime, que j'ai enfanté dans mes chaînes.

« Je vous prie de le recevoir comme mes propres entrailles, non plus comme un simple esclave, mais comme un frère bien-aimé.

« S'il vous a fait quelque tort, ou s'il vous est redevable de quelque chose, imputez-le à moi.

« Moi, Paul, je vous écris de ma main ; c'est moi qui vous le rendrai, pour ne pas vous dire que vous vous devez à moi.

« Oui, mon frère, que je reçoive de vous cette joie dans le Seigneur, faites-moi revivre en lui!... »

Un jour un soldat vint me demander une chemise de flanelle; il n'avait pas le *bon* exigé, et je n'étais pas convaincu de son besoin.

« Mon ami, lui dis-je, apportez un bon de votre chef de section attestant que vous avez besoin de cette chemise de flanelle, je vous la donnerai de grand cœur.

— Non, dit-il, je ne vous apporterai pas ce bon, mais j'écrirai à Victor Hugo...

— Vous avez là une bonne idée, répliquai-je avec calme; tous ces hypocrites flatteurs du peuple, tous ces faux amis des malheureux n'ont encore rien envoyé pour vous soulager; il leur est plus profitable de ruiner la France pour s'enrichir que de donner la moindre obole à ses malheureux enfants. »

Le pauvre homme partit; il revint le lendemain avec un *bon*, et je lui donnai sa flanelle : il avait compris que Victor Hugo ne lui enverrait rien. A entendre ces socialistes, tous sont généreux; mais ils nous trompent. Certes le grand, l'austère, le magnifique Victor Hugo, poëte de la république universelle, que l'on dit affligé de plus de *trois cent mille francs de rente*, aurait pu, s'il n'était aussi avare qu'égoïste, donner son aumône; Gambetta, Ledru-Rollin, Rochefort, Raspail, tous ces fameux démocrates qui nagent dans l'or, le sensualisme et l'abondance de tous les biens, avaient là une excellente occasion de prouver leur amour pour le peuple autrement que par des phrases sonores et de folles utopies.

Qu'ont-ils fait pour les blessés des ambulances, les mutilés, les prisonniers de guerre?

Rien.

Sont-ce là les amis du peuple? Au bon sens de répondre.

Cependant, c'étaient bien ces hommes-là qui envoyaient nos enfants à la boucherie, sans vêtements, sans vivres, sans direction. Il m'en arriva un jour 160 de la Loire n'ayant ni chemises, ni caleçons, et couverts des haillons les plus bizarres que la charité avaient jetés sur leurs épaules; en guise de chaussures, ils traînaient des semelles de bois ou de cuir qu'ils avaient fixées aux pieds par une ficelle.

Et pendant ce temps, les multitudes aveugles, acclamaient et portaient en triomphe les avocats ineptes qui exploitaient si honteusement le patriotisme de la France. Toutefois, ce ne sont pas ces ignobles extravagances qui révoltent, les illusions étaient possibles : ce qui met le comble à nos douleurs et à nos hontes, c'est que des hommes, qui ont sacrifié le plus pur sang du peuple trouvent encore, chez nos ouvriers assez de suffrages pour préparer de nouvelles ruines.

Eh bien! le prêtre, lui, a payé de sa personne, de sa bourse, de ses biens, pour soulager nos infortunes.

Dans les campagnes ravagées par les guerres, il s'est dépouillé de tout; il a livré sa lingerie et ses vêtements; nous avons reçu en Allemagne une multitude de soutanes qu'on ne pouvait guère employer, mais qui prouvaient la charité de ceux qui les avaient envoyées. Un ecclésiastique d'Alsace nous apporta un jour des provisions qu'il avait quêtées à Strasbourg; il vida sa bourse, nous laissa tout; en nous quittant, il aperçut dans son sac de voyage ses dernières paires de bas et des chemises, il les jeta dans notre magasin en disant : « Ma mère sera enchantée de savoir ce que j'en ai fait. »

Nous avons une mine où nous pourrions puiser encore...

Ces actes de dévouement, d'abnégation, d'héroïque charité, nous les publierons sur les toits ; car il est grand temps de répondre aux calomnies des comités de l'*Internationale* et des sociétés secrètes. Nous savons avec quelle perfidie ils soulèvent le peuple des travailleurs, afin d'arriver, par la suppression de la religion, à une démolition complète de la société. Et ils savent, de leur côté, qu'en enlevant aux ouvriers la foi, on leur fait perdre le bon sens; que dès lors ils deviennent crédules et avalent tout : plus une absurdité est grosse, plus elle a chance de passer. C'est navrant!

Faire connaître la religion par ses œuvres est à l'heure présente un devoir impérieux, afin d'apprendre au peuple que ces prétendus républicains sont des calomniateurs et des ennemis, et que les prêtres sont ses meilleurs amis.

CHAPITRE VII

LES SOURCES

Tous ces dévouements du sacerdoce catholique n'étaient que trop insuffisants. En présence de misères si multipliées, il fallait des sources autrement abondantes pour alimenter ce fleuve immense de la bienfaisance envers les prisonniers. Le clergé avait pris l'initiative de ce magnifique mouvement.

Nous étions presque à l'entrée de l'hiver; la dyssenterie et le typhus décimaient nos rangs; les privations étaient nombreuses; la plupart n'avaient pas de linge de rechange : tout était resté sur les champs de bataille. Dans l'acte honteux de la capitulation de Sedan, on avait stipulé : *Que les officiers conserveraient les armes et les effets qui leur appartenaient personnellement.* Les soldats furent oubliés; on les traîna en Allemagne dans l'état où ils furent pris, c'est-à-dire sans autres vêtements que ceux qu'ils portaient sur eux; ils n'avaient pas même pu s'approvisionner d'une chemise.

Et 83,000 prisonniers étaient tombés, dans cet état, au pouvoir de l'ennemi.

Les trésors d'un gouvernement pouvaient seuls soulager efficacement tant de misère.

La France ne pouvait rien pour nous, et nous n'avions rien à attendre de Berlin (1).

Nous connaissions depuis longtemps les services éminents que la presse catholique rend à la justice, au droit, à la morale, contre l'universelle dépravation des idées et des mœurs. Nous ne pouvions douter de son concours empressé pour cette œuvre la plus patriotique qui fut jamais.

Nous savions aussi que ses lecteurs sont *communistes* de la bonne façon; ils ne volent pas le bien d'autrui pour se le partager, à l'exemple de ces démocrates fainéants, qui ne conspirent que pour voler le bien que d'autres ont acquis à la sueur de leur front, qui le dépensent en débauches, reviennent aussi gueux que devant, et continuent de voler toujours... Les communistes catholiques travaillent toujours, et, lorsqu'une misère surgit, ils donnent le superflu et entament le nécessaire pour la soulager. S'ils se ruinent à ce commerce, ils se remettent au travail, réparent leurs pertes, et donnent toujours et largement.

Ce sont ces communistes-là qui sont venus en aide à nos prisonniers.

Notre premier appel fut donc adressé à la presse catholique. L'*Univers* nous envoya aussitôt des secours par Mgr de Ségur. M. Laurentie, dans le journal l'*Union*, se fit notre avocat auprès de ses abonnés, et sa

---

(1) Il faut dire que le Wurtemberg fit distribuer des ceintures de flanelle et des chaussettes. On accorda aussi, ou plutôt *on prêta* quelques vieilles capotes à l'entrée de l'hiver, car on eut soin de les reprendre aux prisonniers la veille de leur départ...

riche souscription contribua à faire face aux plus urgents besoins.

En province, les journaux catholiques firent écho avec un zèle digne de tous les éloges. Nous citerons la *Gazette du Midi*, le *Messager du Midi*, l'*Union du Midi*, l'*Ordre et la Liberté* de Caen, l'*Union Franc-comtoise*, etc., etc.

Bientôt les comités laïques et ecclésiastiques s'organisèrent, et la France envahie, ruinée, meurtrie, offrit encore au monde un sublime spectacle.

« Comment, » disaient avec stupéfaction les Allemands à la vue de ces riches envois qui arrivaient de toutes parts, « comment la France est-elle encore capable de vous fournir tant de secours! Si, à votre place, nous avions été vaincus, nous n'aurions jamais pu vous imiter! »

Que n'ai-je un livre d'or pour enregistrer tous ces dévouements qui rassérénèrent notre cœur de Français, encore sous le coup des platitudes, des égoïsmes, des lâchetés, des trahisons qui ont souillé notre histoire contemporaine!

Tout le monde était à la besogne : les princesses et les mendiantes; depuis la noble châtelaine, qui tricotait des chaussettes pour nos prisonniers, jusqu'à la pauvre orpheline qui travaillait sous les yeux de la Sœur de Charité (1).

On nous a demandé de garder le silence : nous regrettons assez de ne pouvoir dire tout. Les questions de modestie blessée, comme celles d'amour-propre flatté, doivent s'effacer devant les droits sacrés de l'édification des âmes. N'y a-t-il pas assez de grands noms qui se

(1) Nous citerons, entre autres, les orphelines d'Altstaeten (Suisse), sous la conduite des sœurs du Bon-Pasteur d'Angers ; les orphelines de Versoix (Suisse), sous la conduite de sœur Angélique et des Filles de Saint-Vincent-de-Paul.

sont souillés dans toutes ces boues? Les scandales qui viennent contaminer à toute heure les intelligences et les cœurs ne sont-ils pas assez nombreux?...

Et nous irions cacher les exemples qui sont propres à relever notre moral si affaissé, et à rendre à notre conscience dévoyée le stimulant et les notions du bien?

Nous n'y consentirons jamais. Il faut envisager ces questions de plus haut. Il y va de la religion et de la patrie.

Son Altesse Royale Madame la princesse Clémentine d'Orléans, dont la piété et la charité sont encore connues à Paris après un si long exil, fut notre première bienfaitrice, et elle demeura fidèle à l'œuvre jusqu'au bout. Nous lui devons des envois considérables en flanelles, chaussettes, chemises, cache-nez, tricots, caleçons, etc., etc. Tout était de première qualité. On voyait que le cœur le plus compatissant avait présidé à tous ces détails. Ce qui valait mieux que tout cela, c'était l'exquise délicatesse, les attentions prévenantes, les soins maternels inspirés par la piété.

« Je vous remercie bien, monsieur l'abbé, nous écrivait-elle, de l'occasion que vous me procurez de faire un peu de bien à nos chers soldats. Exilée comme eux, je sens bien mieux ce qu'il en coûte d'être séparé de la patrie. Et, au milieu des douleurs et des épreuves de notre chère et pauvre France, je n'ai pas de plus douce consolation que de lui faire un peu de bien dans ses enfants. Si vous avez des nécessités particulières, faites-les moi connaître; si quelques malades ou blessés avaient des besoins exceptionnels, ne me les cachez pas..... »

..... Une autre fois : « Où en êtes-vous avec le linge? Préférez-vous que je vous envoie des laines? Écrivez-le-moi, et je me hâterai de vous envoyer tout ce que vous désirerez.

« Unissons-nous pour prier pour notre bien-aimée France. Vingt-deux ans d'exil n'ont pas diminué mon amour pour ma chère patrie ; les maux qui l'accablent et contre lesquels elle lutte avec tant d'héroïsme, me la font aimer encore davantage.

« Le cœur est navré de tant de désastres !... »

Et une autre fois : « Que Dieu vous récompense, Monsieur, du bien immense que vous faites à nos chers soldats ! J'apprends qu'il vous en est venu de la Loire dans le plus triste état. Je vous envoie pour eux du linge, des chemises de laine et des chaussettes ; et ne vous lassez pas de me dire ce dont vous avez besoin pour nos malheureux compatriotes. Je suis si heureuse de pouvoir vous seconder !

« Clémentine d'Orléans. »

Ces lignes disent mieux que nos pauvres paroles ce que la noble princesse a été pour nous. Ces vertus-là ne trouvent point de récompense en ce monde ; il n'y a que le ciel qui en soit digne.

M. le marquis de Nicolaï, qui est allé recueillir depuis, dans une patrie meilleure, le prix d'une vie remplie par l'honneur et par la foi, nous rendit les plus précieux services. Sa fille, Mlle la comtesse Jeanne, mit à notre disposition, bien que malade depuis longtemps, son dévouement et son cœur. Elle voulut bien être notre trésorière à Genève, et centralisa des ressources considérables ; cela ne suffit point à son zèle : il y avait en France des familles inquiètes, et, en Allemagne, des soldats qui ne pouvaient correspondre avec leurs parents ; sans se rebuter par les ennuis d'une pareille besogne, elle nous fit passer, en petites sommes, plus de 1,000 francs en mandats particuliers. — Que de familles elle a consolées ! que de captifs elle a soulagés et édifiés ! Son nom était devenu populaire parmi nos soldats, et les anges l'ont écrit au livre de vie.

Parmi les plus infatigables bienfaitrices, il faut citer Mlles Corbin de Bellecour, de Caen (Calvados). Non contentes de leurs dons personnels et vraiment princiers, elles se firent quêteuses pour les prisonniers. Ni les rigueurs de l'hiver, ni les ennuis d'une pareille corvée, ni les soins qu'exigeait une accablante correspondance, ne purent ralentir leur zèle. Le patriotisme, chez elles, n'avait d'égal que la plus ardente charité. Leurs sympathies nous aidèrent efficacement, et leurs encouragements facilitèrent beaucoup nos travaux; elles restèrent fidèles à leur tâche jusqu'à la fin, et n'eurent de repos que lorsque tous nos malades, pour le rapatriement desquels elles nous offrirent les dernières ressources, furent rentrés en France.

Et disons-le ici dans l'émotion de la reconnaissance la plus profonde : depuis notre retour, ces âmes vraiment nobles ne nous ont point délaissé. Elles ont compris qu'après de tels désastres la mission commencée en Allemagne devait avoir un but plus élevé que l'exercice d'une bienfaisance matérielle et passagère; qu'au dessus des corps il y a les âmes, et que rien ne sera fait pour le salut de la France par l'armée, aussi longtemps qu'on n'aura pas relevé le moral de celle-ci en lui restituant les principes chrétiens; elles sont donc restées notre plus ferme appui dans les œuvres multiples de notre ministère. L'œil de Dieu a mesuré ces efforts chrétiens et patriotiques, et il leur réserve une abondante rémunération.

Le Calvados, et en particulier la ville de Caen, firent les plus généreux sacrifices pour tous les dépôts des prisonniers.

Ils ont possédé là, à un haut degré, l'intelligence du bien. Que n'ont-ils pas à espérer de la patrie du ciel, après avoir fait tant de sacrifices pour leur patrie de la terre !

M. Berthoud, artiste peintre à Interlaken (Suisse), de concert avec M. Ferret, sous-lieutenant, utilisa aussi ses loisirs en faveur des prisonniers d'Ulm. M. le commandant Paris, prisonnier de guerre chez nous, son frère, M. Émile Paris et son épouse, à Moscou, firent de généreux efforts pour nous soulager.

Presque tous les comptes rendus ont fait connaître à la France le nom de Mme la comtesse de Zeppelin, noble Alsacienne inconvertissable à l'annexion prussienne; son dévouement dans les hôpitaux et auprès des prisonniers de Rastadt a été héroïque. Elle a étendu son zèle à un grand nombre de dépôts allemands, et nous avons eu le bonheur de posséder, à Ulm, cette vraie sœur de charité ; elle distribua des secours, nous procura des flanelles, et visita les hôpitaux, où elle fut l'objet des plus grossières avanies de la part de MM. les officiers administrateurs. Un jour, j'en fus moi-même témoin, la comtesse visitait une salle de malades; un sbire se présente, et lui dit d'une voix tonnante : « A la porte, ou l'on vous fera sortir par la force des baïonnettes ! »

Et ces prussiens s'étonnent de ce qu'on les appelle des barbares !

L'Alsace fut la première et la dernière victime de cette horrible guerre. Ses villes avaient été bombardées, ses villages incendiés, ses caves et ses greniers vidés, et ses récoltes foulées aux pieds par l'implacable envahisseur. Tout cela était affreux.... Et si jamais l'heure de la revanche vient à sonner, je demande à ma patrie, au nom de la religion et de l'humanité, de ne pas se déshonorer par de pareils actes de sauvagerie.

Cette province avait besoin de secours, et elle trouva moyen d'en fournir aux enfants vaincus de notre commune mère, la France. Elle donnait par là une éloquente leçon à ceux qui n'ont pas souffert de la guerre, qui se replient dans leur égoïsme païen, et refusent d'aider à panser les blessures de la patrie.

Des comités avaient été établis sur tous les points pour soulager d'abord, à leur passage, nos captifs traînés dans l'exil; ces sacrifices considérables ne suffisaient pas à l'admirable patriotisme de l'Alsace : elle sut les assister jusqu'au fond de leurs cachots. Des milliers de vêtements furent dirigés vers presque tous les dépôts; les comités d'Haguenau, de Colmar, de Strasbourg, de Mulhouse se distinguèrent particulièrement, et méritèrent d'être mentionnés avec honneur.

En attendant une récompense digne de tous ces actes de charité, nous appelons sur ces provinces *en deuil* la reconnaissance et les bénédictions des gens de bien.

Tout le monde connaît les ravages causés en Franche-Comté par les désastres de la campagne de l'Est. C'est de cette province cependant que nous arrivèrent, jusqu'à la fin, les secours les plus abondants. Besançon a été la providence d'Ulm et de tous les dépôts du sud de l'Allemagne.

A la tête de ce patriotique mouvement se trouvait M. Michel, le vaillant rédacteur en chef de l'*Union-Franc-Comtoise*. Malgré les infortunes locales, il sut conserver à la charité son élan primitif.

Mme Augustin, supérieure du Sacré-Cœur de Besançon, employa à cette œuvre son admirable zèle et l'ardente charité qui est propre à son institut; elle centralisait les aumônes, et nous les faisait parvenir. Tout le monde donnait : le riche et le pauvre, l'industriel et le laboureur, le patron et l'ouvrier. A côté du vêtement de luxe se trouvait la serge des campagnes, l'habit du riche à côté des défroques du pauvre, qui avait voulu envoyer, lui aussi, un vêtement chaud au pauvre exilé.

Dans ces moments de crise, et nous en avons traversé de terribles, c'est de là que nous arrivaient des secours imprévus. Que Dieu récompense ces provinces en leur conservant le patriotisme, et la foi qui tient ferme contre les invasions des doctrinaires, mille fois plus dangereuses que celles des Prussiens.

Mme la princesse de Wolfegg-Walburg, dont le dévouement a été admirable, répartissait les secours en Allemagne avec le concours de sa gouvernante, Mlle Gillet, Franc-Comtoise de naissance, dont la piété, le zèle, la charité pour nos prisonniers, sont au-dessus de tout éloge... Son courage était à la hauteur des difficultés que suscitait la police toujours ombrageuse des Allemands. Elle a visité plusieurs dépôts par des froids excessifs, et procuré partout les plus précieuses consolations à nos malades, qui étaient doucement émus en entendant une parole française et maternelle. Elle nous rendit, ainsi que la noble princesse, des services qui ne seront jamais oubliés.

Un comité s'était formé à Cette (Hérault) presque au début de nos infortunes. Sous l'impulsion infatigable de son zélé président, M. Ch. Saint-Pierre, il fonctionna avec activité. Quelques-uns de ses envois furent d'une incontestable utilité : des uniformes militaires, qui rendirent de grands services à l'époque où il nous fut interdit de distribuer des vêtements civils; 1,900 litres de vin pour les infirmeries; plusieurs caisses d'excellents livres, qui répandirent un baume bienfaisant sur la plaie la plus cruelle de la captivité : « l'ennui. »

M. Saint-Pierre s'est tenu avec héroïsme à ce noble poste jusqu'à la dernière extrémité; sa charité pour nos prisonniers était sans bornes : il a été un de nos meilleurs auxiliaires pendant cette douloureuse période. Qu'il reçoive ici l'expression de notre vive reconnaissance.

Dans ces entreprises d'un immense dévouement, Mgr Mermillod, évêque à Genève, occupe une des premières places. Placé sur un terrain neutre, il mesura d'un œil sûr le concours que cette situation lui permettait d'apporter à l'œuvre de soulagement de nos compatriotes ; sa charité, qui ne connaît point de frontières, son zèle pour tous les intérêts spirituels des âmes, lui inspirèrent, *dès la fin de septembre*, le projet de former un comité qui servirait d'intermédiaire entre la France et l'Allemagne.

Nous rendons hommage à tous les dévouements qui se sont produits ; mais il nous faut répéter encore que ce sont les seuls comités catholiques qui nous ont efficacement soulagés. Cela s'explique : ils étaient mus par le principe fécond de la charité ; les autres, par simple philanthropie. Or la charité est une vertu, et la philanthropie une enseigne.

C'est pourquoi on a dit avec vérité que « la philantropie est une orgueilleuse pour qui les bonnes actions sont une espèce de parure, et qui aime à se regarder au miroir. La charité, au contraire, est une tendre mère qui tient les yeux fixés sur l'enfant qu'elle porte à la mamelle, qui ne songe plus à elle, et qui oublie sa beauté pour son amour. »

M. de Loys fut délégué, en Allemagne, de la part de M. Crémieux, avec une somme de 500,000 fr. ; il visita beaucoup de dépôts, mais ne parut pas à Ulm, et renvoya un excédant de 50,000 fr. en France, avec cette phrase sonore : « Tout le nécessaire a été donné. » Et, pendant ce temps, il nous fallait frapper à toutes les portes pour faire face à la misère de chaque jour. On voit bien que ces Messieurs faisaient la charité administrativement, et qu'ils n'ont jamais connu nos souffrances à fond. Des secours figurent au compte d'Ulm, sur d'autres rapports du comité de Bâle ; nous ignorons comment ils ont été distribués, mais il est certain que sans le concours des comités catholiques et du clergé, nos besoins eussent été extrêmes.

Le comité qui se constitua à Genève remplit donc, au double point de vue du corps et de l'âme, une grande et noble mission. De nombreuses familles du plus haut rang avaient dû fuir devant l'invasion ; Genève les accueillit, et tous ces nobles, qui ont leur part dans les calomnies dont on abreuve le clergé, donnèrent leur temps, leur santé et leur bourse pour soulager la misère du peuple. On vit renaître les merveilles de charité du siècle de saint Vincent de Paul au temps des désastres de la Lorraine. C'étaient les mêmes calamités, auxquelles la charité apportait les mêmes remèdes.

On vit apparaître Mmes d'Aiguillon, de Liancourt, de Vendôme, Séguier, dans la personne de Mmes de Nicolaï, de Randon, de Lawoëstine, de la Villeneuve, de Birmont, et de bien d'autres.

L'impulsion imprimée au comité ne se ralentit pas un instant : correspondances des prisonniers, envois d'argent, de mandats, de bons livres, de paquets particuliers, répartition de secours, visites aux prisonniers par M. le comte Raymond de Nicolaï ; toutes ces œuvres furent conduites avec un infatigable et constant dévouement. A mon retour d'Allemagne, au mois de juillet, ces dames étaient encore à l'œuvre.

La somme de bien produite par le comité catholique de Genève est incalculable.

Le comité de Bordeaux, sous la présidence de S. Em. Mgr le cardinal-archevêque, le comité de Lausanne (Suisse), méritent toute notre gratitude. M. Perdonnet, trésorier de ce dernier comité, nous assista dès le début, et persévéra jusqu'au jour où ses efforts durent se concentrer vers l'armée prisonnière en Suisse.

Nous nous arrêtons avec regret, car il est impossible de tout citer.

Telles étaient nos principales sources : je dirais volontiers : Tels sont les diamants de la couronne de charité qui brille au front de la France avec un incomparable éclat.

Ce qui a été fait pour Ulm, l'a été dans les mêmes proportions pour les autres dépôts. S'il y a eu pénurie quelque part, il faut l'attribuer à la difficulté des distributions, et au mauvais vouloir de quelques cerbères allemands qui défendaient l'accès des prisonniers aux délégués français.

La France a donc le droit d'être fière de ce magnifique déploiement de la charité de ses enfants. Si elle a offert au monde le spectacle de désastres inouïs dans son histoire ; si les hontes, les égoïsmes, les lâchetés, les trahisons, ont souillé ses annales, elle a trouvé dans son cœur assez de vie pour tracer une page de gloire : c'est la charité qui l'a écrite.

Quand un pays sait enfanter de pareils prodiges, il n'est pas mort.

Sans doute, la libre-pensée, la morale indépendante, l'instruction publique falsifiée, la politique des expédients, les persécutions contre l'Eglise, tous ces fléaux, sous le masque de la démocratie, l'ont gravement blessé.

Mais la foi, qui inspire le vrai patriotisme, la charité, qui panse les blessures causées par l'égoïsme, ont empêché notre anéantissement complet, et l'espérance nous reste : la résurrection est possible.

Que les hommes d'ordre, d'intelligence et de cœur comprennent que ce ne sont pas les uhlans, mais les clubs et les sociétés secrètes qui ont été les premiers éclaireurs des Prussiens ; qu'ils laissent de côté les doctrines creuses, les préjugés surannés, les clabauderies des sectaires ; et qu'ils se jettent dans les bras de la religion par la pratique sérieuse des devoirs qu'elle impose. Il en est temps : « les immortels principes de 89, les aspirations modernes, » ont produit quatre-vingts ans de guerres, de pillages, d'incendies et de massacres... C'est assez. Il faut revenir aux principes qui ont fait la gloire du passé, et qui sont assez féconds pour enfanter un glorieux avenir; à ces conditions, « il y aura une nouvelle terre et de nouveaux cieux, » et la France sera sauvée.

CHAPITRE VIII

LES DISTRIBUTIONS

Tous ceux qui ont exercé la bienfaisance envers les malheureux savent que la distribution des secours est le plus redoutable écueil de la charité. Je ne connais pas de plus pénible métier.

Le pauvre de notre temps, façonné à l'image de son siècle, ne veut plus supporter de privations. Si l'aumône ne va pas jusqu'à lui procurer les jouissances, il se révolte ; quelle que soit votre générosité, il vous accusera toujours d'injustice, parce que vous n'aurez pu contenter son désir de tout posséder. La religion, qui divinise la douleur et inspire la résignation, lui manque. C'est un malade qu'il faut traiter avec délicatesse et patience.

Cette plaie du xixe siècle, constamment élargie par les provocations au bien-être qu'ont lancées les démocrates, avait creusé de larges sillons dans l'âme de nos soldats, et elle envenima démesurément les douleurs de leur captivité.

Tout d'abord nous leur exposâmes notre ligne de conduite.

« Mes amis, je ne suis pas venu ici pour vous créer des plaisirs, le temps en est passé ; je suis venu pour vous faire du bien, et je n'y épargnerai rien, mais je ne tolèrerai aucun abus. »

L'entreprise n'était pas facile : on a reproché vivement à notre armée des faits graves d'indiscipline. Ce n'est pas sans raison. A la veille des batailles du mois d'août, nous avons entendu des militaires qui discutaient tous les ordres de leurs chefs. C'était une habitude ; mais ce n'est pas avec des raisonnements qu'on remporte des victoires.

« J'ai entendu, dit M. Duquesnoy, des sous-officiers discuter avec des soldats l'opportunité d'un ordre donné. Quand on en vient là, l'autorité est perdue, et avec elle la discipline. La raison en est certainement dans la mollesse qui a été apportée durant ces dernières années à la répression des fautes... Quand j'ai vu nos soldats, aux gares de départ à Paris, chanter et boire jusqu'à n'avoir plus conscience d'eux-mêmes, j'ai pensé qu'il y avait là un fait d'indiscipline inqualifiable et qui devait porter ses fruits... Je ne me trompais pas... »

Il en est résulté une faiblesse dont nos soldats avaient le sentiment, et ce sentiment avait donné à quelques-uns l'instinct de nos défaites ; avant le commencement des hostilités, nous avons entendu avec effroi cet aveu qui nous fit bondir d'indignation, tant cela paraissait impossible : *Nous sommes battus, nous ne sommes plus de force.* Malgré cela, il est injuste d'attribuer à ces soldats nos désastres.

Nous connaissions donc leurs faiblesses ; mais nous espérions que l'épreuve, cette école des vertus, aurait amené chez eux un retour vers des principes meilleurs.

Hélas ! un grand nombre *n'avaient rien oublié et rien appris*.

On peut leur appliquer ces paroles de saint Augustin :

« Tous les peuples sont consternés de votre infortune, et vous l'oubliez. La prospérité vous a dépravés, et l'adversité vous trouve incorrigibles. Brisés, mais non convertis par les châtiments de vos vices, vous perdez le fruit du malheur, parce que, devenus les plus malheureux, vous ne cessez pas d'être les plus impies des hommes. »

L'œuvre des distributions nous révéla toutes leurs misères : elles nous inspirèrent une profonde compassion, et ne diminuèrent en rien le culte que nous avons toujours professé pour notre armée ; elles augmentèrent, s'il se peut, notre dévouement pour elle : nous la respectons comme le bras de la patrie, destiné à la défendre contre l'ennemi du dehors, qui est l'étranger, et à la protéger contre l'ennemi du dedans, qui est la révolution. Nous l'aimons, parce que, malgré les dissolvants qui l'ont pénétrée, elle possède encore dans son sein des ressources fécondes pour une complète rénovation. Nous l'admirons enfin, parce que, dans la plus épouvantable crise qui ait jamais surgi, elle a sauvé l'ordre social d'une ruine certaine.

Mais ce respect, cet amour, cette admiration, ne nous dispensent pas de dire la vérité ; loin de là, ils nous y obligent. Nous le devons au nom de tous nos intérêts les plus sacrés ; le silence devant tant de périls serait une complicité avec l'ennemi, et par conséquent une trahison.

Nous nous efforcerons d'être juste : Dieu nous garde d'envelopper dans notre appréciation tous les hommes qui composent notre armée. Il y en a qui la déshonorent, et ils sont encore dignes de notre compassion... Il y en a aussi qui sont sa gloire, et nous leur décernons une page d'honneur.

M. l'abbé Bénard, aumônier de Mme la duchesse d'Hamilton, qui se consacra, elle aussi, avec une générosité princière, au soulagement de nos soldats, fut des premiers au poste. Ce prêtre selon le cœur de Dieu passa trois semaines à Ulm avant notre arrivée, et eut le bonheur de distribuer les premiers secours; il étendit son apostolat à plusieurs autres dépôts avec un zèle que les persécutions de l'autorité badoise ne ralentirent pas; le bien qu'il faisait porta ombrage au gouvernement de Carlsruhe; on lui défendit d'abord de soulager nos soldats, et plus tard on l'honora d'un bannissement. Nous en fûmes très-affligé, et le souvenir de ses bienfaits ne s'effacera jamais de notre mémoire.

Au commencement de septembre, il ne faisait pas encore froid; les prisonniers qui n'avaient qu'une chemise pouvaient encore, lorsqu'ils la blanchissaient, se contenter de leur vêtement extérieur. Mais l'hiver se fait sentir de bonne heure dans ce rude climat; il fallait bientôt du linge de rechange; le plus grand nombre n'avait qu'une tunique ou une capote, un tricot devenait nécessaire dans ce cas. Plusieurs portaient des pantalons ou des uniformes lacérés par les balles ou les éclats des projectiles, il fallait les remplacer. Une paire de chaussettes était indispensable à chacun, à cause du froid et du mauvais état de leurs chaussures, qui demandaient aussi à être remplacées, ne fût-ce que par des sabots, sinon plusieurs auraient eu les pieds gelés.

Et il y avait là des milliers d'hommes.

Les maladies épidémiques, nous l'avons dit: le typhus, la dyssenterie, la variole, faisaient de nombreuses victimes; il était urgent d'en prévenir l'extension par des secours donnés à propos.

Nos appels nombreux, nous l'avons expliqué, commençaient à produire leurs fruits; les ressources arrivaient, mais nous ne pouvions être prodigue.

Malgré cela, tout le monde sans exception étant dans le besoin, nous donnions, les yeux fermés, à quiconque demandait, soit au presbytère, soit dans les forts, où nous nous rendions avec des ballots d'effets.

Nous ne tardâmes pas à nous apercevoir que nous étions sur le bord d'un abîme. Des abus nombreux vinrent nous apprendre que notre confiance dans la délicatesse de nos soldats était trop absolue. Plusieurs vendaient les effets reçus à la cure, buvaient le produit de cette vente, et revenaient à la charge. Les *fricoteurs* et les *carottiers* étaient nombreux.

Des officiers allemands me prévinrent de ces abus, et les chefs de section français eux-mêmes signalaient, comme conséquence, des faits d'ivresse. Ces rapines se faisaient au préjudice des militaires honnêtes qui n'osaient jamais faire connaître leurs besoins... Nous avions l'âme navrée.

« Il fallait *réglementer*, » me dira-t-on.

Il s'agit bien de *règlements!* Cela est bon quand on travaille sur des consciences où règnent les notions du juste et de l'injuste.

A quoi servent les règlements quand cette conscience n'existe plus?

« Il faut recourir au châtiment. » C'est fort bien; mais jamais nous n'y aurions consenti. Le code pénal, les gendarmes et la prison ne remplacent pas la conscience. Et il n'y a de conscience que lorsqu'on croit à l'existence de Dieu, à l'immortalité de l'âme et à la confession.

C'était sur ces fondements qu'il fallait bâtir.

Chaque dimanche, durant cette longue captivité, nous revenions sur ces questions capitales.

Et, pour le cas dont nous parlons, nous faisions ressortir que les dons nous arrivaient pour soulager la misère, que les détourner de ce but pour les employer à la débauche était une profanation de la charité et une injustice : donc, un soldat qui sollicitait au delà de ses besoins, pour se livrer au penchant de la boisson, commettait un vol manifeste au préjudice de ses camarades plus nécessiteux.

Et comme nous ne pouvions pas nous constituer complice du désordre, il fut établi que, sauf les exceptions de besoins évidents, nul ne recevrait de secours sans un bon constatant l'urgence, et signé par le chef de section. Hélas! il y eut bientôt des fausses signatures...

En présence de ce nouvel abus, il fut ordonné que chaque bon serait contre-signé par le commandant du fort...

Il y avait ensuite les distributions dans les hôpitaux; nul convalescent n'en sortait sans être pourvu de tout le nécessaire. Il y avait enfin les distributions générales dans les casemates et les forts : chaque chef de section, après avoir constaté les besoins de ses hommes, fournissait une liste, et nous donnions dans la mesure du possible. Jusqu'à la dernière heure, ces distributions n'ont pas cessé un instant ; les effets de linge, déjà usés, étaient vite hors d'usage, et il fallait les remplacer.

Ces moyens n'étaient pas parfaits; mais il était impossible de faire mieux. Les officiers français, qui auraient pu alléger notre fardeau et rendre les abus presque impossibles, avaient dû prendre, par écrit, l'engagement de ne pas communiquer avec les prisonniers; nous ne pouvions pas compter sur les officiers allemands : sauf les exceptions signalées plus haut, ils ne s'occupaient pas de leurs hommes.

Dans cet immense service de la répartition des secours, nous n'étions aidé que par un ou deux soldats qui nous servaient d'ordonnances, et quelques sous-officiers qui remplirent auprès de nous les fonctions de secrétaires avec un zèle dont nous conservons la plus vive reconnaissance (1).

Quelques chefs de section s'acquittaient de leur charge avec intelligence et désintéressement, et ils partageaient avec moi l'honneur d'être mal compris. Péril inévitable quand on veut être juste avec des hommes qui ne le sont pas.

C'est par ce motif peut-être que beaucoup de nos sous-officiers ne s'intéressèrent que médiocrement aux souffrances de leurs compagnons, ou ne s'en occupaient que par intérêt. Cette indifférence nous causa de cruels soucis.

Il y avait cependant chez eux des vertus humaines ; nos soldats donneront volontiers leur dernier morceau de pain à un pauvre ; mais ils ne s'aiment pas entre eux : loin de là, ils cherchent à se nuire... Combien de fois ne m'a-t-on pas rapporté que, lorsqu'ils lavaient leur linge, ils étaient obligés de faire faction près du séchoir pour qu'il ne fût pas enlevé. Manquant de foi, ils n'ont pas la charité, cette vertu théologale qui nous fait voir Dieu dans l'homme souffrant, et qui le soulage non en raison de ses mérites, mais de sa misère.

Les théories du communisme ont eu pour effet de tuer le précepte divin : « Aimez votre prochain comme vous-même ; si votre frère a faim, donnez-lui à manger ; s'il a soif, donnez-lui à boire ; s'il est nu, couvrez-le. » Seul l'accomplissement de ce précepte produira l'effacement des partis, le rapprochement entre les classes sociales qui se haïssent ; c'est le remède le plus énergique à notre plus incurable plaie, « l'égoïsme. »

Ah ! que j'ai déploré souvent l'absence des sentiments chrétiens dans un si grand nombre de nos jeunes hommes ! combien j'ai ressenti cette lacune ! Non, ils

(1) Ce sont MM. les sergents-majors Broué, Senn, Mitouflet, Piétri, et le chasseur Charles Feix.

n'avaient pas la charité, et leurs vertus purement humaines, dernières épaves d'un christianisme qui disparaît, étaient stériles, puisqu'elles n'étaient pas vivifiées par les principes et l'aliment que la religion seule peut donner.

Après la question des vêtements venait celle de la nourriture. Beaucoup de journaux ont publié des lettres de prisonniers remplies de plaintes amères.

La ration, soit en quantité, soit en qualité, était exactement celle des soldats prussiens; mais ceux-ci se nourrissent plus que grossièrement : 750 grammes de pain par jour, le café le matin, la soupe à midi avec environ 200 grammes de viande; le soir, rien.

A Ulm, exceptionnellement, par crainte d'un blocus, on avait fait d'immenses provisions de lard; nos pauvres soldats durent en manger quatre ou cinq jours par semaine : on leur faisait donc la soupe au lard, avec certaines farines en usage en Allemagne (1). Ils n'en mangeaient qu'avec dégoût, il en résulta des cas nombreux de dyssenterie; beaucoup n'y touchaient pas : ceux-là souffrirent la faim. Impossible de remédier à cette situation.

Çà et là nous avons accordé des suppléments de nourriture; mais nous ne pouvions, à notre grand regret, en faire une règle générale. Plus tard, à force d'instances, nous pûmes obtenir que la ration de lard serait diminuée, et remplacée par des viandes fraîches.

Cependant, nous le répétons, notre tâche la plus difficile était de soulager les plus nécessiteux en empêchant les abus, en luttant contre l'indélicatesse des uns, contre les exigences déraisonnables des autres et contre les rouéries ou les vols de certains filous.

Mais, pour l'honneur de l'armée, ajoutons que nous

---

(1) Cette soupe était détestable; un soldat allemand me dit un jour : « On n'en donnerait pas à des porcs ! »

avons vu des exemples d'admirable désintéressement.

Plusieurs prisonniers ne se présentaient pas sans besoin, ne demandaient que le nécessaire. Si je croyais devoir aller au delà : « Gardez cela, disaient-ils, pour un camarade plus pauvre que moi. »

Plusieurs vinrent m'offrir quelques pièces de monnaie prélevées sur leur pauvreté, pour l'œuvre commune : je refusais ; ils insistaient. « Nos parents, disaient-ils, nous ont envoyé de l'argent ; tous n'en reçoivent pas, ne nous privez pas de faire un peu de bien à nos frères. »

Un jour un pauvre blessé me remit quatre francs.

« Donnez cela, dit-il, à un pauvre.

— Non, vous avez des besoins, gardez votre argent.

— Mais, monsieur l'aumônier, j'ai besoin que l'on prie pour moi, et j'ai confiance dans la prière du pauvre ; faites cette aumône pour le salut de mon âme. »

Les saintes Écritures ont dit : « Bienheureux celui qui a l'intelligence du pauvre, le Seigneur le délivrera au jour du mal. »

Cet heureux chrétien ne tarda pas à être délivré des maux d'un corps mutilé pour aller recueillir, « dans la splendeur des saints, » le prix de la foi dans l'exercice de la charité...

Ces faits et d'autres encore nous consolèrent de nos tristesses. Il y en a qui ne nous épargnaient pas l'injure en face ou par lettres : ils n'ont pu diminuer notre tendresse pour eux ; leur faute était rachetée, d'ailleurs, par les hommes de cœur qui savaient apprécier notre situation.

« Nous devons tous vous exprimer notre reconnaissance, nous écrivait un soldat ; par votre charité et vos fatigues, vous mettez le comble à la mesure de vos bontés envers les pauvres prisonniers en Allemagne, et surtout envers les malades ; vous avez renouvelé les bons principes qui leur avaient été donnés par les curés de leur village dans leur jeunesse, et qu'ils avaient oubliés dans l'âge des passions. Quant aux nécessités corporelles, vous avez donné à tous suffisamment : linge, chaussettes, habits, etc. Si quelques-uns ont reçu davantage, c'est parce qu'ils étaient injustes et déraisonnables; si quelques-uns ont souffert, c'est le petit nombre. Il est facile de comprendre que, malgré votre bon vouloir et votre impartiale équité, la lourde charge de la responsabilité qui pesait sur vous ne vous permettait pas de contenter tout le monde, et d'être agréable aux yeux de tous. »

En somme, et de l'aveu presque universel, nos prisonniers d'Ulm ont été largement secourus. Pour s'en convaincre, il suffit de parcourir la fin du volume.

En présence de ces abus que nous avions le devoir de révéler, puisqu'ils dénotent dans une déplorable mesure le travail de corruption qui s'est fait depuis de longues années dans notre armée, quelques personnes regretteront peut-être leur dévouement. Ce serait à tort; car la charité ne doit connaître de frontières, ni dans l'espace, ni dans l'ordre moral où elle exerce son action. Les misères humaines les plus profondes sont les plus dignes de sa sollicitude; en soulageant les corps, elle moralise les âmes, et les relève.

Et, à ce point de vue, les aumônes venues de France ont produit cet effet doublement salutaire. D'une part, elles ont sauvé une multitude de vies; sans elles, l'épidémie eût grossi encore le nombre déjà si considérable des victimes; les cas de maladies eussent été plus multipliés; les infirmités contractées plus étendues, et le désespoir de toute cette jeunesse eût été sans consolation et sans remède. D'autre part, elles ont contribué à ramener au repentir et à la vertu un nombre considérable de pauvres prodigues qui ont fait jadis la désolation de leurs familles ; elles ont préparé ceux qui ont succombé à une mort édifiante et chrétienne ; elles ont rendu un fils à sa mère, un frère à sa sœur, un époux à son épouse ; elles ont fourni des citoyens à la patrie ; elles ont préparé des saints pour l'éternité.

Jamais œuvre ne fut donc plus digne du cœur de la France.

Puissent ces sympathies en faveur de l'armée survivre à la captivité, et lui assurer, avec la possession des bienfaits de la religion, la discipline, la bravoure et les gloires que la force de l'ennemi ne ravit point, parce qu'elles sont fondées sur la vertu !

CHAPITRE IX

LES OCCUPATIONS DES PRISONNIERS

L'ennui est le poison de la vie. Dans les palais, il enlève aux plaisirs leurs charmes, aux richesses leur valeur, aux honneurs leurs attraits. Dans le monde physique, il ravit à la nature ses beautés. Au printemps, un jeune soldat me disait : « Ce que c'est que la terre de l'exil ! Tout est riant et ressuscite à la vie en ce moment ; eh bien, cette verdure me paraît un tapis de deuil, et ces fleurs, cependant si fraîches et si blanches, me semblent couvertes d'un crêpe... » Au sein de la pauvreté, l'ennui donne le coup de la mort, et de toutes les maladies de l'âme c'est la plus dangereuse. C'est un ver rongeur qui s'attaque à la fois à la volonté, à l'intelligence, au sentiment, pour en paralyser toutes les opérations.

C'était, dans la captivité, notre plaie la plus cruelle.

Il y avait là des milliers de jeunes hommes instruits, à l'imagination ardente, au cœur généreux, pleins de force et de vie; parqués pendant de long mois dans des casemates infectes, comme un troupeau de bétail; n'ayant d'autre espace que celui qu'occupait une misérable paillasse couverte de vermine; ne respirant qu'un air fétide, sans autre horizon que les murs gigantesques de leur sombre prison.

Derrière eux il y avait la patrie envahie, dont chaque jour leur annonçait une nouvelle défaite et un nouveau désespoir; devant eux les maisons sans cesse pavoisées, les cris de victoire, les insultes de la rue, puis le son des cloches, les salves du canon, qui retentissaient à leurs oreilles comme le glas funèbre de la France!

Les lettres qu'ils pouvaient recevoir ajoutaient à leur douleur; c'était une vieille mère, un vieux père, une sœur, une épouse, qui leur communiquaient leurs gémissements et leurs angoisses...

Le typhus et la petite vérole décimaient leurs rangs. Chaque jour quelques-uns de leurs compagnons d'infortune étaient ensevelis sur la terre de l'exil; la crainte de succomber à leur tour ne les abandonnait point.

Ah! c'était affreux! Il faut avoir vu ces choses pour les comprendre, et je ne crois pas que le spectacle des champs de bataille, des villages incendiés et de la marche triomphale de l'ennemi remplisse l'âme de plus d'horreur.

Où était le remède?

D'abord dans la religion, *qui donne d'espérer contre l'espérance,* qui élève l'âme dans des régions plus sereines et qui donne à la souffrance un prix qui la rend supportable. « Courage! mes amis, leur disais-je souvent; la souffrance est la monnaie avec laquelle on achète le ciel. » Ceux qui avaient reçu de leurs familles des croyances religieuses comprenaient ces enseignements: ils se résignaient, ils étaient consolés.

Ceux qui n'avaient pas la foi, et dont l'insensibilité de

bronze n'avait pas été atteinte par la terrible leçon des événements, avaient la pauvre ressource de dire comme le journal *le Temps :* « Oh! que l'avenir est triste ! C'est
« une de ces occasions où l'on est fâché de ne pas croire ;
« on se réfugierait au moins dans un recours consolant,
« vers une puissance supérieure ! »

Stériles soupirs, qui ne leur donnaient pas la résignation, et qui ne les consolaient point. Pauvres âmes, auxquelles de misérables doctrines avaient enlevé jusqu'à la puissance du retour ; ils s'endurcissaient, et ne connaissaient que la malédiction et le blasphème. La captivité, pour eux, équivalait aux galères.

J'avais songé à établir des écoles ; je ne trouvai pas de maîtres, et les soldats étaient trop abattus ou trop paresseux pour y assister.

A cet ennui les corvées apportaient quelques diversions. Du haut des forts, les soldats étaient obligés de descendre en ville, de faire plus d'une lieue pour chercher, plusieurs fois la semaine, le bois, le pain, la viande, les autres comestibles ; mais ils marchaient sous une escorte de baïonnettes, qui ne les quittait jamais ; elle les suivait à l'église, aux offices, au presbytère ; je ne pouvais les voir sans que mes yeux se remplissent de larmes.

L'administration militaire avait imposé aussi aux prisonniers des travaux dans les carrières, les forts, ou les hôpitaux ; ils travaillaient sept ou huit heures, pour gagner un salaire de vingt centimes ! Quelques-uns aimaient mieux cela que le séjour des casemates ; d'autres refusaient d'y aller ; les baïonnettes arrivaient, et il fallait marcher. Au fort XIV surtout on était impitoyable.

Cependant ceux qui avaient un métier obtenaient facilement la permission de travailler en ville, sous la responsabilité du patron ; quelques-uns avaient la table, le logement, et ne remontaient dans les forts que le dimanche, pour faire acte de présence : serruriers, menuisiers, cordonniers, tailleurs, meuniers, boulangers, chapeliers, avaient obtenu de l'emploi : c'étaient les moins malheureux.

Parmi ceux qui restaient dans les forts, plusieurs s'ingéniaient à mille inventions. Au commencement de l'hiver, on avait donné aux plus nécessiteux des défroques de l'armée allemande ; les tuniques et les capotes portaient des boutons en métal blanc. Un beau matin, en un clin d'œil, tous les boutons avaient disparu. Qu'étaient-ils devenus ?

C'est bien simple : ils les avaient métamorphosés en orfévrerie de l'*industrie parisienne*. Bientôt on vit paraître des bagues, des épingles de toutes les formes, où se trouvaient incrustés des émaux, des pierreries, des chiffres, des kreutzers (1), des médailles ; avec un couteau et une pointe d'acier, ils faisaient des merveilles.

Les marins fabriquaient de petits vaisseaux, où l'on retrouvait les mâts, les cordages, les voiles, et jusqu'aux barques de sauvetage. D'autres façonnaient le bois ; j'ai vu une canne fort bien sculptée : un singe en formait le pommeau, un autre singe grimpant suivait, puis un autre grimpant aussi ; ce dernier tournait la tête avec effroi, pour voir si un serpent enlacé autour de la canne, à sa poursuite, n'était pas près de l'atteindre. Quelques-uns faisaient des tapis avec de petits morceaux de drap ou autres objets de ce genre. Ceux qui étaient studieux écrivaient. J'en ai connu qui passaient leur semaine à analyser mon sermon du dimanche.

D'autres faisaient des poésies. En voici quelques extraits, que le lecteur lira avec émotion :

---

(1) Petite pièce de monnaie qui représente quatre centimes et demi.

LE PRISONNIER A SON ANGE GARDIEN

Toi, dont la blanche main, aux jours de mon enfance,
Guidait mes pas tremblants dans des sentiers de fleurs,
Ange dont le doux nom, au jour de la souffrance,
Me fait vibrer encor de joie et d'espérance,
    Entends la voix de mes douleurs.

Toi qui venais le soir, aux accents de ma mère,
Pencher ton front d'azur sur mon jeune berceau ;
Bel ange, je t'implore, écoute ma prière,
Oh ! donne à ma douleur une larme de frère,
    Qu'en ton cœur je trouve un écho !

Va, retourne sans moi sur ton aile brillante,
Retourne vers les cieux qui m'ont donné le jour,
Vers ces champs où j'aimais, sous la haie odorante,
Avec mes compagnons, belle troupe innocente,
    A chanter, à rêver toujours.

Je chantais, je rêvais... Age d'or, de lumière,
Que sont-ils devenus tes jours si radieux,
Où bercé par l'amour sur le sein de ma mère,
Au son de l'*Angelus* je fermais ma paupière
    Comme un petit ange des cieux ?

Près d'elle, chaque jour, souvenir qui m'oppresse,
D'un bonheur innocent je goûtais les douceurs ;
Mon cœur nageait au sein d'une pure allégresse,
Mon front ne s'inclinait jamais sur la tristesse :
    Aujourd'hui je n'ai que des pleurs.

J'aimais à folâtrer sur les vertes collines,
A suivre dans son vol l'insecte aux ailes d'or,
A cueillir le matin les roses purpurines,
Les lis blancs, dont la nuit de larmes cristallines
    Baigna le front humide encor.

Oh ! j'aimais à livrer, dans ma candeur naïve,
Ma blonde chevelure aux caresses du soir ;
J'aimais à respirer les parfums de la rive,
Les parfums enivrants que la brise plaintive
    Perdait en murmurant : Bonsoir.

Adieu, plaisirs des champs, adieu, terre chérie,
Demeure bien-aimée où j'ai reçu le jour :
Je ne vous verrai plus, mais mon âme attendrie
Redira votre nom chaque jour de ma vie
    Avec de doux transports d'amour.

Mon ange, réponds-moi : là-bas dans la vallée,
Près de l'onde qui fuit sous un berceau de fleurs,
A l'ombre du saint lieu, sur la pierre isolée,
Vois-tu parfois, le soir, une femme voilée,
    En silence verser des pleurs?

Près d'elle quelquefois, y vois-tu, jeune et belle,
Une vierge au front pur qui soupire tout bas?
Vois-tu dans le sentier qui mène à la chapelle
Un vieillard qu'accompagne un serviteur fidèle,
    Aller au-devant de leurs pas?

C'est mon père et ma mère, et ma sœur bien-aimée :
Mon ange, porte-leur les vœux de leur enfant;
Verse, verse en leur cœur l'espérance embaumée,
Dis-leur pour consoler leur tendresse alarmée,
    Dis-leur que je suis innocent.

Des traîtres m'ont vendu, mais mon cœur leur pardonne;
Puisse la France un jour oublier leurs forfaits!...
Intercède pour eux, pour que le Ciel leur donne,
Et des fleurs au printemps, et des fruits à l'automne,
    Et des plaisirs sans nuls regrets!

L'étang où je baignais ma longue chevelure,
L'étang est-il toujours le miroir des ormeaux?
Aux approches du soir, quand la brise murmure,
Les brillants nénuphars qui forment sa ceinture
    Se balancent-ils sur les flots?

Entends-tu dans la nuit, la nuit calme et sereine,
Les battements réglés du léger aviron;
Et la barque qui fuit, et le flot qui l'entraîne,
Et les soupirs du vent dans la voile qui traine
    Flottante comme un pavillon?

Adieu, plaisirs des champs, adieu, terre chérie,
Demeure bien-aimée où j'ai reçu le jour :
Je ne vous verrai plus; mais mon âme attendrie
Redira votre nom chaque jour de ma vie,
    Avec de doux transports d'amour.

L'ATTENTE SUR UN BERCEAU

Les blancs frimas ont recouvert la terre
Du blanc manteau dont se pare l'hiver;
L'enfant bercé sur le sein de sa mère
Sous l'âtre en feu dort son sommeil léger.
« Repose en paix, lui dit-elle à toute heure,
Repose encore, ô mon unique espoir,
Pendant que moi, pauvre épouse, je pleure
Ton père aimé que j'attends chaque soir.

Tu ne sais pas, enfant, que la misère
Sur notre seuil s'assit un jour, hélas!
Elle nous prit mon protecteur, ton père,
Pour l'envoyer au milieu des combats.
Autour de lui s'agite la tempête;
La mort, au cœur jette le désespoir...
Dieu tout-puissant, oh! défendez sa tête,
Sauvez celui que j'attends chaque soir! »

Elle pleurait, et, méprisant ses larmes,
La mort cruelle a ravi son époux.
Un messager a doublé les alarmes
De cette mère éplorée à genoux.
« Dors, disait-elle à son enfant encore,
Repose en paix, ô toi mon seul espoir;
Je pleurerai ton père que j'adore,
Qu'en vain j'attends, hélas! mon fils, ce soir! «

L'OISEAU CAPTIF

ROMANCE

Dans ma prison étroite et sombre,
Loin du vallon que j'ai quitté,
Je languis en secret dans l'ombre,
Et je pleure ma liberté.
Je briserais les fers rebelles
De mon cachot; mais comment fuir?
Mon maître m'a coupé les ailes,
Il ne me reste plus qu'à mourir!

Refrain.

Ah! rendez-moi, je vous en prie,
Mes verts côteaux et mes vallons;
Rendez-moi ma mère chérie,
Mon nid de mousse et mes chansons.

J'aimais pourtant sous le grand chêne,
A l'aube naissante du jour,
Avec mes frères de la plaine,
A chanter la joie et l'amour!
Je voltigeais de branche en branche
Comme un papillon sur les fleurs,
Je recueillais la laine blanche,
Aujourd'hui je n'ai que des pleurs!

J'avais donné ma confiance
Au chef qui toujours nous conduit,
Mais il manqua de vigilance,
Et mon bonheur s'évanouit :
Car pendant une nuit obscure
L'oiseleur cerna nos guérets;
Le matin je dus sans murmure
Me laisser prendre à ses filets!

Adieu les riantes collines
Où j'ai gazouillé bien des fois,
Adieu les sources cristallines,
Et la prairie et les grands bois;
Leur verdure et leurs frais ombrages,
Témoins de mes tendres ébats,
Seront de vivantes images
Dans mon âme jusqu'au trépas...

Dumas, sergent au 72e de ligne.

Beaucoup ne faisaient rien et ne voulaient rien faire; couchés sur leurs paillasses pendant de longs jours, ils se livraient à des conversations, à des chants obscènes, se querellaient entre eux ou inventaient quelque nouveau moyen de *tirer des carottes* à l'aumônier...

Et, enfin, un très-grand nombre étaient mornes, silencieux, hébétés.

Je m'efforçai de leur procurer quelques jeux. Il fallait surtout des livres : comment s'en procurer? Paris, ce grand réceptable de toutes choses, bonnes et mauvaises, était cerné, les communications étaient interrompues ; rien n'était plus difficile. Les comités de Cette, de Besançon, de Lausanne, l'abbaye d'Einsiedeln, Fribourg en Suisse, Mgr Mermillod, nous vinrent en aide. Je consacrai à cette œuvre une petite somme, et j'évalue à 10,000 le nombre des volumes et des traités catholiques que j'ai distribués. Quoi que ce fût peu pour tant de lecteurs, ces livres ont rendu les meilleurs services.

Les comités anglais et génevois avaient saisi la situation mieux que les catholiques. Ils inondèrent, c'est le mot, tous les dépôts allemands de leurs fades traités ; dans le nombre, quelques-uns étaient indifférents ; d'autres étaient dangereux, parce qu'ils enlevaient la foi. Je ne crois pas qu'ils firent grand mal : nos soldats s'en défiaient, et les employaient à toute espèce d'usage... Le gouverneur ne tarda pas à en interdire complètement la distribution, et fit renvoyer plusieurs ballots à leurs expéditeurs.

Quelques bienfaiteurs inconnus, auxquels nous exprimons ici notre reconnaissance, nous envoyaient assez régulièrement des journaux français ou belges ; nous les réservions pour les malades. Mais, apprenant un jour que le R. P. Dufor, aumônier de Hohen-Asperg (1), avait été cruellement jeté en prison pour le fait très-innocent d'en avoir fait passer à ses hommes, nous crûmes prudent de renoncer à cette innocente distraction. La persécution dirigée alors contre les aumôniers français avait pris une telle fureur, que la moindre im-

---

(1) Ce digne prêtre fut incarcéré pendant vingt jours, au bout desquels on le relâcha sans aucune forme de procès. Sa conduite était à l'abri de tout reproche.

prudence pouvait amener l'incarcération ou le bannissement. C'eût été pour nous un honneur, mais, pour nos pauvres prisonniers, un préjudice qu'il fallait éviter.

La légèreté du caractère français est proverbiale. S'il en est qui sentaient leur malheureux sort, d'autres étaient aussi gais que s'ils avaient été en France, dans leurs casernes. Beaucoup trouvaient le moyen de s'étourdir. Ils se livraient à mille espiègleries.

Les projets d'évasion, on le conçoit, germaient dans bien des têtes.

Un jour cinq militaires, ayant en tête un sergent, qui avait monté le coup, vinrent me trouver.

« Monsieur l'aumônier, nous savons que vous ne nous vendrez pas; nous sommes décidés à nous évader. Tous nos plans sont combinés : voulez-vous nous donner des effets civils?

— Je suis touché de votre franchise et de votre confiance. Non, je ne vous vendrai pas; mais je ne puis, à aucun prix, vous servir de complice. Je vous rendrais le plus mauvais service. Vous devez sans doute à la patrie votre amour et votre vie; mais ce n'est point l'aimer que de vous exposer à répandre votre sang inutilement. Or vous n'avez aucune chance de réussir; si vous êtes pris, vous vous exposez à être fusillés, et vous provoquez les mesures les plus sévères à l'égard de vos compagnons, dont la détention deviendra encore plus rigoureuse. Je vous en conjure, abandonnez cette folle entreprise. »

Ils me le promirent.

Le lendemain, j'appris par mon secrétaire que les cinq gars avaient réussi à s'évader, et qu'ils s'étaient procuré ailleurs des vêtements civils. Quelques jours après, on les ramenait les menottes aux mains; on voulut bien ne pas les fusiller; mais ils furent mis aux fers.

Dans l'instruction qui précéda leur condamnation,

on leur demanda : « Qui vous a donné ces effets civils ?

— C'est monsieur l'aumônier, » répondirent-ils.

C'était un impudent mensonge, qui compromettait ma position au milieu de leurs frères. Que leur importait ? on leur avait si bien appris à mépriser le prêtre et à se débarrasser de son autorité !

Je niai énergiquement : on crut à ma parole, et je ne fus pas inquiété ; mais le gouverneur me fit défense formelle de distribuer à l'avenir des effets civils.

Cette interdiction me causa un profond chagrin. Il faisait froid ; beaucoup de soldats manquaient de vêtements extérieurs ; j'avais reçu des ballots de paletots, pantalons, gilets, etc. Il fallait tout mettre au grenier jusqu'au printemps...

A l'occasion de quelques autres évasions dont il est parlé ailleurs, et qui ne faisaient que rendre pire le sort de tous, la vigilance des geôliers était devenue plus étroite : les postes furent renforcés, des vedettes avaient été placées, la nuit surtout, à toutes les issues.

Ce fut l'occasion d'une farce. Un soir une sentinelle aperçoit un corps qui descendait le long d'une corde fixée à un trou des casemates : pas de doute, c'est un prisonnier qui s'évade ; elle donne avec alarme le *Qui vive* d'usage, crie : *Wer da!* de toute la force de ses poumons. Pas de réponse. Soudain elle fait feu, et le corps s'affaisse aussitôt, percé d'une balle ; tout le poste accourt, et se précipite dans le fossé ; on le relève, et on se trouve en présence d'un mannequin de paille habillé en soldat... La sentinelle et ses compagnons n'étaient pas fiers, et les nôtres en rirent longtemps, et de bon cœur.

Des cantines avaient été établies dans tous les forts. La bière, l'eau-de-vie, le pain, le beurre, les œufs, le lait, la charcuterie et le fromage formaient le menu invariable de la carte. Un tarif affiché aux portes, par ordre supérieur, réglait le prix net de chaque objet : on ne vendait pas cher ; les malins qui écrivaient que tout était hors de prix, ne disaient pas la vérité. Ceux qui avaient quelques ressources pouvaient se procurer un supplément de nourriture à bon marché.

La présence de ces cantines, qui étaient là un mal nécessaire, nous valut tous les désespoirs que causent à MM. les curés les cabarets des villages ; elles occasionnèrent de déplorables abus. Trois mois après notre arrivée, on commença à payer, par des banques anglaises, une solde de captivité. Quelques familles se saignaient à blanc pour envoyer à leurs fils quelques ressources ; beaucoup de soldats s'en procuraient par leur industrie ; d'autres vendaient leurs effets.

Presque tous les prisonniers avaient alors un peu d'argent. Les avertissements sur le bon usage qu'il en fallait faire ne manquaient point. « Au retour, disions-nous à tous, vous trouverez peut-être la famine ; que celui qui a quelques sous sache économiser, s'il ne veut pas souffrir la faim ; ayez du cœur, et ne ruinez pas dans l'ivresse ces forces dont vos familles et la patrie ont plus que jamais besoin. » Un grand nombre suivirent nos conseils, et se trouvèrent, au jour du départ, possesseurs de sommes assez rondes.

Mais l'ivrognerie, ce ver rongeur des sociétés, cette peste de la famille, ce poison de l'homme, n'était pas vaincue.

On a tout dit sur la part qu'elle eut dans nos désastres (1).

(1) Citons, entre autres, cet aveu :
« Des bruits affligeants courent à Tours. On dit qu'une partie de notre armée régulière n'a pas montré au feu toute la solidité qu'on pouvait attendre d'hommes rompus, pour la plupart, aux exercices de la guerre, et pourvus des meilleures armes que fournissent nos arsenaux. On assure que, tandis que nos jeunes mobiles et zouaves pontificaux résistaient vaillamment, des bataillons

Ceux-ci, je le répète, n'avaient pas corrigé tous les esclaves de ce vice.

Aux jours de solde surtout, les cantines offraient à l'œil le dégoûtant spectacle d'hommes ivres qui se livraient aux plus ignobles excès, aux querelles les plus insensées, aux discours les plus orduriers, et qui n'en sortaient que pour aller cuver leur vin au fond des cachots. On en trouvait quelquefois étendus ivres-morts dans la neige, et, presque tous les jours, les commandants allemands en condamnaient quelques-uns à la prison, où on les poussait à coups de crosse. Je fus témoin un jour d'une de ces scènes, et je ne pus contenir mes larmes...

La prison ne devait pas les améliorer; le principe qui corrige les faiblesses humaines n'y est pas.

Encore une fois, je les plaignais, quoiqu'ils ne fussent pas excusables; mais la source du mal remontait

---

d'infanterie de ligne ont donné le signal du découragement et de la retraite...

« Nous croyons qu'une enquête est nécessaire; car, il ne faut pas se le dissimuler, aussi longtemps que nous nous ferons, par une coupable indifférence, les spectateurs indulgents et souvent même les fauteurs de cet épouvantable relâchement des mœurs militaires; tant qu'on verra des bourgeois, — selon leur rang social, — exciter des soldats à oublier au cabaret les devoirs qui les appellent à la caserne, ou *encourager les officiers à passer au café le temps qu'ils devraient employer à leur instruction et à celle de leurs hommes;* tant que nous ne flétrirons pas ouvertement tous ces actes d'insubordination, de négligence, ou de lâcheté, qui se commettent sous nos yeux; tant que nous accueillerons gracieusement tous les déserteurs de leur poste et tous les fuyards de nos déroutes; tant que nous honorerons comme un héros quiconque aura réussi à s'échapper sain et sauf d'une bataille perdue ou d'une place rendue, ce sera en vain que le nouveau ministre de la guerre s'épuisera en recommandations et instructions pour relever le moral de notre armée.

« Les meilleurs ordres, comme le dit très-judicieusement le *Constitutionnel*, ne servent de rien quand ils ne sont pas exécutés. »

(Moniteur)

plus haut; les grands coupables sont ceux qui ont arraché la religion du cœur de nos soldats, et avec elle toutes les vertus (1).

C'est leur conscience surtout qu'il fallait travailler.

Nous n'y épargnâmes rien : tout soldat convaincu d'ivresse était privé de notre assistance; de plus, dans toutes les instructions nous revenions sur ce point important; et, après avoir épuisé toutes les considérations, nous faisions appel à leur patriotisme.

« Comment, mes amis, la patrie est en deuil; vos

---

(1) Qu'on nous permette de publier cette lettre adressée, le 25 juillet 1870, au *Phare de la Loire;* elle est pleine d'enseignements dont la valeur n'échappera à personne.

« Quelques conseils hygiéniques à nos soldats et à nos concitoyens ne seraient pas déplacés en ce moment.

« Sur nos places, dans nos rues, sur le chemin de fer, on ne voit que jeunes soldats buvant ou ayant bu. C'est à qui fraternisera avec ces futurs défenseurs de la patrie. Chacun rivalise de générosité, et le jus de la treille est prodigué sous toutes les formes.

« S'il est un moment où l'intempérance doit-être bannie de la société, c'est bien en temps de guerre. L'abus du vin et des liqueurs égare la raison et affaiblit profondément le corps. Le lendemain d'un jour d'ivresse, l'homme est comme humilié et anéanti; il n'a ni force ni courage, il n'aspire qu'au repos et à l'oisiveté.

« Est-ce là le résultat qu'on veut obtenir, et n'est-ce pas une indigne folie d'éteindre ainsi, dans un abus insensé, les forces dont la patrie a si grand besoin?

« Pourquoi faut-il qu'on ignore à ce point les bienfaits de la sobriété? Que nos soldats sachent bien qu'elle seule peut leur donner la force de résister aux émotions et aux fatigues d'une campagne militaire. La conservation du sang-froid dans les moments les plus difficiles, l'énergie persévérante, l'adresse et la vigueur corporelles, la force de résistance aux plus rudes fatigues, tels sont les effets assurés de la tempérance et de la sobriété.

« Le *Figaro* propose, dit-on, une souscription de petits verres et de cigares. C'est bien là, en effet, une offrande digne des épicuriens du boulevard des Italiens: l'eau-de-vie et le tabac, les deux plus grands ennemis de l'énergie humaine. Si les Prussiens voulaient s'assurer la victoire par des dons corrupteurs à nos troupes, ils ne s'y prendraient pas autrement.

« Rien n'est plus dangereux qu'un maladroit ami. »

mères sont en larmes, vos villages sont incendiés, le sang de vos frères coule, vous êtes vous-mêmes prisonniers sur la terre d'exil, et vous vous soûlez ! Être vaincu quand on a fait son devoir, n'est pas une flétrissure ; mais, après tant de malheurs, s'abandonner à l'ivresse sous l'œil de l'étranger, est un déshonneur pour votre uniforme, votre drapeau et votre patrie. Si vous avez succombé sur le champ de bataille, soyez au moins victorieux de vos passions, et dignes du nom français par vos vertus... »

Ces scènes honteuses n'eurent heureusement qu'un temps ; vers la fin nous eûmes la consolation d'apprendre, par les commandants eux-mêmes, qu'il n'y avait plus de grands scandales à déplorer ; il y avait donc une amélioration qu'il faut rapporter à l'action visible de la grâce. Tous ne se convertirent pas ; mais les plus endurcis témoignèrent qu'ils n'étaient pas complétement insensibles.

C'est encore pour remédier à l'ennui et à la plaie des cantines qu'on avait organisé, dans la plupart des forts, un théâtre. Comme on nous avait assuré qu'on ne jouait rien d'immoral, nous encourageâmes ces essais ; rien ne manquait aux représentations : coulisses, décors, fonds de tableaux, costumes, tout avait été bâclé avec quelques mètres de papier et quelques sous de couleur. Les soldats étaient à la fois auteurs, compositeurs et acteurs, et ne s'en tiraient pas trop mal. Aussi y avait-il, comme on pense bien, foule chaque soir. C'était une récréation, et surtout une diversion heureuse apportée à la mélancolie d'un grand nombre (1).

---

(1) Nous avions comme prisonniers quelques artistes des théâtres de Paris. Le mercredi des cendres, ils furent invités par les Allemands à donner, en français, une représentation sur le théâtre de la ville d'Ulm. Séduits sans doute par l'appât du gain, ils ne furent

Ainsi se passaient nos très-longues journées, et nos mois, qui paraissaient des années, à peine supportables à ceux qui savaient s'étourdir, affreusement tristes pour les hommes de cœur qui sentaient leur position. Puissent-ils avoir profité de ces dures leçons de l'épreuve, et travailler, par leur propre régénération, au salut de notre bien-aimée patrie !

CHAPITRE X

LES HOPITAUX ET LES AMBULANCES

Notre armée prisonnière entra en Allemagne avec le lugubre cortége de toutes les maladies, conséquence inévitable de ses privations, de ses souffrances en campagne et de ses fatigues.

D'après les remarques générales, et de l'aveu de tous nos soldats, confirmés avec une sinistre éloquence par les listes nécrologiques de tous les dépôts allemands, c'est à l'incurie des intendants militaires français qu'est due, en grande partie, l'immolation de tant de vies humaines.

On a dit, non sans raison, que « tous ces hauts fonctionnaires étaient payés très-cher pour ne rien faire, que ceux qui sont en second rang étaient payés un peu moins cher pour en faire un peu plus, que les subal-

---

arrêtés ni par leur triste sort, ni par la pensée de la patrie en deuil. La pièce fut jouée au grand ébahissement des Teutons, qui n'eurent pas assez de grandeur d'âme pour leur infliger le légitime châtiment du sifflet. Ce fait dispense de toute réflexion, et ne surprend pas chez des comédiens; les plaisirs de la scène, qui tuent le sentiment religieux, ne peuvent laisser de place au patriotisme. On le voit bien par les abominables scandales qui s'étalent cyniquement *à l'heure présente* sur tous les théâtres de Paris.

ternes n'étaient presque pas payés pour faire toute la besogne! »

On sut bientôt en France le triste état sanitaire de nos troupes. On apprit avec effroi qu'à Erfurt, entre autres, quarante soldats avaient succombé presque en même temps. Il y eut alors de grandes appréhensions sur la nature du traitement de nos malades ; quelques journaux accusèrent les administrations allemandes d'inhumanité.

Nous n'avons pas qualité pour raconter ce qui se passa ailleurs ; mais il est bon de remarquer que, d'après des renseignements certains, l'état sanitaire était déplorable partout où les sœurs hospitalières étaient remplacées par des infirmiers ; et cela est vrai, de l'avis de tous les hommes compétents, non-seulement en Prusse, mais aussi en France (1).

Pendant le séjour que nous fîmes à Rastadt, Carlsruhe, Fribourg, nous constatâmes que le service médical était régulier. Ce n'était pas toujours l'avis de nos soldats. « Le docteur ne donne rien, » disaient-ils. Ils partageaient le préjugé que « les médecins négligent le malade quand ils n'administrent pas les remèdes par hectolitre! »

A Rastadt, nous eûmes la consolation de revoir nos pauvres blessés de Strasbourg ; mais les retrouvant dans ce triste séjour, nous ne pûmes contenir nos lar-

---

(1) Pour notre part, nous n'oublierons jamais quelles violences il fallut faire à l'administration des hospices de Strasbourg pour obtenir que quatre sœurs de Charité fussent autorisées à s'occuper des ambulances de l'hôpital militaire, et cette faveur ne fut accordée que vers la fin du siège ; il en résulta pour nos blessés des souffrances que je n'ose pas raconter.

L'institution des infirmiers, ou des *croque-morts*, comme les appellent nos soldats, est jugée. Les maintenir exclusivement dans les hôpitaux pour les soins à donner aux militaires malades est une inhumanité contre laquelle il importe de réagir.

mes !... On les avait arrachés de leurs lits, malgré leurs blessures, pour les traîner en exil.

C'est encore là un de ces crimes qui pèsera éternellement sur la conscience de la Prusse et du général Werder ; Strasbourg avait capitulé, ils étaient maîtres du territoire et de la place ; ces mutilés pouvaient y être soignés sans danger pour les nouveaux maîtres. Quelle raison d'Etat peut donc justifier cette cruauté ?

Si je le demandais au sauvage, il me répondrait : C'est parce que le vaincu n'est plus un homme (1) !

Voilà où en est l'humanité au XIX° siècle ! Voilà où en sont les droits de la guerre, quand l'athéisme législatif a effacé des lois des nations l'Evangile, ce code immortel de la vraie civilisation ! En le supprimant, nos *progressistes modernes* nous ont fait reculer de dix-huit siècles et au-delà, et notre situation est pire : mieux vaudrait la barbarie pure que ce mélange monstrueux du paganisme et des idées modernes, qui est le caractère de ce temps.

A Rastadt, l'hôpital laissait à désirer au commencement : les salles étaient basses, trop peu aérées, et renfermaient trop de lits ; le linge manquait ou était malpropre, et les infirmiers passaient leur temps à rire avec les servantes de l'hospice. Cet état ne dura pas longtemps. La Providence avait poussé là un homme de cœur, un de ces chrétiens antiques, dont la trace a

---

(1) Notons ce fait digne d'être médité : les soldats *badois* qui conduisaient en exil les héroïques défenseurs de Strasbourg, les frappaient en marche du plat du sabre et leur disaient : « Vous n'êtes plus des hommes, c'est à peine si nous vous considérons comme des chiens. »

..... Napoléon 1er, se trouvant sur le passage de prisonniers de guerre allemands, se découvrit, ordonna à ses soldats de présenter les armes, et prononça ces mémorables paroles : « Honneur, Messieurs, au courage malheureux !... »

Que les temps sont changés !

quasi disparu : j'ai nommé M. le commandant du Petit-Thouars, un des héros de la défense de Strasbourg. Il a sacrifié sa santé au soulagement des captifs et des malades; près de lui se trouvait son épouse, Mme du Petit-Thouars, qui fut pour eux un ange consolateur. Il n'y a pas de récompense nationale pour reconnaître de si éminents services; mais de telles œuvres suffisent pour illustrer un nom déjà si grand, et l'ennoblir encore dans celui qui le porte.

« Là, dit M. du Petit-Thouars dans son rapport à M. le ministre de la marine, les instructions du gouvernenement Badois étaient des plus larges, au sujet des malades qui devaient être traités comme les soldats allemands. Mais chose répugnante à dire, parmi les médecins chargés de soigner les nôtres, il en est qui ont montré à leur égard des sentiments de haine révoltants, et qui ont insulté ces malheureux jusque sur leur lit de douleur. C'est là un des exemples de la façon dont les membres allemands de la « société internationale de secours aux blessés » à laquelle ils appartenaient tous, entendaient leurs devoirs *envers les Français*, et la manière dont les secours qu'on lui a confiés ont été répartis dans certains cas ne fait que me confirmer dans cette opinion, que si jamais nous reprenons une grande lutte contre une puissance protestante en Europe, nous aurons tout intérêt à nous affranchir d'obligations qui n'ont jamais trouvé de réciprocité chez nos ennemis. Au début, quelques personnes charitables voulurent visiter nos hommes et soulager leurs misères, le médecin en chef en fit interdire absolument l'entrée, et il ne tarda pas à entraver l'aumônier lui-même dans l'exercice de son ministère. »

Le chef-d'œuvre des ambulances était à Carlsruhe; les immenses remises du chemin de fer avaient été transformées en lazaret; de puissants ventilateurs pratiqués sous le toit renouvelaient incessamment l'atmosphère, et des calorifères maintenaient une chaleur hygiénique. Le linge était abondant, la propreté irréprochable, les soins admirablement dévoués.

Le comité des blessés de Genève y avait mis la main.

Il y avait là des Allemands et des Français.

Les Allemands étaient soignés par des diaconesses protestantes; les Français, par les sœurs de Saint-Vincent de Paul de Strasbourg, qui payèrent un large tribut de dévouement à la patrie. De nombreux infirmiers complétaient le service, et il est difficile d'imaginer une organisation plus parfaite.

Le tabac, le sucre, les confitures, les livres français, s'y trouvaient en abondance.

Je fus scandalisé des livres : Eugène Sue, George Sand, Ponson du Terrail, etc., toute cette littérature malsaine qui a préparé, conduit et consommé la ruine de notre pauvre France, était donnée en pâture aux pauvres vaincus; c'était le coup de massue qui achevait la victime. La plupart de ces livres portaient sur la couverture le nom de la princesse Guillaume de Bade; cette grande dame, qui a d'ailleurs rendu de réels services à nos blessés, n'a pas dû se rendre compte de l'inconvenance, pour ne pas dire de l'immoralité de ce procédé.

Il y a là tout au moins une répréhensible légèreté. Cette manie de certains grands à jeter dans les masses ces productions mauvaises de la littérature moderne est quelque chose de pitoyable; ils mettent eux-mêmes la poudre aux mines qui feront sauter tous les trônes; ce n'est plus qu'une affaire de temps (1).

(1) Ils sont conséquents avec eux-mêmes, ces princes, ils n'ont de religion que pour la forme, et encore? — Un pensionnat de jeunes Anglaises à Darmstadt avait demandé un ministre anglican à la princesse Alice, épouse du prince Louis de Hesse. — Elle répondit : « Qu'avez-vous besoin d'un ministre anglican? Que vos

Le service religieux était organisé officiellement : les souverains allemands, qui ne veulent plus de religion pour eux, en veulent pour le peuple. C'est un avantage qui leur reste. A une extrémité du lazaret se trouvait une table de la cène, surmontée du portrait enguirlandé du *pieux* Guillaume de Prusse... Un ministre venait s'y placer pour faire le prêche ; j'y assistai une fois, et je fus très-affligé d'entendre, dans ce lieu de gémissements et de souffrances, une plate déclamation politique qui exaltait jusqu'aux nues la formation de cet empire qui tuera la liberté et la foi religieuse de l'Allemagne. Du Christ, de la sanctification de la douleur, de la résignation dans l'épreuve, pas un mot ! Les ministres allemands ne trouvent plus, dans leur cœur desséché par le rationalisme, la parole qui réconforte et qui console.

En face se trouvait l'autel catholique, surmonté du crucifix, la seule image qui convienne à un tel lieu ! C'est là qu'on célébrait le saint sacrifice chaque dimanche, et qu'on annonçait la parole de Dieu aux blessés.

Nous ne possédions pas cet avantage dans nos ambulances d'Ulm ; il nous fut impossible d'y avoir une chapelle, ou un autel. Nous l'avons déploré souvent.

Il y avait pour Ulm et Neu-Ulm quatre hôpitaux (1); on en ajouta plus tard un cinquième dans les avant-forts, à une lieue de la ville, pour les varioleux.

Les soins médicaux étaient abondants partout ; plusieurs médecins firent leur devoir consciencieusement (2).

Les soins de propreté étaient satisfaisants ; toutes les

---

pensionnaires aillent au temple luthérien, ou plutôt qu'elles fassent comme moi, et n'aillent nulle part... »

(1) On les nommait : Kienlesberg, Schulerplatzle, Gaisenberg.
(2) Nous citerons M. le docteur Goesser, qui fut très-dévoué à nos malades.

salles étaient lavées à grande eau une fois la semaine. Le lit, composé d'une paillasse et d'un matelas, ne valait guère mieux que celui d'un trappiste : le pauvre malade, couché trop longtemps, finissait par avoir les reins écorchés ; nous avons fourni quelquefois des couvertures pour rendre les lits moins durs.

Le linge laissait à désirer ; les draps n'étaient pas propres partout, et les chemises faisaient généralement défaut. C'était pourtant le devoir des administrations d'en fournir, et elles nous en demandèrent : nous refusâmes jusqu'au bout ; car nous ne pouvions céder cet objet qui serait devenu la propriété de l'établissement. Ne pouvant rien obtenir, nous donnions à chaque malade les chemises dont il avait besoin, et il les conservait pour son usage.

L'hôpital fournissait, en somme, la pension, la pharmacie, le médecin. Il fallait pourvoir au reste, procurer chemises, chaussettes, caleçons, chaussons, flanelles, tricots, mouchoirs, cravates, etc. Chaque jour un ballot était adressé par nos soins à quelques hôpitaux. Quand le soldat français est malade, il lui faut surtout un bonnet de nuit, du sucre, de la tisane. On n'en donne pas en Allemagne.

Comme il y avait là une grosse dépense, nous fîmes faire des démarches près du ministère. On répondit : « Que la médecine allemande n'était point convaincue de la nécessité du sucre dans le traitement des maladies, qu'on n'en donnait pas aux soldats allemands, et que les nôtres étaient traités sur le même pied. »

Amen.

On fit pour le mieux. Mme la princesse de Wolfegg et Mlle de Nicolaï nous firent d'abondants envois de sucre, confitures, etc. Nous achetions ce qui manquait. Chaque malade qui demandait recevait le nécessaire.

Les distributions étaient faites d'ordinaire par les

Sœurs ; mais tous les jours, en traversant les salles, je donnais moi-même aux plus malades du sucre, des oranges, que je portais dans un petit sac qui était devenu mon *vade-mecum*.

J'avais été mal inspiré, et mon sac offusquait la vue de nos geôliers.

Un jour, je venais d'administrer les derniers sacrements à un mourant ; un chef infirmier se présente, m'arrache sans préambule, devant les malades, mon sac de la main et dit :

« Je viens vous visiter.

— Vous n'avez pas ce droit.

— Si ; je viens par l'ordre du médecin. »

Le prêtre ne résiste pas au pouvoir constitué. Je me laisse faire ; il vide le sac sur une table, y trouve du sucre, des cigares et, hélas ! quelques petits couteaux à 30 centimes la pièce destinés à des convalescents qui m'en avaient demandé pour couper leur viande et leur pain.

Il n'en fallut pas d'avantage. Grande rumeur dans les hôpitaux et toute la ville ; l'aumônier avait fourni aux prisonniers des armes, des poignards, des pistolets, et j'étais étonné qu'on n'ajoutât pas des canons.

Ils sont forts pour les canons, les Prussiens !

O la Fontaine, où es-tu ?

La mesure dont je venais d'être victime était odieuse.

Le peu de respect qu'on avait montré pour mon caractère sacré attestait plutôt une manifestation antireligieuse qu'une vengeance politique. En Allemagne, le *libéralisme* et la *liberté* défendent aux prêtres de sortir en soutane ; il faut qu'ils soient habillés en laïques. Or je n'allais dans les hôpitaux qu'avec ma soutane. Cela leur déplaisait. Il le fallait cependant bien ; si mes soldats m'avaient vu en redingote, je n'aurais jamais pu réussir à les confesser.

Mon Dieu! j'eusse pardonné volontiers cette fouille honteuse, car il en faut passer en ce monde..., j'espérais qu'un reste de pudeur leur ferait regretter ces puériles chicanes.

Il n'en fut rien.

Le lendemain, au moment de ma visite à l'hôpital, je fus mandé dans le cabinet de l'inspecteur, jeune imberbe fort arrogant.

« Nous vous interdisons formellement, me dit-il, de ne plus rien distribuer à vos malades.

— C'est donc l'administration de l'hospice qui se charge désormais de ce soin?

— Non.

— Et qui fournira à ces infortunés les vêtements dont ils ont besoin?

— Vous pouvez continuer; mais vous les apporterez dans mon cabinet, et je me chargerai d'en faire la distribution. »

Je me rappelai la fable :

« ..... Et partibus factis
Sic locutus est leo. »

Je répliquai : « Monsieur, je suis ici le mandataire de la charité de la France. Tous ces dons, d'après la volonté des bienfaiteurs, que j'entends respecter, doivent passer par mes mains.

— Vous pourrez dresser vos listes, nous nous y conformerons. »

J'étais disposé à faire cette concession : « Mais, ajoutai-je, vous me permettrez de donner aux malades, çà et là, quelques douceurs.

— Non, nous vous défendons toute espèce de distribution.

— Cependant, Monsieur, l'âme est unie au corps; si nous voulons faire du bien à l'âme, il faut nous montrer charitables pour son enveloppe. Si un malade me demande un petit secours, je ne peux y être insensible ; une présomption d'indifférence paralyserait mon ministère.

— Oh! oh! s'écria-t-il triomphant, vous voilà avec vos maximes catholiques.

— Monsieur, répondis-je avec dignité, cette maxime est de toutes les religions ; elle n'est pas inconnue même aux sauvages, car elle est une loi de nature. Vous n'en pouvez méconnaître la valeur, à moins que vous ne partagiez les théories de votre Luther, qui enseigne que les bonnes œuvres sont inutiles au salut. Mais, puisque vous me refusez la satisfaction de ce que je considère comme un devoir, je ne vous ferai aucune concession, et de ce pas je vais porter mes plaintes au général-gouverneur, qui prononcera. »

Je sortis, et donnai ordre à mon domestique de reporter à la cure tout ce qui devait être distribué ce jour-là aux malades.

J'ai dit ailleurs que le gouverneur tenait personnellement à la présence d'un aumônier. Ma nomination en cette qualité avait été ratifiée par le ministère de la guerre. Or, la question des hôpitaux voulait une solution immédiate. Je m'aperçus clairement de l'intrigue ; un acte de faiblesse de ma part compromettait tout : après m'avoir défendu l'aumône matérielle on entraverait mon ministère spirituel, et l'aumônier ne serait plus qu'une enseigne.

Le général m'accueillit avec bienveillance, écouta mes réclamations, et rendit le lendemain une ordonnance qui fut lue dans tous les hôpitaux ; elle établissait, en ma faveur, la liberté la plus entière dans l'exercice de mon ministère ; elle m'accordait la faculté de donner, comme je l'entendrais, des vêtements aux malades ; quant aux objets de consommation, il fallait l'assentiment des médecins.

J'avais l'essentiel ; je tâchai d'être modeste dans mon triomphe. Malgré cela, l'ennemi ne se tint pas pour battu ; je m'aperçus clairement que j'étais épié dans toutes mes démarches ; mais je savais que « prudence est mère de sûreté », et j'avais à cœur de n'en point manquer.

Ah ! nos soldats ne sauront jamais combien je dus faire violence à mon cœur. Que de fois je dus m'interdire des communications avec eux, et la consolation de leur rendre certains services dont le sacrifice me coûtait plus qu'à eux, et tout cela pour ne pas me compromettre et les priver, avec la présence de l'aumônier, de tous les secours corporels et spirituels dont ils avaient besoin.

Il y eut encore bien des orages ; comment les citer tous ! Mais il en éclata un du côté où je m'y attendais le moins.

Tous les catholiques savent le prix que la piété attache à certains objets de dévotion, tels que médailles, chapelets, scapulaires, etc.

Voltaire en a si bien plaisanté, que ses fils croiraient manquer aux leçons du maître et au *bon goût* de sa secte, s'ils ne singeaient pas son *rictus*.

On sait bien que ces objets ne constituent pas la religion et ne remplacent pas l'obligation de pratiquer la vertu ; mais comme l'homme vit par ses sens, ils peuvent par les sens agir sur son âme. « Un crucifix, une image de la sainte Vierge apprennent en peu de temps ce qu'il est souvent difficile de faire entendre à des cœurs ulcérés ; ce que le livre est à celui qui sait lire, une image l'est à ceux qui ne le savent pas ; ce que la parole opère par l'ouïe, l'image le fait par la vue. Les saintes images sont un mémorial des œuvres divines (1). »

(1) Saint Jean Damascène.

On se moque du miracle, et l'on dit que croire à l'efficacité d'une médaille est une superstition. Dégageons cette question des préjugés dont l'ignorance ou la mauvaise foi se plaisent à l'envelopper : s'il convient à Dieu, pour récompenser la foi dans une âme, d'attacher quelquefois à un signe une vertu surnaturelle, il en est bien le maître. Et qu'avez-vous à y voir? Qu'y a-t-il là contre la raison?

Et si cet objet n'a pas pour moi ce privilége, j'y découvre, en tout cas, un moyen moral de conserver en moi les principes religieux, et un préservatif contre certains signes immoraux que vous ne dédaignez pas d'employer pour les corrompre. Si vous croyez à l'efficacité de l'image obscène pour tuer les âmes, j'ai bien le même droit pour croire à la vertu des images pieuses qui aident à les sauver.

Dans le monde vous professez souvent un culte passionné pour l'image ou le souvenir d'une mère, d'une sœur, d'une épouse, d'un événement qui n'est plus, ou d'une idole dont la vie secrète vous ferait rougir si elle était dévoilée. Quel mal y a-t-il pour un chrétien de vénérer, dans un signe pieux, la mémoire des mystères sublimes qui ont sauvé le monde, ou le souvenir d'un saint qui a illustré l'humanité par l'héroïsme de ses vertus? Si l'image d'une mère conserve dans le cœur d'un fils la piété filiale, l'image d'un saint peut aider à conserver dans une âme la vie de la foi.

Quelle idolâtrie y voyez-vous?

Écoutez, puritains, une scène de la vie moderne :

Un cheval français, qu'on nommait *Gladiateur*, a vaincu, en 1865, dans les plus belles courses, les meilleurs chevaux anglais. A la suite des derniers succès qu'il remporta, cet heureux quadrupède provoqua un enthousiasme dont on ne peut se faire une idée : quelle gloire pour *Gladiateur!* Ceux qui n'avaient été qu'admirateurs devinrent fanatiques. On vendit à un prix fou des bagues faites avec le crin de sa queue, et ce fut un grand honneur de l'avoir flatté de la main dans l'enceinte du pesage le jour des courses.

Voilà où en arrivent les hommes du progrès moderne ; ils tombent dans un vrai fétichisme, ils achètent à prix d'or le crin d'un cheval, ils se disputent l'honneur de le toucher, et ils se moquent de ce que les chrétiens vénèrent les reliques des saints...

J'appris donc un jour que j'avais été dénoncé à la police pour avoir distribué aux prisonniers des *amulettes* (c'est le nom que les ignorants et les Allemands donnent à nos objets de dévotion) comme talismans de futures victoires, que j'avais par là surexcité leur esprit contre la Prusse, préparé des émeutes, des évasions et tout ce que l'on peut imaginer en pareil cas. Donc il faut se débarrasser de l'aumônier.

La justification fut facile sur le premier chef, attendu que ces distributions avaient un but purement religieux ; et, sur le second chef, les autorités savaient bien que tous nos efforts tendaient à maintenir nos soldats dans le respect des lois et d'eux-mêmes. Les évasions et les émeutes étaient aussi insensées qu'infructueuses ; les plus simples indices provoquaient immédiatement des rigueurs qui rendaient notre situation plus intolérable.

En voici une preuve :

Aux approches de Noël, tous les prisonniers, dans tous les forts d'Allemagne, se souvenaient de la messe de minuit et du *réveillon* qui en est la suite *obligée*, et pour lequel on a généralement plus de dévotion que pour la messe elle-même ; ils ne parlaient que du *reveillon* et de la manière dont se ferait le *réveillon*, et du *menu* de ce *réveillon*. Bref, on parla tant de *réveillon* que les Prussiens crurent à un mot d'ordre général ; ils donnèrent l'éveil, et, interprétant le mot *réveillon* par *rébellion*, ils demandèrent des ordres à Berlin. L'impitoyable de Roon n'était jamais à court en fait de mesures rigoureuses ; il en ordonna ; nos soldats les supportèrent, en riant longtemps de la panique que le *réveillon* avait causée aux Allemands.

Nous terminons ce chapitre.

Les soins dans les hôpitaux furent, en somme, aussi satisfaisants que possible. Le confortable n'y existait pas ; par exemple on n'y donnait pas de viandes blanches, de volailles, etc. Des malades m'en demandèrent quelquefois ; je ne pus en trouver même dans les hôtels, où dominaient le saucisson, le porc et la choucroûte. A ce propos, j'avais demandé un jour une volaille pour un malade, on me fit cette singulière réponse :

« Apportez une poule, nous vous la rôtirons... »

Mais il y avait la quantité ; on apportait à manger cinq fois par jour, suivant les cas, soupe, bouillon, viande, café, bière et vin. Ceux qui n'étaient pas très-malades trouvaient ce régime bien supérieur à celui des hôpitaux français, où l'on ne donne à manger que deux fois par jour.

Nous avons pu remarquer que nos blessés et nos malades guérissaient difficilement ; beaucoup passèrent de longs mois aux hôpitaux à égale distance de la vie et de la mort. Il est clair qu'il n'y avait pas chez eux assez de vigueur dans le sang pour opérer une réaction salutaire. Cela provenait des privations endurées pendant la campagne, et révélait en même temps, il faut bien l'avouer, un sang appauvri par la débauche. Nos jeunes gens sont au physique ce qu'on les a faits au moral : les scandales du foyer domestique, l'absence d'une éducation fortement chrétienne et d'une surveillance suffisante, la facilité des plaisirs, la contagion des livres et des doctrines malsaines les poussent à se corrompre de bonne heure; à vingt ans, ils sont des vieillards! Qu'une blessure arrive, et les voilà incurables... Pas de religion, pas de mœurs, et tous les impertinents discours des sectaires et des sophistes n'y changeront rien.

CHAPITRE XI

LA RELIGION DANS LES AMBULANCES

Nous devons aux nombreuses familles qui ont perdu leurs fils pendant cette triste période, ces récits féconds en consolations impérissables. Si la douleur d'avoir perdu un être tendrement aimé sur la terre de l'exil a creusé dans leur âme une source de larmes toujours jaillissante, la certitude que les portes d'une patrie meilleure lui ont été ouvertes y répandra un baume réparateur.

On a vu les luttes que nous avons dû soutenir pour ramener à la religion ceux qui s'en étaient éloignés, ou qui, par les malheurs de leur éducation, ne l'avaient jamais possédée. Les résistances ont été nombreuses, arrogantes, déraisonnables; mais elles ont tenu rarement en face de la mort.

Si, par amour pour les intérêts sacrés de notre chère armée que tous nous devons avoir à cœur de sauver, nous avons dû accepter le pénible devoir de faire connaître ses misères, combien nous sommes heureux de pouvoir révéler ses gloires, et de prouver par des faits qu'elle n'est pas complétement gâtée, et qu'il y a chez elle d'immenses ressources pour le bien!

Il est juste d'ajouter que nos consolations sont dues, en majeure partie, aux influences bienfaisantes de la famille chrétienne et aux restes non effacés d'une bonne éducation première. Lorsque ces conditions se rencontraient, la tâche du prêtre était facile; on voyait renaître la foi dans toute sa vigueur, et l'amour de Dieu dans tous ses consolants effets.

Ordinairement, en abordant un malade, notre première question était celle-ci : « Quelle école avez-vous fréquentée? »

Lorsqu'il répondait : « L'école des Frères ou un établissement chrétien, » nous étions toujours sûr du succès. Nous avons surtout fait cette remarque à l'égard des soldats parisiens élevés chez les bons Frères des Écoles chrétiennes, ils résistaient rarement et remplissaient leur devoir consciencieusement. Les principes chrétiens, déposés dans leur âme sur les bancs de la classe, n'avaient pu être extirpés complétement, ni par les orages de la jeunesse, ni par les scandales de la caserne. C'est sans doute à cause des éminents avantages de cette institution qu'en ce moment, les conseils municipaux de plusieurs grandes villes et de certains villages ont commencé leur déloyale persécution contre ces serviteurs désintéressés de la patrie et de la religion. On dit que Bismark supprime les Frères en Alsace, *afin que les Alsaciens soient moins Français*, et ces libéraux les veulent supprimer en France, afin que notre jeunesse soit moins catholique, et partant *moins française*. Et qu'importe la patrie aux traîtres qui rêvent la république universelle ! Les ennemis de la vérité se rencontrent toujours sur un terrain commun: *la persécution*. Ils savent qu'en ruinant cette institution, ils suppriment, par le fait, l'éducation catholique, et qu'ils réaliseront plus rapidement le paganisme qu'ils rêvent et qui envahit si profondément l'esprit public.

Mais les familles consentiront-elles à cette usurpation sacrilége des droits de la paternité? Approuveront-elles que leurs fils soient formés à l'image des scélérats qui ont ruiné la France, assassiné les ôtages et brûlé Paris?

Il n'y a plus d'illusions possibles : c'est là qu'aboutissent ces infâmes théories.

Depuis quelque temps, de prétendus sauveurs crient à tue-tête : *instruction gratuite, obligatoire, laïque*; c'est la panacée à tous nos malheurs. Les badauds! Ils ne savent donc pas que l'instruction sans religion jette dans le peuple des lumières incendiaires, que « la classe qui a reçu cette instruction commet plus de crimes que celle qui n'a reçu aucune instruction. » Les statistiques le prouvent ; les galères et les prisons le démontrent avec une éloquence sinistre.

Sans doute l'instruction *laïque*, c'est-à-dire athée, pour appeler la chose par son vrai nom, pourra saturer notre jeunesse de toutes les falsifications *historiques*, *littéraires* et *scientifiques*, mais elle ne leur apprendra pas ces deux sentiments qui seuls font un bon citoyen, le *respect* et l'*amour*.

« Grâce à cet enseignement de mauvais aloi, la jeunesse a été privée non-seulement de l'amour par excellence, mais encore de l'affection véritable qu'elle devait trouver ici-bas et qui a dégénéré en faiblesse, en orgueil et en intérêt mercantile, ou en passion de sectaire. Voici l'une de nos plus grandes plaies : un maître fonctionnaire enlevant cette jeunesse infortunée du foyer domestique et la séparant bientôt du Dieu sauveur qu'elle y avait entrevu. Déshéritée de l'amour, sans exemples salutaires, sevrée des paroles de vérité, gâtée, sceptique et dépravée, est-il étonnant qu'elle ait formé une génération aussi incapable de se plier à l'ordre que de défendre le sol de la patrie (1)? »

(1) *Réflexions d'un prisonnier de guerre;* ce travail remarquable se trouve chez Poussielgue. Paris.

« Du moment où tout est matière, en quoi un morceau d'argile a-t-il droit à plus de respect ou à plus d'amour qu'un autre morceau d'argile? — En retour, les petits garçons et les petites filles apprendront la superbe maxime de Bismark : *la force prime le droit*. Ils apprendront que la première place — car on ambitionnera toujours la première place — appartiendra dans une école à l'élève dont le poing est plus solide, et dans la société, à celui qui manie mieux le revolver. Ils apprendront surtout la maxime des matérialistes de tous les siècles : *chacun pour soi*. Si nous n'avons d'autre but que la jouissance, il faut jouir à tout prix, jouir le plus largement possible. Le dévouement est une duperie des mystiques. C'est chose fort claire, les enfants eux-mêmes le comprendront.

« D'où ils concluront plus tard que le soldat qui joue des jambes à l'approche de l'ennemi, dût-il faire massacrer un régiment et livrer sa patrie à l'ennemi, est un homme d'esprit; car une fois tué il ne pourrait plus jouir, tandis que vivant il peut, durant de longues années encore, manger, boire, fumer, fréquenter le café, le théâtre et le reste.

« Ils apprendront — dans un cours particulier d'enseignement mutuel contre lequel l'éducation religieuse la plus vigilante ne lutte qu'avec difficulté, mais qui alors prendra des proportions inouïes — ce libertinage précoce qui tue l'homme dans sa fleur et fait des vieillards avant l'âge de quinze ans. La gymnastique et l'hygiène perfectionnées des écoles publiques seront d'un très-léger secours contre le progrès de cet enseignement meurtrier.

« Cette éducation jettera sur le pavé une jeunesse étiolée, passionnée, avide de libertinage, indisciplinée et indisciplinable, une jeunesse *sans respect et sans amour*.

« Avec de tels éléments une société devient un cloaque.

« Mais non! le peuple ne livrera pas ses fils et ses filles à l'*Internationale!* Ce n'est pas le peuple qui a chassé les filles de charité des écoles et des ouvroirs; ce n'est pas le peuple qui a jeté de saintes religieuses dans la prison des filles publiques à Saint-Lazare. Ce n'est pas le peuple qui a persécuté les frères des Ecoles chrétiennes et versé leur sang. Ce n'est pas le peuple qui se réjouit de voir arriver dans un village un instituteur impie! Ce sont les meneurs, libertins riches, bourgeois tarés, ambitieux auxquels les tyrans antiques ont légué la fameuse maxime : *corrompre pour asservir.*

« L'Instruction impie a fait ses preuves; elle forme de jeunes bandits et de jeunes effrontées. L'antiquité payenne elle-même a dit cette parole qui devrait faire rougir les chefs de l'*Internationale*, s'ils savaient encore rougir : « l'enfance a droit à tout respect; si vous préparez quelque chose de honteux, gardez-vous de mépriser la faiblesse de l'enfant. »

« Pères de familles, il ne s'agit pas ici de vous seulement. Si les hommes de l'*Internationale* sont les maîtres de la France, vos enfants sont perdus, et les honnêtes gens n'auront plus qu'à se cacher dans les forêts pour n'être pas dévorés par des tigres à face humaine (1). »

Si les familles ne veulent point cela, qu'elles mettent, à l'heure voulue, hors des conseils municipaux les misérables qui représentent ces idées, et qu'elles les remplacent par des hommes qui comprennent leurs intérêts et les défendent.

« Si les gouvernements, disait Joseph de Maistre, veulent savoir les dangers qui les menacent, ils n'ont

---

(1) *Philosophie de l'Internationale,* par Delaporte.

qu'à considérer un seul fait : *l'éducation en dehors de l'Église catholique.* »

Frédéric II, roi de Prusse, ajoute : *Si je voulais perdre un pays, je le ferais éduquer par les philosophes.*

Que les pères, que les mères de famille y réfléchissent. Qu'ils tiennent ferme. On prépare la dissolution de la famille et de la société, en consentant à la ruine de l'éducation chrétienne; il faut empêcher ce malheur à tout prix, en conservant ces écoles, qui sont pour le peuple la dernière planche de salut.

Sans doute nous n'entendons pas faire le procès aux écoles laïques; elles comptent des instituteurs qui comprennent leur mission. Mais le souffle qui a passé sur elles, en ces dernières années, leur a enlevé toute espèce de garantie; elles ne sont plus *une institution chrétienne,* et il faut le déplorer amèrement.

Et voici un autre mal : les instituteurs, dans les campagnes, sont devenus des *préfets de village,* qui se placent au-dessus du curé et même du maire, et dont le sot orgueil n'est justifié ni par leur science, ni par leur bon sens (1).

Qu'on me pardonne ces réflexions : je n'ai pu m'empêcher de les faire, car elles touchent aux intérêts les plus chers du pays.

Un fait qui a été surtout remarqué par les Allemands, c'est que nos soldats demandaient rarement le prêtre. Nous le savions d'ancienne date; il fallait donc être constamment sur le *qui vive,* visiter toutes les salles et chaque lit, là surtout où il n'y avait pas de

---

(1) Très-souvent ils n'ont pas de religion; j'en ai connu qui ne faisaient même pas leurs pâques. Eh bien ! ne donnant pas l'exemple, ils n'ont plus qualité pour enseigner : la religion n'est pas le superflu de l'école, elle en est le nécessaire; elle est la racine de l'éducation. Si l'instituteur ne prêche pas d'exemple, tout est perdu.

Sœurs. Mais en retour ceux qui avaient reçu la foi la manifestaient par d'admirables sentiments.

Un jour, nous étions en présence d'un pauvre jeune homme qu'un mal incurable allait enlever. Il avait à revenir de loin ; nous n'allions pas vite en besogne ; il s'en aperçut : « Oh ! dit-il, ne craignez pas de me ramener à Dieu ; mon père est un brave chrétien qui se confesse et communie ; le seul souci de sa vie est de me voir marcher sur ses traces ; ma vieille mère est une pieuse âme ; ce qu'elle a déposé de croyances en moi n'est pas perdu. Je veux faire mon devoir en règle, et laisser à mes bons parents cette suprême consolation que je suis mort en bon chrétien, digne d'eux et de l'éducation qu'ils m'ont donnée. »

Et il fit ainsi. « Mon Dieu, disait-il souvent, je crois en vous, j'espère en vous, je vous aime de tout mon cœur. » Il ajoutait avec un pieux sourire : « C'est ma prière du berceau ; ma mère me l'a apprise quand j'étais *marmot* : elle me fait toujours du bien. »

Nous assistâmes rarement à une mort plus résignée et plus douce.

Et ici nous éprouvons le besoin de faire connaître au lecteur quelques traits profondément édifiants, dont nous fûmes témoin pendant l'horrible campagne du bombardement de Strasbourg.

Un matin, de bonne heure, on nous appela à l'ambulance, où l'on venait d'apporter un jeune étudiant en médecine, M. Combier, de Mont-de-Marsan, qui avait eu les deux jambes fracassées par un obus sur les remparts.

Tout le monde connaît les ravages causés par le scepticisme moderne et les théories absurdes du matérialisme dans l'enseignement médical donné à ces jeunes gens.

Ainsi nous abordâmes le blessé avec appréhension.

Il souffrait horriblement. Dès qu'il nous aperçut, il fit éloigner les chirurgiens, ses condisciples accourus auprès de lui, les infirmiers. « Je vous en prie, disait-il, retirez-vous ; il y a quelque chose qui presse plus que tout cela : c'est mon âme ; laissez-moi seul avec le prêtre.

« Que je suis heureux de vous voir, me dit-il alors affectueusement, et en me serrant la main ; je craignais de mourir sans sacrements ; mais ma mère a prié pour moi ; je lui avais promis de faire mon devoir quand je serais en danger... : je veux tenir ma promesse. Ce n'est pas, croyez-le, cette seule considération qui me fait agir ; je crois qu'il y a un Dieu, que j'ai une âme, et que j'aurai à rendre compte des actes de ma vie. Dans quel milieu nous vivons... pauvres étudiants ! on tente tout pour nous faire perdre la foi. Heureusement que l'éducation que j'ai reçue de mes parents l'a bien enracinée ! Oh ! que je leur suis reconnaissant de ce bienfait. Monsieur l'aumônier, je veux me confesser tout de suite. »

Il le fit avec d'admirables sentiments de piété, et récita son acte de contrition avec des larmes que les anges auront présentées à Dieu avec son sang versé pour la patrie.

« Croyez-vous, me dit-il alors, que Dieu me pardonnera ?

— Mon ami, c'est fait. D'ailleurs, vous ne mourez pas seulement pour la patrie ; vous êtes martyr de votre dévouement pour nos blessés : votre couronne est prête.

— Que je suis heureux d'entendre ces choses ; dites-moi encore de ces paroles qui font tant de bien à mon âme ! »

Je lui administrai les derniers sacrements ; il répondit lui-même à toutes les prières. A chaque onction, il répétait : « Oui, mon Dieu, soyez indulgent pour toutes mes fautes. »

Quand tout fut terminé, il me dit : « Mon père, venez me voir souvent; cela me fait tant de bien. Que nous sommes aveugles de nous éloigner du prêtre. Ah! je le sens maintenant. »

Dans la journée, on vint lui apprendre qu'il était proposé pour la croix d'honneur, lui, à 23 ans! Il sourit en pensant à son père et à sa mère..., et, vers le soir, il rendit son âme à Dieu, pour recevoir une récompense meilleure.

Le lendemain, à ses obsèques, je fis son éloge funèbre en présence de toute l'école de médecine, qui lui paya, par ses larmes, un dernier tribut d'amitié.

Un maréchal des logis du train d'artillerie, Eugène Henriot, de Montigny (Meuse), avait eu la jambe droite brisée par un de ces engins meurtriers que l'artillerie ennemie vomissait avec une rage infernale sur l'infortunée ville. L'amputation ayant été déclarée nécessaire, il consentit à se confesser.

Quelques jours après, une hémorragie étant survenue, il me fit appeler :

« Monsieur l'aumônier, il me semble que ma dernière confession est insuffisante; j'ai appris au catéchisme qu'il est bon de se préparer à la mort par une confession générale, et je voudrais faire une communion fervente. »

Ses désirs furent exaucés; il reçut avec une piété angélique le Pain des forts, le divin Crucifié, qui a souffert la mort pour les péchés des hommes, et qui, après dix-huit siècles, dans ces ambulances ensanglantées, était la seule et suprême joie de ces vrais soldats de la France et de la foi.

« Croyez-vous, me dit-il après son action de grâce, que Dieu me pardonnera?

— Oui, mon ami ; Notre-Seigneur a été blessé plus que vous, et ses blessures sanctifient les vôtres.

— Oh! que vous me faites plaisir! « Mon Sauveur, dit-il alors, j'unis mes souffrances à celles que vous avez endurées pour moi sur la croix. »

Il ajouta : « Mon père, irai-je au ciel?

— Très-certainement ; vous verrez Dieu dans sa gloire, et vous la partagerez.

— Oh! que vous me faites du bien! »

Il allait un peu mieux. Je lui dis : « Allons, cher ami, vous allez guérir : du courage!

— Oh! ne me dites pas cela ; je préfère mourir, plutôt que de survivre au déshonneur de ma patrie! » Ayant réfléchi : « Il est vrai qu'il y a ma mère... » Ses yeux se remplirent de larmes. « Mais elle me comprendra, et ma mort la consolera. J'ai fait mon devoir de soldat et de chrétien ; je n'ai pas reculé au feu... Mon Dieu! sauvez la France! »

Dieu, sa mère, la France, occupaient toutes ses pensées ; il ne songeait même plus à sa blessure, et c'est dans ces sentiments qu'il échangea l'exil pour la vraie patrie.

Que dites-vous de ces hommes? Croyez-vous que si toute une armée, depuis le général jusqu'au dernier soldat, était ainsi trempée, elle ne serait pas invincible? On a dit avec raison : « Cent mille soldats en France, comme les zouaves pontificaux, et le Prussien n'aurait pas passé le Rhin : ce n'est pas l'artillerie qui a manqué, c'est le cœur. » — Ah! vous ne savez pas quelle force vous avez perdue en mettant la religion à la porte de la caserne.

Un jeune Parisien, ancien élève des Frères de Passy, garçon spirituel et pétulant, avait été blessé ; sa conversion fut entreprise ; il souriait et répétait : « Qand je serai guéri... » Un jour il me dit, avec la naïveté d'un enfant qui veut faire plaisir à sa mère : « Mon père, j'ai à vous annoncer une bonne nouvelle. — Quoi donc, mon brave? J'ai fait ma prière hier soir et ce matin ; cela ne m'était pas arrivé depuis cinq ans, et j'ai eu quelque peine à la retrouver ; j'ai fait comme un menuisier qui veut monter une corniche, et qui ne réussit qu'après en avoir réuni et ajusté toutes les pièces. C'est ainsi que j'ai pu reconstruire le *Pater*, l'*Ave*, le *Credo*, que ma mère m'a appris. Je n'en suis pas encore à mon *Confiteor*, mais j'ai bon espoir d'y arriver. »

En effet, quelques jours plus tard, le *Confiteor* était retrouvé ; il avait pu se lever ; il vint spontanément se confesser, et il communia à la chapelle. Il me dit : « Oh ! que ma mère et ma sœur vont être heureuses ! Je m'étais engagé, parce que je ne valais rien ; je vais leur être rendu corps et âme ; je vous promets que je serai un honnête homme, car je veux rester chrétien : *je vois bien maintenant qu'on ne fait rien de bon sans cela.* »

Dans les catacombes, le souvenir de la Victime du Calvaire donnait aux premiers chrétiens la puissance du martyre ; ici, elle produisait, dans quelques-uns de nos mutilés, l'héroïsme le plus sublime.

Un jeune artilleur alsacien venait d'avoir les deux jambes emportées... ; il endurait d'atroces souffrances. A la vue de ses tortures, je me demandais comment un corps humain n'y succombe pas du coup.

« Allons, lui dis-je, mon pauvre enfant, du courage !

— Monsieur l'aumônier, fit-il avec une angélique douceur, je n'en manque pas ; je pense à Notre-Seigneur, qui avait cinq blessures, et moi, je n'en ai que deux... »

J'étais ému plus que je ne puis dire. Il se confessa avec une rare présence d'esprit ; il récita son acte de contrition avec un ferme courage. En voyant ses lèvres dominer la violence de la douleur, pour formuler à Dieu

le dernier acte de repentir, j'étais brisé, et je me disais.
Qu'elle est donc puissante cette foi pour enfanter de tels prodiges !

Il reçut le sacrement de l'extrême-onction, et il expira...

Quelques soldats passèrent au même moment, ils regardèrent fixement cette mâle figure, à laquelle la mort venait d'imprimer je ne sais quoi de majestueux.

« Voilà, dirent-ils, un homme courageux. »

Je me retournai, les yeux pleins de pleurs : « C'est vrai, mais amis : il était chrétien. »

J'aurais voulu recueillir son nom, pour le marquer sur cette page : je n'en ai pas eu le temps ; mais il a été écrit au livre de l'éternelle félicité. Ces âmes-là ne font qu'un bond de cette vie périssable à la vision de Dieu.

Où est aujourd'hui le chrétien qui se sent redevable à la justice de Dieu pour l'abus de sa liberté et les prévarications qui en découlent, pour ces mille fautes de pensées, de paroles, de désirs, d'actions, qui souillent la conscience ?

La plupart vous jettent à la face cette hypocrite exaltation d'eux-mêmes : « Je n'ai ni tué, ni volé, ni fait de tort à personne. » En d'autres termes : « Je suis innocent comme un ange ! »

Les démons ! ils affirment assez par là que leur conscience est blasée, que la notion du juste et de l'injuste y a été étouffée ; ils y entassent toutes les infidélités, et n'en sentent plus le poids oppresseur. C'est le dernier degré de l'abjection.

Heureusement il y a encore des âmes qui ont une intuition de la sainteté de Dieu et de leurs misères.

Un soldat avait eu la figure, les vêtements et les mains entièrement brûlés par un de ces projectiles fulminants que *le progrès* philanthropique a imaginés pour la destruction plus rapide de la race humaine, et dont l'ennemi était si prodigue.

Il souffrait horriblement, et je le plaignais.

« Mon père, dit-il, je suis content de mes blessures; j'ai commis dans ma vie tant de fautes : voilà une bonne occasion de les expier! »

Vous vous moquez des mystères chrétiens et des grâces régénératrices dont ils sont la source. De quel droit discutez-vous ce que vous ignorez et ce que vous n'avez jamais senti?

De quel droit ravir à une existence broyée par la douleur ce qui est sa suprême consolation?

Heureux ceux qui ne boivent pas dans la coupe empoisonnée de vos doctrines!

Un pauvre blessé que je confessai, et que je ne crus pas pouvoir communier, tant ses convulsions lui enlevaient la présence d'esprit, m'aperçoit un peu plus tard dans l'ambulance, et m'appelle. « Pourquoi, me dit-il, ne m'apportez-vous pas la sainte communion?

— Mon cher enfant, vous souffrez bien; attendons un peu de calme.

— Oh! est-ce que mon Sauveur ne me calmera pas?

— C'est vrai; votre désir suffit : je vais chercher la sainte communion. »

Dès qu'il eut reçu le saint viatique, il fut calme; je l'exhortai doucement; il priait avec une ferveur angélique. Tout à coup il me regarda fixement, ses lèvres ne firent plus aucun mouvement : il venait de quitter la terre, pour aller continuer dans le ciel son action de grâces... Je lui fermai les yeux, et fus me renfermer dans la sacristie pour pleurer à mon aise.

« Celui qui mangera de ce pain, a dit Jésus-Christ, vivra; et si vous n'en mangez point, vous n'aurez pas la vie en vous. » L'Eucharistie, c'est non-seulement Dieu présent au cœur de l'homme, mais s'identifiant à son être, pour y faire germer, malgré le feu des concupiscences, la vie de la vertu. Dieu serait vivant dans une nation dont tous les hommes communieraient, et elle deviendrait capable de tous les héroïsmes et de toutes les gloires : j'en appelle à tous les martyrs depuis les catacombes jusqu'à nos jours. Le peuple qui ne communie plus est incapable de grandes vertus, il est condamné à mourir. C'est une loi morale à laquelle on ne changera rien. Les utopistes les mieux intentionnés chercheraient vainement ailleurs le salut de la patrie. Le remède est tout entier dans la parole du Rédempteur de l'humanité : « Celui qui mangera de ce pain vivra. »

Peu nous importent les ineptes railleries et les impiétés sacrilèges : nous demeurons en possession du bienfait, nous en constatons chaque jour la mystérieuse influence : C'est par la communion que nous conservons la pureté de l'adolescent, l'honneur de la jeune fille, la fidélité des époux, l'autorité des lois, la discipline des masses ; hors de là il n'y a plus que les avilissements païens et les révolutions insensées.

J'apportai un matin l'Eucharistie à un blessé. « Mon père, dit-il, je suis encore à jeun ; j'ai enduré cette nuit toutes les ardeurs de la soif la plus violente ; mon désir de faire mes dévotions était plus grand : je n'ai pas pris une goutte d'eau ; j'attends une grande force de ma communion. »

Il ne s'était pas trompé, il fut courageux contre la souffrance ; il l'avait été aussi au champ de bataille.

Un autre ne communiait pas ; la résignation était remplacée par le blasphème....

J'ai constaté souvent aussi les pieux effets de la piété envers la Reine des cieux : un Marseillais avait eu la poitrine traversée par une balle près la région du cœur : il répétait sans cesse l'*Ave Maria* : « la sainte

Vierge, me dit-il lorsque je l'abordai, m'a toujours protégé; je devais être tué, et me voilà en état de me confesser. » Il le fit, et expira en disant : *Ave Maria!*

Un pauvre poitrinaire était insensible à tout sentiment religieux, et, après trois semaines de laborieux efforts, je croyais la bataille perdue. Une sœur, à mon insu, lui avait remis une médaille qu'il avait acceptée; quelques jours après il me demanda spontanément, et reçut les sacrements avec une piété qui m'étonna. Niez le surnaturel tant qu'il vous plaira, le fait demeure indiscutable : un homme mourant était hostile à la religion ; tous les efforts pour le ramener furent impuissants ; une médaille lui fut donnée, il se convertit. Les moyens humains n'y étaient pour rien, l'action de Dieu avait tout fait.

Je n'oublierai jamais un tout jeune soldat qui avait été blessé à la tête ; on le croyait sauvé, mais les engins prussiens étaient tellement meurtriers qu'on succombait aux plus légères atteintes. Bientôt il perdit toute connaissance extérieure, et, insensible à tout ce qui se passait autour de lui, il récita son chapelet sans relâche jusqu'à son dernier soupir.

Ces traits ne se rencontrent que dans la vie des Saints. Ces hommes-là ne craignaient pas la mort ; avec eux, s'ils avaient été en nombre, la patrie aurait pu être sauvée.

Mais il n'y a pas de roses sans épines. A côté de ces exemples, qui remplissaient l'âme de joies si douces et si pures, se trouvait le spectacle écœurant de l'indifférence, de l'impiété et de l'irréligion.

Les Allemands en furent frappés. « Quand nous disons, écrivait un journaliste allemand (1), que l'armée française est athée, on ne contestera pas la vérité de

---

(1) *Anzeiger von Offemburg*, 13 octobre.

nos affirmations. N'en avons-nous pas la preuve sous les yeux, à la vue de ses soldats prisonniers ? Leur attitude dans nos églises, prouve qu'ils n'ont pas la foi; dans les ambulances, les blessés et les malades ne demandent jamais le prêtre, quelle que soit la gravité de leur état. Et, pour un grand nombre, ce n'est qu'avec des peines inouïes que l'aumônier réussit à faire accepter les consolations de son ministère et les secours de la religion. »

Nous n'avons pas le droit de nier absolument l'exactitude de ces paroles. On ne saura jamais au prix de quels efforts, de quels dégoûts et de quels déboires, on réussissait à ramener certaines âmes.

Navrante situation! mille fois plus triste que les désastres dont elle était en grande partie la cause, et qui mettait à nu les effets de ce travail démoralisateur qui avait ruiné dans ces hommes le trésor le plus précieux : la foi. La foi, source des nobles pensées, des fortes convictions, de l'invincible valeur, avait presque disparu.

Et elle aurait dû être, là au moins, leur plus douce consolation. Ils avaient laissé derrière eux la patrie ensanglantée et envahie, leurs mères et leurs familles dans les pleurs; ils avaient été traînés dans l'exil et les prisons; ils étaient, de plus, malades et aux portes du tombeau. Que c'était triste! Mais il leur restait les horizons du ciel, et ils ne les voulaient point voir. La Patrie bienheureuse s'ouvrait devant eux, et ils en détournaient leurs regards. Le céleste Époux des âmes faisait entendre, par la voix du prêtre, cette douce invitation : « Je me tiens à la porte de votre cœur, et je frappe; si vous m'ouvrez, j'établirai ma demeure en vous. » Et ils résistaient.

Il faut le dire, la plupart appartenaient aux départements du centre ou voisins de Paris, et tout le monde sait que la religion y est réduite à quatre actes de la vie : *le baptême, la première communion, le mariage, et l'enterrement.* La prière n'y est plus connue ; le dimanche y est profané par le travail ; les églises alors sont vides, et les cabarets pleins ; les Pâques abandonnées. On y meurt comme on a vécu, sans souci de l'éternité, et avec la seule peine de n'avoir pu prolonger une vie purement animale. Que peut-on attendre des hommes élevés dans un tel milieu?

D'autres avaient reçu des principes religieux. Quelques années de la vie de caserne avaient suffi pour les étouffer.

Devenus malades, les uns refusaient catégoriquement le ministère du prêtre, et lui tournaient le dos. Alors commençait un travail de patience persévérante, qui assurait, presque toujours en cas de mort, le triomphe de la grâce.

Quand la maladie n'était pas grave, tous les efforts auprès d'eux demeuraient impuissants.

« Êtes-vous catholique, demandais-je un jour à un nouveau venu ? » Cette question, je la posais presque toujours par raison de prudence.

« Cela ne vous regarde pas, » me répondit-il ; et je n'en pus obtenir autre chose, quoiqu'il fût catholique.

D'autres me disaient brutalement : « Allez-vous-en : *tout ça, c'est de la bêtise.* » Ou bien : « Vous feriez tout aussi bien de ne pas venir à l'hôpital. »

Quelques-uns retardaient toujours, différaient indéfiniment sous le couvert du fatal : *à plus tard!*

« Je me confesserai quand je serai à la mort.

— C'est bien, mon ami ; mais si la mort arrivait avant la confession ! Puis quel mérite aurez-vous alors, en donnant à Dieu ce que vous ne pourrez plus lui refuser ? »
A force de pourparlers, on se rendait.

Plusieurs ne résistaient que par respect humain. « Je

le veux bien, disaient-ils, s'il y en a d'autres dans la salle qui commencent; sinon, non.

— Fort bien; mais s'il y en a à qui il prenne fantaisie de se jeter par la fenêtre, ferez-vous comme eux? »

Je n'ai jamais pu obtenir de certains hommes *qu'ils fissent un acte de contrition*. « Je n'ai rien fait à Dieu, disaient-ils énergiquement; je n'ai pas de pardon à lui demander... »

C'était toujours par cette stupide objection: « Je n'ai ni tué ni volé, » qu'ils cherchaient à justifier toutes leurs résistances.

« C'est bien, disions-nous; mais il y a dix commandements de Dieu et six de l'Église, *total* seize; vous en avez observé deux, parce que vous n'avez *ni tué ni volé*; restent quatorze. Or les quatorze sont imposés par le même législateur, et obligent aussi strictement que les deux qui défendent de *tuer* et de *voler*. Où en êtes-vous par rapport à ces commandements-là, et qui vous a dispensé de les observer? »

Eh bien! cette réponse ne suffisait pas; parce que les objections populaires ne sont que la forme triviale des doctrines des *libres-penseurs* et des *libres-faiseurs: Pas de Dieu, pas de loi, pas de conscience, pas de vie future;* la négation de tout, c'est la base. Mais comme on ne peut bâtir sur le néant, et qu'il faut un fondement quelconque à la morale et des limites à la liberté du mal, ils ont imaginé cet axiome: *Tout ce qui ne nuit pas à l'intérêt général est permis.*

L'objection: *Je n'ai ni tué ni volé* tire de là toute sa force.

Le peuple et l'armée en ont fait leur profit. Lorsque je reprochais à certains leurs blasphèmes, leurs obscénités, leur ivrognerie, leur indiscipline, ils répondaient: « Il n'y a pas de mal à cela, je n'ai nui à personne... »

Comment constituer ou maintenir, avec de pareils

principes, la société, la famille, l'individu? Mais les anciens philosophes, même épicuriens, n'eussent pas toléré de pareils enseignements! Les Césars, malgré leur dégradation, les eussent bannis de l'État, comme un germe dissolvant de l'ordre social. Ce que les épicuriens n'eussent osé entreprendre, les philosophes modernes l'ont réalisé. Ce que les Néron et les Caligula eussent proscrit, a été encouragé et exalté dans les dîners scandaleux du Palais-Royal, et toléré par les complicités secrètes des Césars modernes.

Le peuple a retenu la leçon de philosophie; mais il en a déduit les conséquences avec une inexorable logique, en jetant la torche incendiaire dans ces mêmes palais d'où était partie la leçon.

O misérables qui avez tué dans ces Français, avec la foi religieuse, le sens moral; vous avez commis le crime de lèse-patrie, et il n'y aura pas, dans les générations futures, assez d'anathèmes pour flétrir les sophismes qui ont causé toutes nos ruines.

Les Sainte-Beuve, les Littré, les Vacherot, les Renan, les Havin: tels ont été nos instituteurs publics. Répétons la parole de Frédéric: « Si je voulais ruiner un pays, je le ferais éduquer par les philosophes. »

Et encore : « Si j'avais une province à châtier, je la donnerais à gouverner à ces Messieurs. »

Toutes ces objections populaires sont la quintessence de leurs doctrines, mieux couvertes et plus ornées pour les lecteurs de la *Revue des Deux Mondes,* et plus palpables pour le simple peuple, mais non moins sophistiques ni moins dangereuses. Sous toutes ces formes que prend l'erreur, on discerne toujours le même maître: *Satan, qui fut menteur et homicide dès le commencement.*

D'autres me donnaient d'autres raisons, qui n'étaient pas meilleures.

Un jour, un militaire qui paraissait avoir la foi hésitait; sa blessure était grave, il fallait prendre un parti. Le mot de confession fut prononcé.

« Me confesser, dit-il, moi !
— Oui.
— Vous ne savez donc pas que je suis un zouave ?
— Je le sais, mais le diable prend les zouaves comme les autres. »

Il demeura interdit.

« Eh bien, dit-il, je veux faire mon devoir, mais vous allez me donner un coup de main; car il y a bien du temps... »

Un autre, voulant se dispenser aussi, se justifia de cette jolie manière.

« Je ne veux rien laisser en Prusse, pas même mes péchés.
— Vous voulez donc les remporter en France ?
— Oui.
— Eh bien! vous ferez là à votre patrie un triste cadeau; il serait plus digne de lui rendre un cœur purifié par les grâces de la religion. »

Pauvres jeunes gens! quand ils n'étaient pas tarés, il fallait peu de chose pour faire couler le repentir dans leur âme et les transfigurer.

J'ajouterai ici quelques réflexions.

L'amour filial, tendre, inviolable, invincible, découle de la religion seule. Aucune autre puissance en ce monde ne possède aussi bien le don de l'enraciner dans l'enfant, et de l'y conserver. Le commandement du Sinaï: « Tes père et mère honoreras, » opère des prodiges partout où il est respecté; car il contient en germe la paix du foyer domestique et le salut des sociétés. Dès qu'il n'est plus observé, les liens si intimes et si doux de la famille sont brisés, et la société marche vers une rapide dissolution.

Aujourd'hui on crie de toutes parts: « La famille n'existe plus; les enfants n'aiment plus leurs parents que par intérêt; on n'en est plus maître, l'autorité a disparu, etc. » Toutes ces plaintes sont douloureusement vraies. La société retourne à l'état des bêtes, dont elle avait été délivrée par le christianisme.

Les grands coupables sont les pères de familles qui ne pratiquent aucun devoir chrétien; dès qu'ils n'observent plus le premier commandement : « Un seul Dieu tu adoreras et aimeras parfaitement, » quelle valeur peut avoir aux yeux de leurs fils le quatrième commandement : « Tes père et mère honoreras? » — La désobéissance des enfants envers leurs parents est donc le premier châtiment temporel qui répond au mépris que font ceux-ci de la loi divine.

La religion est donc la base du respect et de l'amour des enfants envers leurs parents. Les sectaires qui avancent qu'elle étouffe les sentiments de la famille en ont donc menti (1).

Nous pourrions citer des faits : nous avons vu, sur cette terre d'exil, des fils dénaturés que nous n'avons jamais pu décider à écrire à de pauvres mères qui demandaient de leurs nouvelles à grands cris. Ils appartenaient à l'école des Renan et des Mottu.

Nous en avons rencontré d'autres, et ceci est admirable, qui économisaient sur leur maigre solde de captivité pour envoyer à leurs vieux parents un morceau de pain. Et ceux-là appartenaient à l'école de Jésus-Christ.

Mais c'est encore dans les hôpitaux que l'on pouvait discerner comment l'amour de Dieu développe la piété filiale. C'étaient les meilleurs chrétiens qui aimaient le mieux leurs parents. Avec quel attendrissement ils par-

---

(1) Ce crime est au compte des *libres-penseurs* : c'est bien Jean-Jacques qui enseigne que « les enfants ne restent liés au père qu'aussi longtemps qu'ils ont besoin de lui pour se conserver. Sitôt que ce besoin cesse, le lien naturel se dissout. » Tout juste comme chez les animaux.

laient d'eux! Et lorsque la mort les leur avait enlevés, avec quelle piété ils honoraient leur mémoire!

Je vis un jour, en entrant dans une salle, un jeune homme qui avait les yeux baignés de larmes; en me voyant, il se mit à sangloter... « Qu'avez-vous, mon enfant?

— Je viens d'apprendre la mort de mon père. »

Je m'efforçai de le consoler.

« Oh! dit-il, mon père était un *rude* chrétien; je lui dois toute ma vie, et je voudrais faire quelque chose en sa faveur, lui procurer la sainte messe pour le repos de son âme; mais je n'ai pas le sou.

— Soyez tranquille, je dirai la messe pour votre bon père.

— Monsieur l'aumônier, encore une grâce: je voudrais communier à son intention; il m'y engageait si souvent, que j'espère par là payer une dette de reconnaissance.

— Je le veux bien, mon ami. »

Il communia, et alla rejoindre peu après, dans la participation d'une même récompense, le chrétien modèle auquel il était redevable d'une double vie: celle du temps et de l'éternité.

Et comment pourrais-je passer sous silence la pieuse et sainte mort du jeune Bissonnier Jean, de Livry, diocèse de Nevers? Il appartenait à ces vaillants régiments de marine qui ont tant contribué à sauver l'honneur de nos armes, parce que les aumôniers légalement établis à bord ont conservé chez eux les grands principes chrétiens. Je me plais à leur rendre ce témoignage: « de tous nos corps d'armée, c'est le seul qui m'ait procuré des consolations sans mélange de peines. »

Le soldat Bissonnier arriva en captivité avec les germes d'une dyssenterie qui se compliqua du typhus; pendant quatre mois il ne quitta pas le lit de l'hôpital. Non! je n'oublierai pas cette douce figure:

jamais un murmure, pas une impatience dans ces longues heures de souffrance; il communia plusieurs fois avec une angélique piété. Je lui avais donné un *manuel;* aussi longtemps qu'il put lire, il ne le quitta pas; sa prière habituelle était pour ses parents; la page noircie qui en contenait la formule attestait par ses empreintes que sa pensée était pour Dieu et les auteurs de ses jours. Lorsqu'il fut mort, je pris respectueusement ce livre et l'envoyai à sa vieille mère, qui le garde, comme un monument de la piété filiale de son fils. M. l'abbé Valois, archiprêtre de Nevers, le visita en passant à Ulm. Le bien que sa présence lui causa est inexprimable...; et quand il fut parti, il me répétait tristement: « Mon curé ne viendra donc plus me voir! »

Vers la fin, il ne pouvait plus lire. « Mon père, disait-il, je récite Notre Père, je Crois en Dieu, et mes actes : croyez-vous que c'est assez? » — « Oui, mon enfant, ne vous fatiguez pas, il suffit de penser à Dieu. »

L'épreuve, qui est pour l'incrédule le chemin du désespoir, avait singulièrement fortifié la foi dans cette âme, et je n'hésite pas à dire qu'elle entra de pied ferme dans la bienheureuse éternité.

Pauvre mère, qui lirez cette page, consolez-vous! un ange pense à vous près du trône de Dieu!

Tels sont les résultats de l'éducation par la famille chrétienne. Ceux qui en avaient été pénétrés aimaient Dieu et leurs parents; s'ils s'étaient égarés, ils revenaient plus facilement et plus généreusement; s'ils mouraient, c'était saintement.

Heureux pères, heureuses mères qui avez déposé dans ceux que vous avez perdus des ferments de vie immortelle, consolez-vous. Si leur place est vide sur la terre, vous leur avez préparé un trône dans le ciel. Votre œuvre est donc parfaite; séchez vos larmes; vous êtes récompensés.

Nous pouvons évaluer à près de trois mille le nombre des malades qui ont fait leurs dévotions dans nos hôpitaux, et les cinq cents qui sont morts à Ulm et Neu-Ulm ont été presque tous entourés des consolations de la religion et ont reçu les sacrements.

Ainsi le travail perfide de la *libre-pensée* et de la *morale indépendante* n'avait pas réussi à consommer son œuvre homicide en eux tous. Au moment des suprêmes angoisses et des inexprimables douleurs, ils ont retrouvé devant eux le prêtre, que l'on avait noirci de toutes les calomnies : c'est vers lui qu'ils se sont tournés ! C'est à lui que le pauvre mutilé disait avec l'accent de la plus entière confiance : « Mon père, ne m'abandonnez pas, venez me voir souvent ; plus vous viendrez, plus je serai soulagé. »

« Notre aumônier, disait un autre soldat, m'a fait plus de bien que tous les médecins ensemble. Ses paroles me fortifiaient et me soulageaient ; le prêtre près du soldat qui se croit oublié est la plus douce consolation qu'on lui puisse donner. »

La moisson pour la patrie du ciel a donc été abondante : Dieu veuille qu'elle porte des fruits pour la patrie de la terre !

CHAPITRE XII

LE SERVICE RELIGIEUX DANS LES CASEMATES

« A quoi bon la religion ? » demande-t-on souvent.

Si l'action de la religion était si anodine, on ne s'en occuperait pas tant, et il est très-sûr qu'on la persécuterait moins.

« Mais la religion engendre des abus, donc il la faut supprimer. »

Le vin est assurément une bonne chose, et parce qu'il y a des ivrognes qui en abusent supprimez-vous la vigne et les vignobles?

S'il y a des abus en matière de religion, la religion elle-même ne les autorise jamais : elle les condamne toujours. Ce n'est donc pas à elle qu'il faut s'en prendre, mais à la malice ou à la faiblesse des hommes.

La religion bien comprise et sincèrement pratiquée exerce la plus heureuse influence sur tous les actes de la vie humaine; il serait donc plus raisonnable de la juger par les bienfaits qu'elle procure que par les abus dont elle n'est pas la cause.

En effet, elle nous impose ses dogmes, c'est-à-dire les vérités qu'il faut croire, et qui sont la base et la sanction de la morale, c'est-à-dire des vertus qu'il faut pratiquer.

Sans dogmes, plus de morale. Si je suis bien convaincu qu'il n'y a point un juge qui punit le crime dans l'enfer après cette vie, je ne vois pas pourquoi je ne vous assassinerais pas, dès que votre présence me gêne, ni pourquoi je ne volerais pas vos biens, dès qu'ils me conviennent. Vous m'objecterez le code pénal. Mais le code pénal et tous les gendarmes du monde ne sont pas assez forts pour déterminer ma volonté, puisque je puis être assez habile pour leur échapper : tous les assassins ne sont pas guillotinés, et tous les voleurs ne sont pas dans les prisons.

On aboutit à ces horreurs par la *libre-pensée* et la *morale indépendante*. « Pense ce que tu veux, » voilà le dogme; « fais ce que bon te semble, » voilà la morale. Cela est enseigné sous les mille formes séduisantes de leurs romans, et se résume ainsi: « Le viol est une bagatelle; la séduction, une heureuse farce; l'adultère, une diversion : » voilà pour la vie privée. L'*Internationale* a fait un dictionnaire pour la vie publique où toutes les notions du juste et de l'injuste sont détruites. Lisez : « *Pillage* veut dire *emprunt; assassinat* veut dire *traitement; voler* veut dire *acheter.* »

Dès lors on comprend leur programme : *plus d'armée, plus de magistrats, plus de prêtres.* Plus d'armée pour arrêter les voleurs, plus de magistrats pour les juger, et plus de prêtres pour inquiéter les consciences *en faillite.*

Toutes ces infamies ont leur source dans la *francmaçonnerie,* leur école dans les clubs et leur triomphe dans la Commune, ce drame effroyable dont le dernier acte est encore à jouer.

Il est impossible d'imaginer jusqu'à quel point le pauvre peuple est imbu de ces théories. Qu'elles aient porté atteinte au moral des soldats, c'est incontestable. Il devenait donc urgent d'opposer la vérité au mensonge; il fallait prêcher.

« Or il y a un petit livre qui est notre seul remède; lisez ce petit livre, qui est le Catéchisme, vous y trouverez une solution de toutes les questions que j'ai posées, de toutes sans exception. Demandez au chrétien d'où vient l'espèce humaine, il le sait; où elle va, il le sait; comment elle va, il le sait. Demandez à ce pauvre enfant, qui de sa vie n'y a jamais songé, pourquoi il est ici-bas, et ce qu'il deviendra après sa mort, il vous fera une réponse sublime. Origine du monde, origine de l'espèce humaine, question de race, destinée de l'homme en cette vie et dans l'autre, rapports de l'homme avec Dieu, devoirs de l'homme avec ses semblables, droits de l'homme sur la création, il n'ignore rien ; et quand il sera grand, il n'hésitera pas davantage sur le droit naturel, sur le droit politique, sur le droit des gens; car tout cela sort, tout cela découle avec clarté et comme de soi-même du christianisme. Voilà ce que j'appelle une grande religion; je la connais à ce signe : qu'elle ne laisse sans réponse aucune question qui intéresse l'humanité (1). »

Disons-le à notre honte, les Français, en grande majorité, ont oublié leur catéchisme; beaucoup ne l'ont jamais su. Paysans et ouvriers sont dans ce cas; mais le bourgeois-philosophe surtout, qui fait le savant, est d'une ignorance *crasse:* ses exemples d'irréligion, son abstention de toute pratique chrétienne, enracinent le peuple dans la démagogie. Cet aveugle prépare le sac, le pillage et l'incendie de ses propres domaines. Il est seul à ignorer que lui-même est l'instrument le plus actif de l'*Internationale.* Il se réveillera sur des ruines, et « bénira encore les dieux de n'être pas clérical! »

C'est pour porter remède à cette étrange perversion du sens commun chez nos soldats, que, dès notre arrivée en Allemagne, l'organisation du service religieux devint l'objet de notre plus ardente sollicitude. La religion seule pouvait éclairer les intelligences, adoucir les douleurs, consoler les cœurs, et rendre au pauvre exilé la patrie absente.

Nous nous étions entendu avec le général-gouverneur, qui donna des ordres formels pour que tous les prisonniers eussent la liberté de remplir leurs devoirs religieux; mais ces ordres furent trop souvent mal exécutés ou même inexécutés. Certains chefs de fort privaient les soldats, pendant trois ou quatre semaines, d'assister à la messe, ou en envoyaient le moins possible; il fallait réclamer, supplier sans cesse; mais nous avions à traiter avec des officiers *libres-penseurs,* qui sont aussi très-nombreux dans l'armée allemande.

L'église catholique d'Ulm étant insuffisante, un vaste local, au moins pour le dimanche, devint nécessaire. On nous concéda d'abord le manége, qu'un of-

. (1) Jouffroy.

ficier allemand (1) prit le soin de décorer pour la circonstance. Mais il faisait excessivement froid, il fallut l'abandonner.

Nous nous adressâmes alors au syndic, qui nous accorda une vaste salle que l'on pouvait chauffer, et qui contenait deux mille hommes (2).

C'est là que nous établîmes les tabernacles du Seigneur, qui abritèrent nos pauvres captifs jusqu'à la fin de leur exil.

Tous les dimanches et fêtes nous nous y rendions de grand matin pour entendre les confessions, et toujours nous eûmes la consolation de voir des soldats s'approcher de la table sainte, sans respect humain, pendant l'office public.

La grand'messe, exécutée avec entrain par des militaires qui avaient été chantres à l'église de leur village, commençait à neuf heures; les débris de nos musiques alternaient par quelques airs; tous, après la messe, entonnaient le cantique si populaire *Esprit-Saint, descendez en nous*. Le chant de ces deux mille hommes appelant sur eux l'*Esprit de lumière* était très-émouvant, et pénétrait jusqu'au fond de l'âme les plus insensibles.

Quelques avis *motivés* et la prédication terminaient cet office, et les soldats rentraient dans leurs casemates avec la bénédiction de Dieu et un nouveau courage pour supporter les angoisses de la prison.

Immédiatement après, chaque dimanche, nous traversions le Danube pour chanter une seconde grand'messe et faire une instruction aux prisonniers du dépôt de Neu-Ulm. Un maître de musique plein de talent nous préparait des messes à grand orchestre; c'était

---

(1) Le lieutenant Gross, qui orna aussi, avec zèle, les tombes de nos chers défunts.

(2) On l'appelait *Tuch-halle*.

vraiment magnifique : aussi nos soldats arrivaient-ils en foule, et me donnèrent de douces consolations. Au temps pascal ils firent presque tous leurs devoirs.

Ordre avait été donné que tous les prisonniers assistassent à la messe, à leur tour, au moins une fois en dix jours. Nous avons dit qu'il fut mal exécuté; mais chaque matin un détachement était amené à l'église; les hommes de bonne volonté avaient la facilité de s'approcher des sacrements. Nous avons connu un militaire de la Franche-Comté qui, pendant six mois, n'a pas manqué la messe un seul jour; quelle que fût la rigueur du froid, il descendait de bonne heure du fort, faisait une lieue, et assistait au saint sacrifice avec la piété d'un ange... Après cette messe, chaque jour, il y avait une instruction d'un grand quart d'heure, de sorte que la parole de Dieu n'a jamais manqué.

L'organisation étant ainsi complétée, les premiers moments furent néanmoins pénibles. La plupart de nos soldats avaient perdu l'habitude de l'église, et s'y tenaient fort mal; ils ne donnaient aucun signe de religion, s'asseyaient en entrant, ne s'agenouillaient jamais, pas même à l'élévation. Ils ne savaient évidemment pas ce qui se passait à l'autel..., et c'étaient les plus sages; d'autres causaient, riaient avec le sans-gêne du cabaret.

Le peuple allemand, dont l'attitude dans le lieu saint est si profondément respectueuse, était scandalisé, et moi, j'étais humilié... « On voit bien maintenant, disaient-ils, que les Français sont des athées.... » Souvent, le dimanche, il fallait se retourner à l'autel et les rappeler à l'ordre. Enfin, à force d'énergie, d'instances et de larmes, ils s'habituèrent à se tenir convenablement.

Une grave lacune existait : nous n'avions pas de livres de prières; impossible d'en recevoir de France.

Nous composâmes à la hâte et fîmes imprimer, dès le mois d'octobre, un *Manuel du soldat chrétien*, qui fut tiré et répandu à plus de cent mille exemplaires en Allemagne. Nos soldats l'accueillirent avec un empressement qui nous consola. « Je vous remercie, m'écrivait de loin un prisonnier, de votre zèle pour la religion et de votre amour pour moi et mes frères d'armes prisonniers. J'ai reçu votre *Manuel du soldat* avec un extrême plaisir; j'en ai parcouru les pages avec une grande avidité. En le publiant, vous avez voulu établir et propager les germes de cette religion civilisatrice que notre patrie a oubliée, bien qu'elle soit la source de toutes ses vraies gloires. Dans un appel aux soldats, vous faites très-bien ressortir tous les avantages et toutes les consolations de la foi. Je vous en remercie pour mon compte et celui de mes frères. Puissent vos éloquentes paroles produire l'effet que vous en attendez!... »

Chacun avait ainsi son manuel. Grâce à cette modeste publication, on commença à prier à l'église et dans les forts. Aux hôpitaux, tous les malades avaient leur *Manuel*. J'appris un jour avec bonheur, car je n'y étais pour rien, que dans quelques salles de blessés la prière se faisait, à haute voix, par un sous-officier, et l'assistance répondait.

Cette pratique existe d'ailleurs dans toutes les casernes allemandes, et les soldats ne s'en portent pas plus mal. Ah! si elle pouvait être établie à nouveau dans les casernes de France, quel bien il en résulterait! Je vois d'ici les sourires railleurs qui accueillent cette pensée; comme ils prouvent bien notre infirmité religieuse! Dieu étant admis, n'a-t-il pas droit à nos adorations? Et où prenez-vous le droit de les lui refuser? On veut moraliser l'armée; eh bien, il n'y a pas de mesure plus moralisatrice que celle-là; elle serait un contre-poids aux discours obscènes ou impies qui corrompent si profondément les mœurs et la foi de nos soldats. S'ils élevaient matin et soir leur âme vers Dieu par cet acte religieux et public, ils apprendraient à se mieux respecter ; leur intelligence gagnerait en élévation, leur cœur en moralité, leur conscience en délicatesse, et la discipline n'y perdrait rien.

« C'est impraticable, » dira-t-on. Nous répondrons : Aux grand maux les grands remèdes. Si vous ne rompez pas avec les lâchetés et les apostasies religieuses du passé, vous ne guérirez rien.

Dans l'état actuel, que se passe-t-il ?

Un jeune homme sort de son village, de sa famille, où il avait l'habitude de faire la prière en commun ; il arrive au régiment. S'il est assez naïf pour user de sa *liberté de conscience*, il sera écrasé par toutes les colères, toutes les haines, toutes les persécutions. Il faut le redire : une armée n'a rien à gagner à ces mépris des plus saints devoirs, à ces sarcasmes publics contre les pratiques chrétiennes, et lorsqu'ils deviennent, chez elle, l'objet du rire universel, aucune autre pratique ni autorité ne tiennent plus ; le respect de la discipline et de l'officier s'en va avec celui de la religion et du prêtre, parce que sans Dieu, principe et sanction de tout, on bâtit dans le vide.

L'admirable devise que l'Allemand porte sur son drapeau et son casque : « avec *Dieu* et le roi, pour la défense de la patrie, » est une puissance ; grâce à elle tout se tient, sans elle tout se dissout. Ni l'artillerie la plus formidable, ni les conceptions les plus hardies, ni les génies les plus fermes ne peuvent la remplacer.

Hélas ! nous n'avons plus de Dieu, par conséquent plus de roi, et si nous ne revenons à Dieu, il n'y aura bientôt plus de patrie…

Ces notions, il fallait les faire revivre ; chaque fête,

chaque mystère chrétien nous fournissait un nouveau thème.

« L'année liturgique, dont le plan est tracé par la sainte Église elle-même, fournit le drame le plus sublime qui puisse être offert à l'admiration humaine : l'intervention de Dieu pour le salut et la sanctification des hommes ; la conciliation de la justice dans la miséricorde ; les humiliations, les douleurs et les gloires de l'Homme-Dieu ; la venue et les opérations de l'Esprit-Saint dans l'humanité et dans l'âme fidèle ; la mission et l'action de l'Église : tout y est exprimé de la manière la plus vive et la plus saisissante ; tout arrive et se place par l'enchaînement sublime des anniversaires. Il y a dix-huit siècles que ce fait divin s'accomplissait : son anniversaire se reproduit dans la liturgie, et vient rajeunir chaque année dans le peuple chrétien le sentiment de ce que Dieu opéra il y a tant de siècles. Quelle intelligence humaine eût pu concevoir une telle pensée? Qu'ils sont faibles en présence de nos réalités impérissables ces hommes téméraires et légers qui croient prendre le christianisme en défaut ; qui osent le juger comme un débris antique, et ne se doutent pas à quel point il est vivace et immortel par l'année liturgique chez les chrétiens !...

« Mais si la liturgie nous émeut annuellement en présentant à nos regards le renouvellement hautement dramatique de tout ce qui s'est opéré dans l'intérêt du salut de l'homme et de sa réunion avec Dieu, il y a ceci d'admirable que la succession d'une année à l'autre n'enlève rien à la fraîcheur ni à la force des émotions lorsqu'il nous faut commencer à nouveau le cours du cycle. L'Avent est toujours imprégné de la saveur d'une attente douce et mystérieuse ; Noël nous attire toujours par les joies incomparables de la naissance de l'Enfant divin ; nous entrons avec les mêmes émotions sous les ombres de la Septuagésime; le Carême nous abat devant la justice de Dieu, et notre cœur est alors saisi d'une crainte salutaire et d'une componction qu'il semble que nous n'avions pas ressenties l'année précédente. La Passion du Rédempteur ne nous apparaît-elle pas comme nouvelle? Les splendeurs de la Résurrection n'apportent-elles pas à nos cœurs une allégresse qu'ils ont, ce semble, jusqu'alors ignorée? La triomphante Ascension ne nous ouvre-t-elle pas, sur toute l'économie de la divine Incarnation, des vues que nous n'avions pas encore? Lorsque l'Esprit-Saint descend à la Pentecôte, n'est-il pas vrai que nous sentons sa présence, renouvelée et que les émotions de l'année précédente, en ce grand jour, sont en ce moment dépassées? La fête du Saint-Sacrement, qui revient à son tour si radieuse et si touchante, trouve-t-elle nos cœurs habitués au don ineffable que Jésus nous fit la veille de sa Passion? N'entrons-nous pas plutôt comme dans une nouvelle possession de cet inépuisable mystère? Chaque retour des fêtes de Marie nous révèle des aspects inattendus sur ses grandeurs, et nos saints bien-aimés, lorsqu'ils reviennent nous visiter sur le cycle, nous semblent plus beaux que jamais; nous les pénétrons mieux, nous sentons plus vivement les liens qui les rattachent à nous (1). »

Ces solennités rappelaient à l'exilé les douces émotions de l'église du village. Nous avions soin aussi d'orner, à leur occasion, l'autel de quelques fleurs et d'un luminaire plus brillant.

Le jour de la Toussaint, nous eûmes la première fois une communion vraiment nombreuse; plus de cent hommes étaient à la table sainte; notre cœur débordait de joie.

(1) D. Guéranger.

Ce mouvement continua pendant l'Avent, il y avait chaque jour de nombreuses communions : quelques moments plus libres furent utilisés à entendre les confessions, dans les casemates mêmes. Nous nous tenions dans une espèce de cave; nos jeunes gens s'approchaient un à un, s'agenouillaient sur la terre humide, et se relevaient en paix avec Dieu et leur conscience; le lendemain ils communiaient à l'église. Comme il était tard, qu'il faisait froid et que le chemin pour rentrer au fort était long, nous donnions à chacun un pain et un verre de vin, afin de leur épargner les fatigues d'un jeûne trop prolongé.

Les conversions furent nombreuses, et des premières communions très-fréquentes vinrent aussi attester le crime de certaines familles qui négligent de faire accomplir à leurs enfants cet acte fondamental de la vie chrétienne.

Un soldat marié m'écrivait : « Je n'oublierai jamais devant Dieu, mon père, ce que vous avez fait pour moi; vous avez sauvé mon âme et vous m'avez rendu à ma famille. Depuis que j'ai communié, je suis très-heureux... »

Un jeune marin disait : « Je me suis confessé et j'ai communié : que je suis content! Mes parents m'avaient bien élevé, je me suis égaré, et vous m'avez ramené dans la bonne voie ; je n'oublierai jamais vos conseils et ne m'éloignerai plus des sacrements, comme je l'ai fait jusqu'à ce jour.

Un autre : « Le jour où je me suis approché des sacrements j'ai éprouvé une grande consolation, et, entrant au fort, j'ai ressenti plus de courage pour supporter le fardeau de l'exil. Vous m'avez vu pleurer à vos pieds ; mais avec quel soulagement je me suis relevé... Me voilà plus fort pour résister à tous nos revers; je n'oublierai jamais les grâces que Dieu m'a faites. »

Un jeune soldat qui s'approchait fréquemment des sacrements, me disait : « Je ne saurais vous exprimer la force que cela me donne, et je ne saurais mieux vous témoigner ma reconnaissance qu'en unissant particulièrement vos intentions aux miennes lorsque j'ai le bonheur de communier... »

A Noël, il fut difficile de suffire à la besogne ; les communions furent nombreuses et édifiantes ; les soldats étaient très-émus ; il y avait tant de ressemblance entre leurs froids cachots et l'étable de Bethléem !

« Nous souffrons beaucoup du froid, m'écrivait un prisonnier, mais je suis content : Notre-Seigneur n'a-t-il pas plus souffert que moi en cette nuit ? J'ai même des scrupules à vous demander des effets ; il y en a qui sont plus nécessiteux, et qui n'ont pas aussi bien la force de souffrir, parce qu'ils ne sont pas soutenus par la religion ; il est donc juste d'aider par nos exemples nos camarades faibles et impuissants... »

Il y eut donc souvent une grande joie dans le ciel pour fêter le retour de la brebis égarée : cette joie était aussi sur la terre ; elle débordait dans notre cœur, et surtout dans le cœur de celui que l'épreuve avait ramené au devoir.

Ainsi s'écoulaient, sous l'action bienfaisante de la religion, ces longues et cruelles semaines, lorsque tout à coup on nous annonça la signature des préliminaires de paix. Ce fut comme un coup de foudre. Les conditions inouïes que nous imposait la rapacité du vainqueur paralysèrent toutes nos joies ; c'était le 29 février, le Carême venait de commencer.

Il fallait songer aux pâques.

Il n'y a pas de discipline sans lois, pas de tribunaux sans justice, *pas de religion sans pratiques extérieures.* Le devoir pascal est le fondement de la vie chrétienne ; l'abandonner entraîne après soi toutes les conséquences funestes de l'apostasie formelle. En effet, l'expérience nous apprend que l'homme qui ne fait plus ses pâques ne prie plus; il ne sanctifie plus le dimanche; il prive la famille et la société de l'influence salutaire du bon exemple; n'ayant plus de relations avec Dieu, il est livré à des faiblesses sans remède et à des chutes sans relèvement; la vertu, qui lui est devenue impossible, devient à ses yeux un problème insoluble; sa conscience, dont il ne redresse plus les écarts, perd sa délicatesse; il se livrera tranquillement à tous les excès, à toutes les ignominies, et le comble de son malheur c'est de ne plus sentir les abjections de son état. Et pour tout dire en un mot : dès qu'il n'y a plus de pâques, il n'y a plus de Dieu, ni de pratiques chrétiennes, ni de conscience, ni de vertus. Généralisez cette situation dans tout un peuple d'hommes, que devient la nation ?

Il y a là une loi morale indiscutable, et il n'est en la puissance d'aucun sophisme d'en arrêter les effets. La France doit à l'abandon des pâques la perte de sa foi, et, par une conséquence rigoureuse, son abaissement et ses désastres. Il n'y aura de salut pour elle que le jour où elle aura le courage de s'agenouiller à nouveau à la table sainte.

J'aurais donc voulu que tous nos soldats eussent communié; matériellement, c'était difficile, et moralement, vu le trop grand nombre d'endurcis que rien n'avait pu ébranler, c'était impossible.

Toutefois Mgr de Héfélé, évêque de Rottenburg, qui nous a constamment soutenu et aidé avec une bienveillance extrême, nous autorisa à ouvrir les Pâques avec le Carême.

Le mercredi des Cendres, nous fîmes solennellement la bénédiction et l'imposition des cendres. Jamais cette cérémonie n'impressionna nos hommes comme ce jour-là.

Un commandant allemand catholique se présenta à la tête de tous les prisonniers de son fort ; c'était un utile exemple.

Toutes ces fêtes empruntaient à notre situation un enseignement qu'il n'est pas facile d'exprimer. Les Pâques furent ouvertes le même jour ; ordre fut donné par les autorités militaires de laisser pleine liberté aux soldats : tous ceux qui *ont voulu* s'approcher des sacrements en ont eu la facilité, et, dans le fait, tous les jours jusqu'à la fin du Temps Pascal, la table eucharistique fut convenablement occupée. Un apostolat édifiant surgit alors.

De toutes les parties de la France on rappela aux prisonniers leurs devoirs : des pères, des mères, des sœurs, des épouses, des curés de paroisse leur adressaient des lettres suppliantes pour les engager à vaincre le respect humain. Il y avait des pages éloquentes, où le cœur et la raison étaient à la hauteur de la foi, et où les intérêts des âmes étaient placés au-dessus de ceux d'une existence périssable.

« Fais ton devoir, confesse-toi et communie, écrivait une de ces vaillantes mères à son enfant ; si tu meurs en chrétien, je ferai à Dieu le sacrifice de mes larmes par la pensée que la mort a été ton salut, puisque rien ne te séparera de lui ; sinon ta perte me causera un désespoir sans consolation et sans remède qui me conduira au tombeau. O mon fils, épargne cette douleur à ta mère, qui t'aime et qui ne t'a donné le jour que pour te procurer le ciel... »

Ne semble-t-il pas entendre Blanche de Castille disant à son fils : « J'aimerais mieux te voir mourir que de te voir commettre un péché mortel ! »

O faibles femmes, que vous êtes fortes si vous savez rester chrétiennes ! Gagnez vos maris, vos fils, vos frères aux pratiques de la religion, par votre simplicité, votre horreur du luxe, vos vertus, et vous aurez plus fait pour le salut de la France que toutes les armées et tous les milliards.

Nous étions arrivés à la semaine sainte; il y avait chaque matin environ cent cinquante hommes qui recevaient la communion. C'était un consolant résultat pour la religion et l'avenir de la patrie.

Le dimanche des Rameaux, notre vaste local fut insuffisant; les rameaux furent bénits et distribués suivant les prescriptions liturgiques à nos braves, qui les reçurent avec piété. Le jour du rapatriement, plusieurs me les montrèrent en disant : « Monsieur l'aumônier, nous les emportons au village, et ils ne nous quitteront pas jusqu'à la mort. »

J'ai raconté ailleurs tout ce qu'il y a de fécond dans l'image du crucifix à travers les tentations, les souffrances, les agonies, les angoisses de la mort; elle était un remède auquel les plus impies n'étaient pas insensibles.

Le Vendredi saint en fut un nouvel exemple : en Allemagne, c'est un jour férié; tous les magasins se ferment, tout travail chôme; protestants et catholiques n'ont à cet égard qu'un même sentiment : temples et églises ne se vident pas du matin au soir. La messe des Présanctifiés fut célébrée pour nos soldats; l'autel avait été tendu de noir, et pendant l'office il y eut un sermon sur la Passion de Notre-Seigneur dont l'assistance fut très-émue : ensuite nous l'invitâmes à venir baiser la croix.

L'enfant qui a perdu son père, l'homme qui a perdu son ami, imprime volontiers ses lèvres sur l'image qui en rappelle le souvenir.

Le Christ est notre père, notre ami, notre Rédempteur dans l'ordre de la grâce et de la nature. « Si l'on ne jette plus l'esclave dans les viviers du patricien pour en engraisser les poissons, » c'est au Christ qu'on le doit, avec beaucoup d'autres choses. Pourquoi ne pas lui donner ce gage de tendresse ?

Les libres-penseurs et les communeux, qui sont en train de nous ramener à ces heureux temps où l'on jetait l'esclave dans les viviers, les vaincus aux bêtes et les martyrs dans l'huile bouillante, qu'ils remplacent par le pétrole, sont très en colère contre la dévotion au Crucifix, qui leur barre tant soit peu la route, et ils l'appellent une *momerie*.

J'avais appris que quelques soldats élevés à l'école des Renan, des Cadet-Mottu et des Pyat, se permettaient volontiers cette insolence. Je redoutais une abstention qui eût été scandaleuse ; j'essayai de prémunir mon auditoire contre ces injures ; le succès fut complet, tous s'approchèrent avec respect et piété.

Non ! je n'oublierai jamais le spectacle de ces hommes pâles, souffrants, abattus, qui venaient déposer sur l'image du divin Crucifié l'hommage de leur foi et de leur amour. On sentait qu'ils étaient à la grande école qui transfigure le malheur et le divinise. Si le Fils de Dieu a dû subir tant de supplices pour racheter l'humanité, n'y a-t-il pas pour nos fautes personnelles et celles des nations, dont nous sommes solidaires, des expiations nécessaires ? Ils l'avaient compris, et, après avoir baisé les pieds meurtris du Sauveur, ils se relevaient avec plus de courage pour continuer, dans leurs casemates, l'horrible vie de la captivité.

Aussitôt après, il se passa un fait admirablement édifiant : je laisse, pour le raconter, la parole à un prisonnier qui le résume ainsi dans une lettre.

« Que de fois, dit-il, j'ai eu le cœur navré de voir si peu de foi dans les habitudes des Français et tant d'irréligion dans nos soldats, et comme je suis heureux lorsqu'un signe vient annoncer qu'il y a encore quelque vie dans ce grand corps! J'ai eu cette consolation aujourd'hui Vendredi saint.

« Au retour de l'office, nos cuisiniers ne préparèrent pas la soupe comme à l'ordinaire; on espérait qu'il y aurait du maigre; mais quelle ne fut pas notre surprise en voyant qu'on avait apporté de la viande comme de coutume! Beaucoup en furent très-contrariés. « On nous prend donc pour des sauvages, dirent-ils; eh bien! nous n'en mangerons pas. » En effet, ils s'abstinrent d'en manger; quelques-uns demandèrent la permission de cueillir une salade de pissenlits; d'autres passèrent leur journée au pain et à l'eau, ou sans manger. Cela prouve que la foi n'est pas morte dans tous les cœurs. »

Un soldat du 52e de ligne. »

La solennité de Pâques fut splendide; deux cents hommes étaient à la communion; nos musiciens de Neu-Ulm avaient préparé une messe en musique; le bon père Laurent Hecht, bénédictin d'Einsiedeln, avait eu la charité de nous l'envoyer, avec un grand nombre d'objets de piété qui comblèrent de joie tous nos communiants.

Environ huit mille hommes s'approchèrent des sacrements pendant la captivité; tous, hélas! ne se convertirent pas; on en sait les causes multiples, que nous avons assez déplorées dans le cours de ce récit. Nos sous-officiers, sauf quelques excellents jeunes hommes que nous remercions ici avec effusion du bon exemple qu'ils ont donné, brillèrent par leur absence, et cette conduite n'a pas besoin de commentaire.

Mais ce simple exposé est assez éloquent; il dit mieux que toute autre démonstration ce qu'on pourrait attendre de notre armée, si, laissant de côté de puériles préventions, on y organisait régulièrement le service religieux.

Au commencement du Carême, un samedi, j'étais à la fenêtre du presbytère de Neu-Ulm, attendant les confessions, et ne sachant pas s'il y en aurait. Soudain ils arrivent vingt, cinquante, cent! « Eh bien! me dit M. le curé, visiblement étonné, voilà qui prouve que si vos soldats n'ont pas de religion c'est la faute de *vos gouvernants*; dès qu'on s'en occupe, ils y correspondent, et dès qu'ils ont la liberté de faire leur devoir ils en profitent; on pourrait en faire d'excellents chrétiens. »

Cela est vrai, et c'est notre meilleur espoir.

Puisse notre gouvernement abandonner les errements du passé, rendre Dieu et la religion à notre brave armée! C'est le meilleur fondement de son organisation future.

CHAPITRE XIII

LA RECONNAISSANCE

Ceci n'est pas de l'ironie. Dans ce siècle d'égoïsme, la reconnaissance est une vertu assez rare pour qu'on n'oublie pas d'en signaler les actes lorsqu'on a pu les constater. Cette vertu suppose une certaine dose d'humilité, et, par conséquent, de la religion. Les hommes irréligieux sont ordinairement des ingrats, et c'est par là qu'on explique les haines monstrueuses de certains pauvres contre leurs bienfaiteurs, haines qui grandissent quelquefois dans la mesure des bienfaits reçus.

Tout le monde sait que saint Vincent de Paul, dont l'immense et royale charité ne laissa aucune souffrance sans soulagement, fut souffleté un jour dans les rues de Paris par un homme qu'il avait comblé de ses aumônes.

Ceux de nos soldats qui n'avaient pas de religion ne pouvaient pas être reconnaissants ; de ce côté l'ingratitude n'a pas manqué, et je me garderais bien d'en parler, s'il n'en ressortait encore cet enseignement, que nul n'est injuste comme l'homme qui n'est pas éclairé par les lumières de la foi.

Nous n'avons pas la sotte prétention d'avoir fait notre devoir comme il convenait; mais nous y avons essayé en consacrant, pendant toute la captivité, dix-huit heures chaque jour aux services des hôpitaux, des prisonniers et de l'immense correspondance de l'aumônerie. Le compte rendu qu'on lira plus loin ne donnera qu'une faible idée de ces travaux.

Grâce à Dieu, nous n'en avons tiré aucune gloire, et, si nous avons cru devoir révéler ces œuvres, c'est par des raisons très-sérieuses qui défendaient à notre conscience de garder le silence.

Nous avons rencontré sur notre chemin des natures basses et aviliés qu'aucune largesse n'a pu contenter ; nous avons l'honneur d'être prêtre, elles n'ont pu nous le pardonner. De là les insultes en paroles et par écrit; ces choses ne se citent pas ; on en appréciera l'origine par cette gracieuse finale d'une lettre où toutes les aménités nous étaient prodiguées.

« Je finis, citoyen, en vous disant au revoir dans les colonnes du *Vengeur*.

« Salut et fraternité,
« W***. »

« Ulm, le 30 ventôse, an 79 de la République une et indivisible. »

Malheureusement pour les projets du signataire, le *Vengeur* a été supprimé. Cela ne serait que risible, s'il n'y avait là la révélation d'un ferment terrible, capable de corrompre et de soulever l'armée. Aux chefs de corps d'y veiller.

C'est parce que nous avons rencontré la reconnaissance, qui faisait contraste avec ces indignités, que nous avons jugé utile de lui consacrer une page dans le récit des douleurs et des joies de notre captivité.

D'abord nos braves eurent le courage de protester eux-mêmes contre les ingrats ; nous citons ces pages, qui font leur honneur, et qui confirment à la lettre nos appréciations sur l'état moral de l'armée.

« J'ai appris avec peine aujourd'hui que plusieurs de nos compagnons d'infortune vous avaient adressé des lettres peu respectueuses.

« Ces écrits, m'a-t-on dit, contiennent même des reproches d'autant plus blessants qu'ils sont injustes et immérités.

« Je viens donc, au nom de tous les sous-officiers et soldats du fort Eselsberg, protester contre ceux qui ont su se flétrir eux-mêmes devant leurs camarades en attaquant le droit et la justice dans la personne de leur bienfaiteur.

« Je crois d'avance, monsieur l'aumônier, que vous pardonnerez à ces malheureux, qui ont tout oublié, et qui sont, pour leur bonne part, une cause de nos désastres.

« Vous savez malheureusement mieux que moi que notre armée est en contact avec beaucoup d'individus qui ne connaissent d'autres sermons que ceux des clubs faubouriens, et que ces mêmes hommes se reconnaissent partout, en caserne aussi bien que sur les champs de bataille et dans l'exil.

« Je veux non-seulement protester contre des reproches amers, mais je veux aussi vous prier d'agréer nos remercîments pour le dévouement, l'abnégation et l'impartialité dont vous avez fait preuve pendant votre séjour parmi nous.

« S'il y a des méchants, il y a aussi des bons, et justice se fera pour tous en des temps meilleurs.

« H***.

« Nota. — Les signataires d'autre part tiennent à protester et à vous remercier. »

Suivent dix-huit signatures de sous-officiers.

Un zouave nous écrivait : « Je vous remercie, au nom de tous mes camarades, des bontés que vous avez eues pour nous pendant la captivité ; le vrai soldat français conservera de vous un éternel souvenir, et n'oubliera jamais les douleurs que vous avez endurées pour lui en exposant souvent votre propre vie. Je suis un zouave d'Afrique, et j'ai pu constater encore une fois que c'est le clergé qui est toujours, et partout, le consolateur des malheureux, et le seul vrai soutien de celui qui se trouve dans le besoin. »

Voici encore quelques lettres qu'on lira avec édification :

« Je vois arriver avec bonheur le jour de notre délivrance. Je remercie Dieu d'avoir eu pitié de nous, et le prie de nous conduire dans nos foyers, où nos familles, quoique tristement éprouvées par les horreurs de la guerre et par les maladies qui en sont la suite, éprouveront une grande joie de nous revoir. Mais avant de quitter ce séjour, je désire vous témoigner ma reconnaissance pour l'admirable dévouement qui vous a porté à quitter votre patrie, et vous sacrifier entièrement pour nous aider à supporter les ennuis de notre captivité par les douces consolations de notre sainte religion, que vous avez répandues dans nos cœurs, et par les actes de charité que vous avez accomplis à notre égard.

« Ah! sans doute, ma reconnaissance est loin d'égaler les bienfaits répandus sur tant d'hommes; mais mon intention, en vous exprimant ces pensées, n'est pas seulement de vous remercier, mais de réparer, au moins en partie, la folle ingratitude dont plusieurs ont payé votre charité. Faut-il qu'après avoir entendu vos instructions, vos conseils paternels, il soit resté des cœurs endurcis! Faut-il que les malheurs qui viennent d'affliger notre pauvre patrie n'aient pas fait disparaître de tous les cœurs ces sentiments d'impiété et d'irréligion! Oh! plaise à Dieu que les contrées de la France qui ont oublié leurs devoirs se hâtent de revenir à leur accomplissement, et que la France entière serve désormais Dieu avec fidélité!

« Pour moi, mon révérend Père, je remercie de tout mon cœur la Providence de nous avoir épargné les malheurs qui ont pesé sur plusieurs, et de la mort que beaucoup ont subie.

« Agréez les sentiments de ma sincère reconnaissance. Je garderai toute ma vie le souvenir des bienfaits corporels et spirituels que vous avez répandus sur nous avec tant de dévouement et de charité, et pour lesquels je prie Dieu de vous combler de bénédictions sur la terre jusqu'au jour où il vous décernera l'éternelle récompense.

« X***. »

« En terminant cette captivité, à laquelle la divine Providence a permis que nous fussions réduits pour nous faire expier les crimes dont nous nous sommes rendus coupables, je ne puis quitter cette ville sans vous témoigner ma reconnaissance pour les bienfaits que vous n'avez cessé de nous prodiguer. En vous j'ai trouvé le soulagement pour le corps, et la joie pour l'âme; car par votre saint ministère j'ai eu le bonheur de remporter le beau souvenir de m'être acquitté de mon devoir pascal, qui restera éternellement gravé dans mon cœur. Ce sera aussi une bien grande joie pour mes parents et mon digne et vénéré pasteur, dont les larmes n'ont cessé de couler depuis mon départ pour la campagne. Mon révérend Père, nous allons nous quitter. C'est pour nous un beau jour de revoir notre patrie : mais qu'il sera encore plus beau celui qui nous sera donné, pour ne plus nous séparer, au ciel, où Dieu récompensera tous les services que vous nous avez rendus !

« X***. »

« Je ne puis me séparer de vous, sans vous faire un dernier adieu, et mes remerciements pour tout le bien que vous avez fait parmi nous, et aussi des bontés et des soins que vous avez prodigués aux pauvres captifs exilés sur la terre étrangère... Combien de zèle vous avez eu ! Combien de peines et de tourments vous avez supportés pour pouvoir satisfaire à nos besoins corporels ! et, sans votre secours, combien auraient enduré et souffert les rigueurs de la saison ! Mais votre main charitable est venue porter un remède à toutes ces souffrances. Mais non-seulement cela, vous avez donné à nos âmes les secours dont elles avaient besoin dans l'état où nous nous trouvions : et combien vous en avez ramenés à Dieu ! Car un grand nombre d'entre nous, depuis longtemps, n'avaient pas approché des sacrements, et avaient même méconnu ce bon Père des miséricordes, qui veut encore bien nous reconnaître pour ses enfants ! Cependant nous avons été bien coupables envers lui ; on l'a outragé et blasphémé de toutes manières, et, à bout de patience, il a lancé ses foudres sur notre pauvre patrie, qui n'a pas encore eu assez des malheurs de la guerre. Aujourd'hui, entre ses enfants, il se fait des victimes ; aussi la miséricorde de Dieu ne peut nous venir en aide. On pille, on saccage

les lieux saints; on blasphème contre lui et sa sainte Église. Ah! quand je pense à ma chère Bretagne, où, je crois que la foi se conserve et se maintient plus que partout ailleurs, combien ils doivent souffrir de ce fléau terrible! combien de cœurs sont en larmes et dans la consternation, et que de fois j'ai eu le cœur navré pour eux, et, d'un autre côté, de ne voir pas plus de foi dans le caractère français!...
« X***. »

« Je viens, par ces quelques lignes que je me permets de vous écrire, vous prier d'avoir la bonté de recevoir les remerciements de la part d'un jeune soldat qui vous est très-reconnaissant de toutes les bontés que vous avez eues pour lui.

« Ce sera une bien grande joie quand tous nos parents et amis apprendront ce que vous avez fait pour nous tous.

« Je serai heureux de dire toutes les peines que vous avez prises pour tous les prisonniers, surtout pour les Francs-Comtois.

« Je vous remercie aussi du billet, écrit de votre main, que vous avez bien voulu me donner pour envoyer à un de mes protecteurs et amis.
« X***. »

« Je vois arriver enfin le moment de notre départ; ce jour-là, je dois l'avouer, est aussi doux qu'a été triste celui de notre entrée en Allemagne...

« La captivité à laquelle nous venons d'être soumis depuis quatre mois a été si dure, et les malheurs dont la France a été victime si grands, que tout cœur français a lieu de se livrer à la plus profonde tristesse, et je dirai presque au désespoir; mais, grâce au dévouement et au zèle que vous avez mis, très-révérend Père, à adoucir nos infortunes jusque sur la terre de l'exil, nous n'avons manqué ni de soins matériels ni de sages avis, dont tout chrétien peut et doit tirer parti durant le cours de cette vie si frêle et quelquefois si courte.

« Daignez me permettre, je vous en supplie, très-révérend Père, de vous adresser pour moi, et au nom de tous mes compagnons, nos plus respectueux remerciements et le témoignage de la plus profonde reconnaissance que nos cœurs puissent exprimer.

« Nous osons espérer que votre paternelle bienveillance voudra bien les agréer, et nous permettre d'emporter au sein de nos familles l'ineffaçable souvenir de vos bienfaits.

« X***. »

Et de retour dans la patrie, plusieurs marins se rappelèrent la religion qui les avait assistés, et adressèrent encore sur les bords de la mer, avant leur départ, leurs actions de grâces à l'aumônier resté au chevet des malades.

« Rochefort, le 3 juin 1871.

« Permettez à un pauvre soldat qui, avec tant d'autres, a profité de votre dévouement d'apôtre, de se faire l'interprète des sentiments de respectueuse gratitude de tous ses camarades, pour tous les bienfaits dont vous nous avez comblés avec une charité si éclairée, un si noble désintéressement.

« Nous voici de retour dans notre chère et malheureuse France, après ces longs mois de captivité dont vous saviez si bien apprécier la souffrance et calmer la douleur en nous faisant entrevoir ces jours meilleurs qui sont enfin venus.

« Aussi nous empressons-nous de venir vous exprimer notre ardente reconnaissance et vous demander, — car qui n'a rien à donner demande toujours, — de garder souvenir de vos protégés d'Ulm, et vos prières pour ceux qui vont bientôt courir sur la mer de nouveaux dangers, et exposer leur vie dans quelques îles lointaines.

« Merci d'avance pour cette nouvelle preuve d'affection que vous nous donnerez sans réserve, j'en suis bien sûr, et merci pour tout le bien que vous nous avez fait.

« X***. »

Il faut nous arrêter là. Mais combien nous regrettons de ne pouvoir reproduire toutes ces lettres écrites avec le cœur, et où respirent les plus nobles sentiments de religion et de patriotisme ! C'est dans ces hommes-là, quoi qu'on en dise, qu'est la partie saine de notre armée.

Ces hommages ne s'adressaient pas à nous, mais à toutes les âmes charitables qui avaient compati à leur martyre, et dont nous n'étions après tout que le mandataire.

« Dieu nous a bien protégés, disait encore un soldat, en vous envoyant comme notre protecteur ; mais combien il nous a aimés en inspirant tant de bienfaiteurs à nous venir en aide ! Sans leurs aumônes, nous aurions été bien plus malheureux, beaucoup seraient morts ; nous ne l'oublierons jamais et nous prierons pour eux. »

Cette prière a été faite.

Sans doute un acte public de foi religieuse est la chose du monde la plus difficile à obtenir de l'armée ; les traditions chez elle et le respect humain y mettent également obstacle. Humainement parlant, provoquer une démonstration de ce genre, c'était s'exposer à l'indifférence des uns et à la risée des autres.

Eh bien ! cet acte de foi, notre armée l'a produit ; mais c'est *en faveur de leurs bienfaiteurs de France*.

Chaque matin, après la sainte messe, tous s'agenouillaient et récitaient en commun, à voix haute, d'un cœur ferme, trois fois : *Pater, Ave, Credo, Sub tuum*, pour tous ceux qui avaient pensé à eux. Au jour des solennelles récompenses, cette prière se retrouvera, avec l'obole en faveur des prisonniers, dans la balance des miséricordes, et nos bienfaiteurs entendront de la bouche du Juge cette consolante parole : « J'étais captif, et vous m'avez visité; venez et possédez le royaume que je vous ai préparé. »

CHAPITRE XIV

LES TURCOS

Les turcos, ou tirailleurs algériens, se trouvaient en assez grand nombre à Ulm, et ils y étaient l'objet de la curiosité générale. Les Allemands se montraient scandalisés de ce que les Français, disaient-ils, *eussent introduit ces infidèles dans les armées chrétiennes*. Nous n'avons pas à nous prononcer, et ceux qui ont fait cette guerre derrière les houblonnières, les bois et les buissons, à l'aide de l'espionnage et des trahisons, par l'incendie des villages, le massacre des innocents, le bombardement et le sac des villes ouvertes, ont perdu le droit de se montrer *puritains* sur le choix des moyens.

Les turcos se sont bien battus, de l'aveu de tous. A Wissembourg, ils ont soutenu en grande partie le choc de l'ennemi; une charge à la baïonnette leur valut huit pièces de canon; mais bientôt, succombant sous le nombre, ils furent décimés par la mitraille, et, sourds à la sonnerie de la retraite, ils se firent massacrer sur les canons qu'ils avaient pris, plutôt que de se rendre.

En captivité, ils ont souffert plus que les autres prisonniers; ils sortaient peu, sinon pour assister quelquefois à la messe (1), et ils y prenaient un extrême plaisir. Calfeutrés dans leurs casemates, ils cherchaient à se garantir du froid; mais la rigueur du climat, la mauvaise alimentation, occasionnèrent parmi eux de fréquentes maladies et de nombreux décès.

Ils paraissaient résignés, non par vertu, puisqu'ils sont fatalistes; ils ne se plaignaient pas, et je n'ai jamais surpris un blasphème sur leurs lèvres.

Ici, ce sont les infidèles qui font la leçon aux chrétiens : en France, le blasphème, ignoble, révoltant, cynique, dépasse toute mesure; il est au diapason de notre foi et de notre moralité. Souvent ces hurlements sacriléges m'ont fait frémir... Cette horrible habitude se contracte de bonne heure; des pères de famille l'enseignent par l'exemple à leurs fils, l'atelier la mûrit, et la caserne y met le couronnement.

« Pendant la campagne, m'écrivait un officier très-bon chrétien, j'ai vu des hommes, et ce n'étaient pas les moins nombreux, qui au lieu de songer, à travers les dangers qu'ils couraient, au salut de leur âme, juraient et blasphémaient comme des démons; ils mêlaient le bruit de leurs odieux jurements au bruit du canon et de la fusillade. Cela faisait horreur, et j'ai dû me dire : Tu es donc pourrie jusqu'à la moelle des os, malheureuse France? semblable au fruit de l'Écriture, tu es magnifique au dehors et pleine de corruption au dedans, puisque tes fils sont tombés si bas, qu'ils blasphèment le Dieu qui donne la victoire, et qu'ils l'ont tellement oublié, qu'ils ne se souviennent plus de lui à l'heure de la mort. Je ne crois pas que chez aucun peuple on jure comme en France; le mépris du nom béni de Dieu nous met au ban des nations. »

(1) Ils avaient bien un marabout, prisonnier à Ulm, mais il s'occupait peu de ses coreligionnaires.

Ici encore le scandale venait d'en haut : des relations nous révèlent que dans certaines batailles « les officiers français donnaient leurs ordres et envoyaient leurs hommes au feu avec des blasphèmes effroyables. » Que peut-on espérer de bataillons dont les chefs affichent ainsi l'impiété?

On sait que beaucoup de blasphémateurs prétendent justifier leur déplorable habitude en disant qu'ils n'ont pas de mauvaise intention, et que dans les jurements ils ne voient aucun mal. Ils ne réfléchissent pas que, dans ce cas même, le blasphème est coupable, parce qu'il est un manque de respect envers le nom béni de Dieu, par conséquent une insulte envers la Divinité; qu'il est un scandale donné aux autres et une source d'irréligion. Quand on ne respecte plus le nom de Dieu, que respectera-t-on? Voilà pourquoi un Père de l'Église déclare « que le blasphémateur est un ennemi de l'ordre social » (1). Et cela est plus vrai qu'on ne pense.

Les Arabes possèdent à un trop haut degré le respect de Dieu pour blasphémer. On les voyait donc résignés; mais qu'ils étaient tristes. Cette physionomie mélancolique qui distingue les orientaux avait pris un caractère de douloureux abattement. Il ne m'était guère possible de les consoler, car très-peu comprenaient le français. Je les admettais aux distributions dans la même proportion que nos compatriotes. Ils se montraient reconnaissants; ils témoignaient à mon caractère de prêtre un respect dont j'étais touché; à plus forte raison ne se sont-ils jamais permis une parole inconvenante, lors même que je ne croyais pouvoir répondre à certaines exigences.

Ils sont rusés, et ne manquent point d'esprit : cinq

---

(1) Saint Jean Chrysostome.

malades, dont deux turcos, avaient obtenu, à leur sortie de l'hôpital, de me faire visite. Je pensais les régaler en leur faisant goûter du vin français ; j'en versai aux nôtres, et offris un verre à un des turcos, qui fit un bond en arrière.

Je compris ce mouvement. « Je vous demande pardon, lui dis-je, je ne me rapelais pas que le Coran vous interdit l'usage du vin, et je n'entends pas vous faire désobéir à ses préceptes. »

Mais son coreligionnaire, moins scrupuleux et qui avait sans doute envie de boire un coup, prit la parole. « Oh ! Marabout, dit-il, Mahomet défend le vin seulement aux civils, et pas aux militaires ; donc nous en pouvons boire. »

Je fus très-embarrassé ; n'ayant pas étudié la théologie du Coran, je ne pus juger de la valeur de cette distinction : bref, je leur versai à boire, et, à la manière dont ils vidèrent leurs verres, on vit bien qu'ils n'étaient pas des apprentis.

Ceux qui mouraient étaient inhumés avec les honneurs militaires, et, comme nous ne pouvions pas y apporter le concours des cérémonies liturgiques, un pasteur protestant s'offrit et assista aux obsèques des turcos. Ce fait produisit grand émoi et grand scandale dans la population. Le pasteur s'en tira très-habilement, et à l'enterrement qui suivit il tint ce discours : « J'apprends qu'on me reproche ma participation à ces funérailles ; on a tort : ces Arabes ont une foi et croient en Dieu, pourquoi leur refuser cet honneur ? tandis que j'ai des paroissiens *chrétiens* qui ne croient à rien, ni à Dieu ni à diable, et que je suis bien obligé d'enterrer ! » Le bruit finit là.

Les turcos sont religieux ; ils aimaient nos offices, ils m'ont paru accessibles à la vérité ; sans notre inhabile législation en Algérie, la création funeste des bureaux arabes, le prétendu respect de la liberté de conscience, qui éloigne d'eux les lumières civilisatrices de l'Évangile, on aurait pu réussir à former là un peuple chrétien ; on aurait évité tant de sacrifices de sang et d'argent nécessités par ces révoltes interminables qui placent constamment notre colonie à deux doigts de sa perte.

CHAPITRE XV

LES DERNIERS ADIEUX

Ces adieux ne s'adressaient pas aux vivants, qui allaient avoir le bonheur de revoir leur patrie bien-aimée, mais aux malheureuses victimes que le dévouement fut impuissant à soustraire à la mort, et que nous eûmes la douleur de laisser sur la terre de l'exil.

On trouvera leurs noms plus loin (1).

Les préliminaires de la paix ayant été signés, nous espérions notre rapatriement immédiat ; le bruit courait même que vers la fin de mars tous les prisonniers seraient rentrés en France. C'était une cruelle illusion : nous avions encore à faire quatre mois de captivité.

Quoi qu'il en soit, un devoir nous restait ; nous ne devions pas quitter la terre étrangère comme des égoïstes ; nous laissions là, dans la tombe, des frères qui avaient partagé nos douleurs et nos périls, et qui avaient succombé à la peine.

L'autorité militaire les avait réunis ensemble, dans un terrain attenant au vaste cimetière de la ville.

Le culte des morts est en grand honneur chez les Allemands : on sent que les espérances de l'immorta-

(1) Voir l'appendice.

Vue du cimetière des prisonniers de guerre
et de son monument funéraire à Ulm.

lité planent sur leurs tombes, par la pompe religieuse dont ils rehaussent leurs inhumations, et la piété qu'ils mettent à décorer leurs cimetières, qu'ils appellent : *Gottes Acker,* le champ de Dieu, ou *Friedhoff,* le champ de la paix.

Nos pauvres et chers défunts participèrent à ces honneurs, et furent inhumés avec le même cérémonial que les soldats du pays.

Deux tambours battant au champ ouvraient le cortége funèbre ; un peloton d'hommes précédait le cercueil entouré par une députation de prisonniers français ; un autre peloton fermait la marche. Le clergé présidait, en ornements sacerdotaux, suivant les prescriptions liturgiques. Ainsi, la religion couvrait l'exilé de son ombre bienfaisante jusqu'au tombeau.

Lorsque la cérémonie de l'absoute était terminée, trois salves de mousqueterie saluaient une dernière fois le guerrier déposé dans le lieu de son repos.

Ces décharges avaient bien quelques inconvénients : le cimetière se trouvait dans le voisinage de deux hôpitaux ; chaque jours ces détonations se renouvelaient ; nos malades les entendaient, et répétaient chaque fois tristement : « Encore un pauvre Français !... »

Au plus fort de l'épidémie, il y avait quelquefois dans le même cortége jusqu'à cinq ou six cercueils à la file. C'était bien triste ; des larmes jaillissaient involontairement de nos yeux. O guerre, fléau du Ciel, quand corrigeras-tu les gouvernements et les peuples !

Nous ne devions donc pas quitter nos chers morts sans leur donner un dernier gage de notre affection, répandre une prière sur leurs restes, et leur adresser de suprêmes adieux.

Il convenait aussi de donner à cette cérémonie toute la solennité possible : l'autorisation nous ayant été accordée, rien ne fut négligé pour atteindre ce but.

Nous laissons la parole à un témoin oculaire, dont voici le récit dans sa touchante simplicité.

DERNIERS ADIEUX

DES PRISONNIERS FRANÇAIS A LEURS FRÈRES D'ARMES DÉCÉDÉS PENDANT LA CAPTIVITÉ A ULM

(Wurtemberg.)

Une cérémonie des plus émouvantes s'accomplissait à Ulm le 13 mars au matin. Encore sous le coup des émotions dont elle inonda mon âme, j'ai essayé d'en noter les principaux traits, afin d'offrir un souvenir à mes compagnons d'infortune, et un hommage de suprême amitié à nos frères qui ont succombé sur la terre de l'exil.

J'ai pensé en cela servire la religion et la patrie.

Notre aumônier militaire, le R. P. Joseph, qui depuis six mois partage volontairement notre exil avec tout l'héroïsme de la charité et du dévouement sacerdotal, a voulu nous rassembler une dernière fois. C'était au cimetière d'Ulm, où reposent tant de nos frères-d'armes, qui ne verront plus leur patrie terrestre. Dès huit heures du matin, des milliers d'hommes descendaient des forteresses qui dominent la ville, pour se rendre d'abord à l'église, où devait avoir lieu le service funèbre. Un beau catafalque entouré d'un brillant luminaire avait été dressé au milieu du chœur.

Le R. P. Joseph, assisté du clergé de la ville, officia solennellement et fit l'absoute ; pendant la messe, un grand nombre d'entre nous s'approchèrent de la sainte table et firent la sainte communion pour le repos de l'âme de leurs compagnons.

Cette première cérémonie terminée, commença la marche au cimetière ; elle était ouverte par le R. Père,

Monsieur le doyen d'Ulm et ses vicaires, qui voulurent bien nous accorder jusqu'au bout le tribut de leurs prières et de leurs sympathies; des milliers de prisonniers suivaient calmes, tristes et respectueux... Arrivés sur le champ du repos, après une nouvelle absoute, notre aumônier monta sur un tertre : il avait devant lui toutes ces tombes, qu'entouraient nos vaincus restés vivants; des larmes étaient dans son cœur et dans ses yeux. Qu'il faut regretter de ne pouvoir reproduire l'allocution qui nous fit tous pleurer!

En voici le pâle sommaire.

« Leur espérance, dit-il, est pleine d'immortalité : *Spes illorum plena est immortalitate.*

« Je ne devais point, mes chers amis, me séparer de vous sans vous faire de suprêmes adieux : c'est sur cette terre de la mort et des grands enseignements qu'il convenait de les faire.

« Je vous les devais de cette sorte; car il y a, dans nos douleurs, une leçon de miséricorde qu'il importe de ne point méconnaître.

« J'ai voulu répondre aussi à un besoin de mon âme, en répandant une dernière fois avec vous mes prières et mes larmes sur la tombe de ces nobles jeunes hommes qui ont rendu le dernier soupir entre mes bras.

« Vous m'avez dit souvent : « Qu'il est triste de mourir sur la terre étrangère! » Cela est vrai quand les espérances de l'homme n'ont pas d'autre horizon que celui des intérêts passagers. Mais le vrai chrétien porte d'autres ascensions dans son cœur; il n'emploie le temps qu'au profit de l'éternité; et lorsqu'il succombe aux labeurs de la vertu, l'Église, qui bénit ses restes, sanctifie aussi le lieu de son repos. Voilà pourquoi cette terre qui a reçu nos pauvres exilés n'est pas la terre étrangère, puisqu'elle a été consacrée par la religion, qui est de tous les temps et de tous les lieux. Mais ils sont morts en fermes et solides chrétiens. Je tiens à leur accorder l'honneur de ce témoignage.

« Les épreuves subies devaient préparer ce retour à des vérités qui n'ont jamais trompé personne. Ils avaient été témoins du carnage des champs de bataille ; plusieurs y avaient reçu des blessures auxquelles ils ont succombé. Ils avaient vu les désastres de la patrie ; ils furent traînés dans l'exil, dont ils ne purent manger jusqu'au bout le pain amer ; leurs chefs les avaient abandonnés ; la patrie était impuissante à les soulager, et leurs familles consternées n'avaient pour eux que d'inutiles larmes et de stériles regrets... Oh ! bénissez, mes amis, la religion sainte qui leur apparut alors pour leur rendre avec ses inexprimables consolations tous les biens perdus.

« Toutefois, il faut bien l'avouer, malgré ces sévères leçons, je rencontrai quelquefois d'inexplicables résistances. Un jour je luttais avec les armes de la patience auprès d'un de ces moribonds, dont l'intelligence avait été empoisonnée par les sophismes qui courent les casernes ; un de ses compagnons, mourant aussi, s'en aperçut. « Malheureux, dit-il, après tant de défaites, « veux-tu subir celle d'une mauvaise mort ? » Ce fut le coup de grâce, et il se convertit...

« Mais je rencontrai aussi chez quelques-uns de rares sentiments de piété. « Mon Père, me dit un jour « un jeune Breton, je voudrais communier.

« — Mon ami, vous l'avez déjà fait.

« — Oui ; mais je voudrais le faire pour ma pauvre « mère, afin que Dieu la console : vous lui écrirez que « j'ai communié une fois pour elle et une fois pour « moi. » Le soir même, cet ange alla recevoir dans la vraie patrie la récompense de la foi et de la piété filiale.

« Et nos libres-penseurs prétendent que la religion tue les sentiments de la famille !...

« Il est juste d'ajouter qu'aucun de ces hommes n'est mort sans avoir été réconforté par la grâce des sacrements.

« Ils étaient en général de solides chrétiens. Hélas ! ils ne reverront plus leurs pères et leurs mères, le clocher de leur village, leur infortunée patrie !... Faut-il le regretter ? Dieu n'a-t-il pas promis d'asseoir dans son trône celui qui aura remporté, dans la vertu, la plus difficile des victoires ? *Et qui vicerit, dabo ei sedere mecum in throno.* Leur course est achevée, leur combat est fini, ils ont conservé leur foi, et le juste Juge les a admis à la couronne qui ne se flétrira point, car leurs espérances étaient pleines d'immortalité. Eh bien, ce sont précisément ces espérances, anéanties par les sophismes de ce siècle, que je dois faire revivre au milieu de vous ; car elles font toute la dignité de l'homme et du chrétien. Elles constituent toute sa valeur ; elles sont l'immuable sanction de la loi morale, dans la promesse des récompenses qui survivent à nos vertus et la menace des châtiments qui punissent le crime après cette vie. Et voilà ce qu'on a voulu détruire par cet ignoble blasphème, devenu pour quelques-uns un axiome : « Quand on est mort, tout est mort. »

« Comment ! mes amis, ceux que nous pleurons n'ont donc recueilli pour prix de leur martyre, de leurs vertus, de leur sainte mort, que la corruption du tombeau, les stériles et hypocrites adieux du solidarisme ?

« Vous ne le croyez pas !

« S'il y a une différence entre l'homme et l'animal pendant la vie, cette différence existe à la mort et lui survit ; elle reste notre éternel honneur. Sans elle, il n'y a que d'ignobles avilissements et la source intarissable de tous les malheurs. En effet, n'allez pas croire que nos catastrophes sont le fait d'une heure de lâcheté et d'oubli du devoir. Non! elles remontent plus haut, un siècle entier y a travaillé. On a semé dans les âmes de désolantes doctrines; le journalisme cynique, les clubs, les théâtres, le roman, le feuilleton à un sou, ont répété sous mille formes : « Quand on est mort, tout est mort ».

« Qu'en est-il résulté?

« La discipline a disparu; le respect de l'autorité s'est évanoui; aux chastes mœurs, qui font la force des armées, a succédé un sensualisme hideux; la délicatesse de la conscience n'a eu d'autre stimulant que la force brutale; la sainte liberté des âmes est devenue la licence de faire tout, excepté le bien; et le vice a été appelé vertu.

« Quand on est mort, tout est mort. »

« Alors pourquoi se faire tuer sur le champ de bataille? On lâche pied, et on livre la patrie à l'ennemi... Voilà comment les *libres-penseurs* et leur *morale indépendante* tuent le patriotisme dans les âmes des plus fiers combattants! Avez-vous du cœur, mes amis, et tous voulez-vous travailler à la résurrection morale de la patrie en ruines? Foulez aux pieds ces abrutissantes doctrines, aimez l'abnégation de la discipline, sacrifiez les passions honteuses, détestez la luxure et l'ivrognerie; et, si cette lutte vous paraît surhumaine, cherchez dans les sacrements de la religion la force de Dieu : c'est elle qui, en préparant la victoire sur nos penchants, ménage le triomphe sur les champs de bataille. O vous qui avez payé à la patrie le tribut de votre sang, adieu!

« Adieu au nom de la France, qui vous pleure; de vos amis, qui vous regrettent, et de vos mères, que votre sainte mort consolera! Du haut du ciel n'oubliez point la patrie, que vous avez tant aimée; servez-la encore par votre appui auprès du Tout-Puissant, afin qu'oubliant ses justices il n'ait plus pour elle que des miséricordes. Priez pour vos familles, afin que le baume des joies du ciel soit répandu sur leur douleur ; et pour vos frères d'armes réunis sur vos tombes, afin que, vous imitant dans la vie, ils soient couronnés avec vous dans la réalité des immortelles espérances.

« Adieu ! »

Tous les visages de nos soldats étaient baignés de larmes ; ils avaient compris cet éloquent enseignement. Puissent-ils le mettre en pratique, par un retour sérieux aux vertus chrétiennes, qui ont fait la France d'autrefois !

Le R. P. Joseph ajouta quelques mots pour remercier M. le doyen d'Ulm, qui fut pour nous tous un vrai père. Il fit ensuite l'aspersion de l'eau sanctifiée sur toutes les fosses. Cette dernière cérémonie accomplie, tous ces milliers d'hommes se mirent à genoux, et récitèrent d'une voix émue, mais d'un cœur ferme : *Notre Père*, *Je vous salue Marie*, pour le repos de l'âme de leurs frères.

Cette cérémonie laissera en eux un impérissable souvenir.

Le 20 mars, le R. P. Joseph passa à Neu-Ulm, en Bavière, pour accomplir les mêmes cérémonies auprès de nos soldats, dont il a accepté, là aussi, la paternité spirituelle. Douze cents prisonniers étaient réunis dans l'église, que M. le curé de Neu-Ulm avait disposée pour cette cérémonie. Une messe de *Requiem*, préparée par les soldats, et accompagnée de leur musique, produisit le meilleur effet. On a eu à déplorer, dans ce dépôt, la perte de cinquante-deux hommes. Notre aumônier fit, là encore, un de ces discours pathétiques dont Dieu a mis dans son cœur une source toujours jaillissante. Là se firent les derniers adieux.

Il restera donc acquis que c'est encore la religion, cette messagère du Père des miséricordes, qui nous a tendu la main dans les horribles angoisses de la captivité. C'est elle qui a illuminé nos sombres cachots, qui a relevé nos âmes abattues, qui a soutenu nos courages; elle a procuré à nos membres glacés le vêtement chaud, à nos souffrances le remède, à nos malades toutes les délicatesses du confort; elle a sauvé plus d'un désespéré et consolé tous les mourants. Que l'impie sache donc la respecter!

Pour nous, nous lui jurons une fidélité éternelle.

Ulm, le 20 mars 1871.

« UN PRISONNIER DE GUERRE. »

Cette cérémonie inspira à un autre prisonnier la poésie qu'on va lire.

ENCORE UNE PRIÈRE

POUR NOS COMPAGNONS MORTS EN EXIL

Prosternons-nous, amis, sur la terre étrangère,
Prosternons-nous encore une dernière fois :
Pour ceux qui ne sont plus disons une prière.
Élevons vers le Ciel et nos cœurs et nos voix !

A genoux et prions !... La liberté s'approche,
La France nous attend, elle nous tend les bras,
Nos tourments vont finir, notre bonheur est proche,
Le bonheur du foyer qui nous sourit là-bas.

Mais avant de quitter cette terre de larmes,
Où l'exil du malheur nous soumit le fardeau.
Pensons à nos amis, à tous nos frères d'armes,
Qui reposent là-bas, sous l'herbe, sans tombeau.

Ils ne reverront plus la France, leur patrie,
Ils ne reverront plus le foyer paternel;
Le clocher du village et la cloche bénie
Dont la voix leur parlait comme une voix du ciel.

Oh! vous qui chaque soir, quand le jour fuit et tombe,
Venez porter vos pas vers le champ du repos,
Donnez une prière, un soupir à la tombe,
Et vos vœux, dans nos cœurs, trouveront des échos !

Pour nos frères priez...; ce sont pour vous des hôtes,
Des hôtes que le Ciel a placés parmi vous.
Et que le souvenir de ces phalanges mortes
Ne s'efface jamais dans votre cœur à tous !

Et nous, en les quittant, laissons-nous cette terre
Veuve de notre amour, de notre souvenir?...
Unissons nos efforts pour dresser une pierre
Qui parle de nous tous et d'eux dans l'avenir.

Et gravons-y ces mots : « Là reposent nos frères
Victimes dans l'exil des horreurs des combats,
Ils dorment ignorés; passants, que vos prières
Pour eux près du Seigneur intercèdent tout bas! »

Chaque tombe avait une croix de bois; elle était trop fragile pour durer; dans quelques mois toute trace aurait disparu. Il ne resterait donc pas une pierre qui marquât la place où repose l'exilé? Ému à cette pensée, je proposai à nos soldats l'érection d'un monument funéraire dans chacun des deux cimetières de ma juridiction. Ils furent heureux de s'associer à cette œuvre de patriotisme et de religion; une souscription faite parmi eux couvrit la moitié des frais; le reste fut donné par quelques personnes charitables que nous sommes heureux de remercier ici.

Ce monument funéraire, d'une grande simplicité, fut placé au centre du premier rang des tombes; il se compose de deux marches, d'un socle en pierre surmonté d'une croix en fonte à reliefs dorés; il a cinq mètres de hauteur et a été entouré par une grille en fer. D'un côté on lit, en caractères dorés :

A LA MÉMOIRE
DES PRISONNIERS FRANÇAIS
DÉCÉDÉS A ULM, 1870-1871
R. I. P.

De l'autre côté, ce texte, qui nous fut envoyé par Mgr l'évêque de Montpellier :

ET NUNC MELIOREM PATRIAM APPETUNT
Hebr. xi (1).

Plus bas :
*Souscriptions de leurs frères d'armes
et du comité de Cette.*

Des arbres et des fleurs furent plantés autour du monument et des tombes.

Le 20 avril eut lieu la bénédiction solennelle des monuments. Une députation de nos soldats fut envoyée de tous les forts pour y assister. Son Excellence le général Dietl, gouverneur d'Ulm, était présent, entouré de son état-major. A deux heures après midi, le clergé fit son entrée au cimetière, notre musique exécuta plusieurs morceaux. Je prononçai un discours qui fut écouté avec la plus vive émotion ; et, après avoir béni la croix qui doit abriter, jusqu'à la résurrection, les restes de nos compatriotes, je fis l'absoute sur les tombes. Après cette cérémonie, tous nos soldats s'agenouillèrent et firent à haute voix une prière, qui était en même temps un suprême et fraternel adieu.

Nos chers survivants furent profondément touchés de cette cérémonie, et m'adressèrent la lettre suivante :

« Monsieur l'aumônier, soyez assez bon de permettre qu'au nom de nous tous, un de nos camarades vienne vous témoigner toute notre gratitude pour le bien que vous nous avez fait en partageant volontai-

---

(1) Ils désirent maintenant une patrie meilleure.

rement notre exil, et en même temps vous féliciter de l'excellente idée que vous avez eue de faire élever un monument funèbre dans le cimetière d'Ulm, en mémoire de nos pauvres compatriotes et frères d'armes, décédés sur la terre de l'exil, et qui, hélas! comme nous, n'auront pas le bonheur de revoir leurs parents et notre malheureuse France, déchirée et mise en lambeaux par la plus barbare des armées qui, en ennemie, ait foulé son sol. Ah! que nous aurions été heureux si, sains et saufs, nous les eussions vus rentrer avec nous! C'est avec grand regret que nous nous séparons d'eux; mais c'est aussi avec la certitude que du haut des cieux ils prieront le bon Dieu de bénir nos armes, et saint Maurice, notre patron, de nous accorder la grâce que, de victoire en victoire et sans la permission des autorités d'Ulm, vous nous conduisiez une autre fois nous prosterner au pied de cet humble monument funèbre, et, aux accords d'une musique nationale, y réciter la prière des morts, en compagnie de nos frères d'Alsace et de Lorraine arrachés par nous des griffes sanglantes de l'ogre de Prusse.

« Tout en vous priant d'accepter la petite somme de deux gulden que nous vous envoyons pour participer aux frais d'achat du monument funèbre, nous prions aussi le bon Dieu qu'il vous accorde une vie longue et heureuse et la récompense due, après la mort, aux âmes qui, sur cette terre, ont fait abnégation de tout pour se vouer au soulagement de la misère.

« Croyez-nous, avec le plus profond respect, monsieur l'aumônier, vos tout dévoués serviteurs et compatriotes.

« Les grenadiers de la 13e section du bastion n° 1. »

Et, afin de donner à ces chers défunts un souvenir

plus vivant et plus efficace, nous avons fondé à perpétuité un service funèbre anniversaire dans l'église paroissiale d'Ulm. Il doit être célébré, chaque année, le 11 novembre.

Nous ne pouvions passer ces détails sous silence. Nous les devions aux nombreuses familles qui ont perdu leurs fils pendant la captivité. Puissent-ils les consoler! Puissent-ils adoucir les blessures que la mort a faites à leur tendresse et à leur amour!

Et ici, il me reste une cause à plaider.

Tous les cimetières d'Allemagne où reposent les enfants de la France ne sont pas encore dotés de monuments funéraires (1)... Il n'y avait pas d'aumôniers partout, et en plusieurs endroits il n'y avait point de ressources.

Nous savons même que dans plusieurs villes aucun signe ne marque la terre où sont couchés nos défenseurs et nos martyrs. Dans quelques années on aura perdu la trace du lieu où reposent nos pauvres exilés!

Je le demande, la France ne doit-elle pas au moins une pierre aux braves qui ont succombé pour sa défense?

Et la religion ne doit-elle pas un signe chrétien aux restes mortels de ses fils qui sont morts dans son sein?

Cette pensée a touché déjà des cœurs généreux. Notre épiscopat l'a bénie. Voici, en preuves, les nobles sentiments que Mgr Le Courtier exprimait à M. le président du comité de Cette.

« Vous me faites l'honneur de nous communiquer le religieux désir de nos chers prisonniers d'Allemagne,

---

(1) Sur 233 villes où nous avions pris des renseignements, 47 seulement possèdent des monuments. Il y a des cimetières où nous avons jusqu'à 1,000 défunts, et il n'y a nul signe chrétien sur leurs tombes!

de ne pas quitter ce pays sans y élever un modeste monument à la mémoire de ceux qui n'auront pas le bonheur de revoir leur patrie.

« Et vous me demandez une parole qui assure le succès et la réalisation de cet appel dans le diocèse ; cette parole, c'est mon cœur qui vous la dira.

« Touché au delà de ce que je puis dire, d'une pensée aussi pieuse qu'émouvante, aussi fraternelle que patriotique, je bénis ce monument et la croix qui le surmontera ; j'appelle autour de lui les offrandes de mon clergé dévoué, de mon troupeau si généreux, et je vous prie de m'inscrire pour une somme de 100 francs...

« † François, évêque de Montpellier. »

Mgr Mermillod, président du comité des prisonniers à Genève, daignait nous écrire de son côté :

« Mon cher Père, après vous être épuisé, comme un vaillant et infatigable apôtre, au service des âmes des soldats français en Allemagne, vous ne songez pas au repos qui vous serait nécessaire, et vous ne pensez qu'à mettre un souvenir chrétien sur la tombe de ceux qui sont morts dans l'exil. J'admire votre foi, votre zèle et votre courage ; je suis sûr qu'auprès de l'épiscopat, du clergé et des fidèles, votre projet rencontrera de généreuses sympathies. Que Dieu protége votre entreprise, et recevez, cher ami, mes meilleures bénédictions.

« † Gaspard Mermillod, évêque. »

Grâce à ces bienveillants encouragements, nous consacrerons tous nos efforts à réaliser cette œuvre de patriotique reconnaissance, en dotant tous les cimetières où reposent nos soldats, d'un monument commémoratif.

On trouvera dans l'appel suivant, publié par notre comité, tous les détails concernant cette œuvre vraiment nationale et chrétienne ; nous prions instamment le lecteur de ne pas refuser son obole, si minime qu'elle soit : honorer la sépulture du pauvre exilé, lui assurer des prières est digne de tous les cœurs français.

Voici la circulaire publiée par le comité :

APPEL EN FAVEUR DE L'ŒUVRE DES TOMBES DES SOLDATS FRANÇAIS MORTS EN CAPTIVITÉ

Dès notre retour de la captivité, des âmes généreuses ont bien voulu s'intéresser à l'œuvre nationale de la sépulture des soldats qui sont morts en Allemagne. Des bienfaiteurs illustres l'ont accueillie avec empressement.

Parmi eux, il faut citer S. A. R. Mme la princesse Clémentine d'Orléans, et N-N. S-S. les archevêques et évêques de Lyon, Auch, Albi, Saint-Claude, Nevers, du Puy, Orléans, Grenoble, Montpellier, Perpignan, Moulins, Vannes, qui nous ont envoyé leurs bénédictions les plus larges et leurs offrandes.

Ces débuts si heureux ont dû subir un temps d'arrêt. Depuis trois mois, la France a été témoin d'un spectacle fécond en enseignements éloquents ; il convenait de lui laisser son religieux développement ; de Metz à Loigny, et de Belfort au Mans, sur tous les points où nos soldats ont succombé pour la défense du pays, des monuments ont été érigés pour attester leur courage et affirmer les espérances immortelles qui planent sur leurs restes.

Mais ils reposent au moins sur le sol natal, et il y a, par avance, quelque honneur pour eux à être ensevelis sur la terre française... Combien sont plus à plaindre ces pauvres prisonniers, victimes ignorées du devoir, qui se sont éteints loin de la patrie et de la famille, consumés par des privations et des souffrances qu'aucune langue humaine ne peut exprimer !

Émue de ce sentiment, la Suisse elle-même, de ses propres deniers, a voulu consacrer des monuments à la mémoire des soldats français qui ont succombé sur son territoire. Comment, après cet exemple, ne ferions-nous pas notre devoir envers nos enfants abandonnés sur la terre allemande?

Non! la France ne saurait les oublier. Notre culte traditionnel pour les morts, l'amour de la patrie, notre foi à l'immortalité voudront décerner à ces chers exilés ce suprême hommage et ce patriotique souvenir.

L'œuvre est considérable; d'après les renseignements recueillis, nous avons perdu en Allemagne 20,000 soldats, dispersés dans 233 cimetières (1).

Il importe toutefois de rendre justice à qui de droit : quelque chose a été fait, et ce sera l'éternel honneur de notre armée prisonnière, d'avoir pris l'initiative dans cette œuvre de réparation et de justice. Les sentiments de générosité qui animent nos officiers et nos soldats inspirèrent à un grand nombre la pensée d'un sacrifice pour honorer la sépulture de leurs frères qui ne devaient point partager avec eux les joies du retour dans la patrie.

Certes, ils n'étaient point riches; les officiers, avec leurs 45 fr. de solde, avaient peu de chose de reste, et tout le monde connaît les misères de toutes sortes endurées par les soldats. Eh bien, ces hommes dépourvus de tout donnèrent à la France un exemple, trop ignoré, de sublime désintéressement, en prélevant sur leurs maigres ressources une obole pour laisser à leurs compagnons d'infortune un témoignage suprême de l'amitié.

C'est grâce à ces cotisations et aux souscriptions que

---

(1) Voir à l'appendice les noms des villes où nos soldats sont inhumés.

nous avons pu recueillir, que quarante-six cimetières possèdent chacun un monument funéraire. Il en reste donc cent-quatre-vingt-sept où nul signe ne marque le lieu où reposent les enfants de la France.

Notre intention est de procurer à chacun de ces cimetières un monument modeste, mais assez solide pour braver les injures du temps. Ce mausolée sera érigé au milieu de leurs tombes. Dans les localités où il n'existe point de murs d'enceinte, des fossés, des plantations d'arbres et de haies assureront le respect dû aux restes des pauvres exilés.

L'article 16 du traité de Francfort stipule une légitime protection en faveur de ces entreprises.

Mais il était important, pour le succès de l'œuvre, de constituer un comité de patronage et de direction, et de faire connaître son existence, afin d'éviter les confusions et doubles emplois résultant des efforts de quelques-uns. *Le Comité établi à Paris pour les secours spirituels de l'armée* a bien voulu accepter le patronage de cette entreprise. A sa tête se trouvent Mgr de Ségur, les généraux de Sonis, de Geslin, l'amiral Giquel des Touches; MM. Keller et Kolb-Bernard, députés; Eugène Veuillot, Roussel, de Luppé, Ravelet, etc.

Le Comité spécial de l'œuvre des tombes se compose de :

Mgr de Ségur, président d'honneur; le R. P. Joseph, missionnaire apostolique, ex-aumônier des prisonniers, président, à Lons-le-Saunier; M. Ch. Saintpierre, vice-président, à Cette (Hérault).

MEMBRES DU COMITÉ A PARIS :

MM. du Petit-Thouars, place de la Madeleine, 21; comte Anatole de Ségur, rue Bellechasse, 72; baron René de Saint-Maurice, rue Saint-Dominique, 33; Poussielgue, rue Cassette, 28.

Membres correspondants en Allemagne : Le R. P. Bigot, de la Congrégation du Saint-Esprit, ex-aumônier des prisonniers, à Marienthal, près Cologne ; le R. P. Strub, de la même congrégration, ex-aumônier des prisonniers de Mayence, à Marienstadt (Nassau) ; M. Dischinger, doyen catholique à Ulm.

En France : Mgr Deutsch du prytanée de la Flèche ; le R. P. Hermann, des Prémontrés, à Tarascon ; M. l'abbé Élie Redon, à Avignon ; M. Prou-Gaillard, rue d'Alger, à Marseille ; Mme Irénée Ginoux, à Nîmes ; M. Gabriel Caffarel aîné, à Cette ; Mme la baronne Fournas-Fabrezan, à Pouzols (Aude) ; M. Auguste de Lautrec, à Béziers ; MM. Escande frères, à Narbonne ; MM. Aubanel frères, à Avignon ; Mme Masson, à Saint-Didier ; Mme Bastet, à Orange ; Mme la baronne de Rochetaillée, présidente du comité de Saint-Étienne ; M. Barret, à Carpentras.

Trésoriers de l'œuvre :

M. Albert Roland, à Lons-le-Saulnier, (Jura) ; M. Poussielgue, rue Cassette, 28, Paris.

Cette partie de notre programme était à peine réalisée, qu'il nous arriva un encouragement inespéré. *La Société française de secours aux blessés*, qui a rendu à nos ambulances et sur les champs de bataille tant d'éminents services, avait conçu le même projet ; elle voulut couronner sa belle œuvre par un hommage aux tombes de nos captifs, et, sur la motion patriotique de M. le colonel Saladin, elle vota une somme considérable qu'elle vient de mettre gracieusement à la disposition de notre comité. Ce secours, qui donnera à nos travaux une active impulsion, méritera aux généreux donateurs la reconnaissance de tous les cœurs français.

Cet encouragement, qui garantit le succès de l'œuvre, ne doit point ralentir nos efforts. Il y a cent quat.e-vingt-sept cimetières à pourvoir d'un monument; chaque monument revient à 500 francs, non compris les frais d'appropriation ; ce qui donne un total d'environ 100,000 fr.

Et le Gouvernement? dira-t-on.— Nous répondrons que M. le ministre de la guerre est disposé à faire un sacrifice; mais il nous répugne d'ajouter cette charge à toutes celles qui pèsent si lourdement sur la patrie; puis, ne convient-il pas de laisser à l'œuvre le généreux caractère d'un hommage spontané et patriotique de la France ?

Et pourquoi le dissimuler? Lorsque l'entreprise matérielle sera accomplie, avec le double concours de *la Société de secours aux blessés* et des souscriptions, n'y aura-t-il pas autre chose à faire? Notre intention est de fonder dans chaque ville où reposent nos soldats un service anniversaire pour le repos de leurs âmes; car nous ne pouvons refuser à l'exilé ce que nous avons fait sur tous les points du pays pour le brave mort au champ d'honneur. Ce souvenir sera le meilleur et le plus efficace, et il dira éloquemment aux temps à venir la tendresse maternelle de la France pour ses enfants.

Nous adressons notre prière aux officiers de l'armée, aux familles qui pleurent un fils, aux Français qui aiment encore la patrie, enfin au concours unanime et sympathique de la presse conservatrice. Grâce aux efforts de tous, nous conduirons à bonne fin une œuvre que Mgr l'évêque d'Orléans a appelée *nationale, patriotique et digne d'être comprise et encouragée par toutes les intelligences élevées.*

Les souscriptions pourront être adressées soit à MM. les trésoriers, soit aux membres de l'œuvre.

Les listes et le compte-rendu de nos opérations seront publiés à la fin.

O vous qui avez tant aimé nos prisonniers, oublierez-vous ceux qui n'ont pas goûté les joies du retour, et dont les restes sont abandonnés sur la terre étrangère? Pour l'honneur de la France et de la foi, vous trouverez dans votre charité et votre patriotisme une dernière aumône. Nous vous la demandons au nom de ces chers morts dont le dernier soupir a été pour la France et pour Dieu. Donnez donc largement, la patrie du ciel et la patrie de la terre vous en seront reconnaissantes.

CHAPITRE XVI

LE DÉPART

L'article 6 du traité de paix signé à Versailles le 26 avril stipulait que « les prisonniers de guerre seront rendus immédiatement après la ratification des préliminaires ».

Cette disposition ne fut appliquée que partiellement.

Le crime sauvage de la Commune, qui a coûté si cher à la France, condamnait du même coup trois cents mille soldats à prolonger leur martyre dans ces affreux cachots où un grand nombre trouvèrent encore la mort... Ah! ces vies-là crieront vengeance aussi contre les parricides...

Non, nous ne pensions pas que les hommes qui eurent la scélératesse de se cacher lorsque l'ennemi était aux portes de Paris, tourneraient contre leur propre patrie des armes qui auraient dû servir pour sa défense!

Nos soldats croyaient, comme bien d'autres badauds, au patriotisme de ces fiers républicains; ils furent cruellement désillusionnés; jamais ils ne furent plus tristes : dans les ambulances, à l'église, dans les casemates, il se passait des scènes déchirantes ; jamais je n'ai tant souffert... Cette sévère leçon profita à quelques-uns, qui commencèrent à rougir du parti où ils s'étaient engagés ; car tout le monde sait jusqu'à quel point les sociétés secrètes ont exploité la faute irréparable du pouvoir déchu qui a voulu associer le soldat à la vie politique.

De pareils abus sont à peine concevables. Nous l'avons dit : le soldat est le défenseur-né du pays contre l'ennemi du dehors et le perturbateur du dedans. C'est là son unique mission. Instrument passif de l'autorité, exécuteur aveugle de sa consigne, il doit se tenir en dehors de tous les partis. Le jour où le soldat discute, il n'exécute plus, et c'est le désordre.

Les événements que nous venons de traverser en sont la preuve irréfragable. En vérité, c'était un affligeant spectacle de voir les discussions politiques de nos soldats ; chaque section était transformée en assemblée délibérante, où ils péroraient à tort et à travers, et ce n'était pas toujours le parti de l'ordre qui triomphait, mais celui des coups de poings... Il est grand temps que la discipline remplace la politique.

Ils ne tardèrent pas, nous l'avons dit, à maudire l'émeute qui prolongeait leur exil, et à flétrir ceux de leurs compagnons qui avaient passé à la Commune. Plusieurs brûlaient de rentrer en France pour sauver la patrie une seconde fois en danger.

Le 12 avril, mille quatre cents hommes furent exaucés et rapatriés ; quelques jours après, nous eûmes la douleur d'apprendre que quelques-uns avaient succombé à Neuilly...

Pauvres jeunes gens ! qui n'avaient échappé à l'exil que pour tomber sous les balles fratricides des communeux....

A la même époque, nous reçûmes à Ulm le dépôt

des prisonniers de Weingarten. Ils nous arrivèrent dans un état assez misérable ; plusieurs ne possédaient que l'unique chemise qu'ils portaient sur eux ; ils furent pourvus du nécessaire.

Chaque jour aussi, des soldats venant du fond de la Prusse traversaient la ville et sollicitaient des secours; de sorte que nos charges restèrent les mêmes.

Jusque-là tous les officiers captifs avaient pu partir ainsi que quelques soldats, *mais à leurs frais*. Tout à coup, je n'ai jamais su pourquoi, ces départs de faveur furent suspendus, et la nostalgie (1) prit, chez les demeurants, des proportions telles, que je crus devoir appeler l'attention du gouvernement sur notre triste situation.

J'en reçus la réponse suivante, que je cite avec reconnaissance ; elle appartient à l'histoire de notre captivité, et elle nous donnait des espérances.

« Le Président du conseil des ministres, chef du pouvoir exécutif, a reçu la lettre du R. P. Joseph, aumônier des prisonniers de guerre à Ulm, en date du 3 mai; il le remercie de ses sentiments patriotiques, et l'informe que sa lettre a été transmise à M. le ministre de la guerre, qui active autant que possible le rapatriement de tous les prisonniers. »

En effet, quelques jours plus tard, le 26 mai, trois mille hommes furent rapatriés ; les autres suivirent par détachements jusqu'au 14 juin ; il ne nous restait à

---

(1) Vers la fin de la captivité, une nouvelle mesure du gouvernement allemand vint augmenter les privations de nos soldats : durant un certain temps, leurs correspondances arrivaient sans frais, puis toutes furent lourdement taxées, qu'elles eussent été régulièrement affranchies ou non. Ceux qui n'avaient pas le sou étaient encore privés des lettres de leurs parents. Nous avons acquitté souvent ces ignobles taxes. Mais que faut-il penser de l'humanité d'un vainqueur qui frappe d'un impôt la dernière consolation de l'exilé : les affections de la famille...?

cette date que les blessés et les malades. C'étaient les plus malheureux.

La patrie dont ils avaient été séparés depuis si longtemps leur était enfin ouverte, et ils restaient prisonniers; il avaient assisté les larmes aux yeux au départ de leurs frères, et ils ne pouvaient pas les suivre ! « Que je suis à plaindre, mon Père, me disait un jeune poitrinaire; comment! je ne reverrai donc plus ma France? Ah! je vous en supplie, emmenez-moi toucher son sol, y respirer seulement vingt-quatre heures, et je mourrai content. »

Le pauvre jeune homme ne devait pas être exaucé, il expira le lendemain...

Ces gémissements revêtaient toutes les formes. Nous éprouvions pour ces pauvres malades la tendresse d'une mère; leur tristesse avait passé tout entière dans notre âme; il devenait évident qu'un séjour plus prolongé coûterait la vie à plusieurs; d'autre part, il s'en trouvait qui n'étaient pas transportables. Bref, à force d'instances, nous pûmes obtenir d'abord un train qui emmena les convalescents au nombre de quatre-vingt-douze. Des infirmiers et des Sœurs les accompagnèrent jusqu'à Vesoul avec des provisions de vin, sucre, chocolat, oranges, etc. Nous faisions partir les autres à mesure qu'ils étaient en état de faire la route, mais à nos frais; chaque malade recevait en outre du chocolat, du sucre, une flanelle, les linges qui lui manquaient, et de plus une somme de 10 francs, qui fut doublée pour les plus malades. Cette générosité est due à NN. SS. les archevêques de Cambrai et d'Auch, les évêques de Luçon, Vannes, Saint-Brieuc, Limoges, la Rochelle, du Puy, qui eurent l'extrême charité de nous envoyer encore au dernier moment des secours précieux, pour lesquels nous déposons ici l'expression de notre profonde reconnaissance.

Nous sommes donc heureux de pouvoir donner aux familles cette consolante assurance, que les soins les plus délicats ont été prodigués jusqu'au bout à tous ces chers malades.

Enfin, vers la fin de juin, le gouvernement d'Ulm, qui avait apporté une sollicitude réelle à ces départs, nous autorisa à emmener les plus malades. Le retour se fit par Constance, Schaffhouse et Bâle, à travers le plus beau pays du monde, au milieu de ces Suisses si religieusement hospitaliers, qui avaient déjà tant fait pour nos infortunés soldats, et dont la charité n'était point épuisée; car ils nous firent partout le meilleur accueil et nous comblèrent des soins les plus attentifs : nous ne les oublierons jamais. Nos malades en avaient besoin; plusieurs étaient très-fatigués, un poitrinaire surtout que je craignais de perdre en route. Heureusement il n'en fut rien; une halte à Bâle les reposa un peu.

Nous fûmes accueilli dans cette ville par M. de Locmaria, vice-consul de France, dont le dévouement pour tous les prisonniers pendant cette guerre est au-dessus de tout éloge.

Nous touchions à notre chère et pauvre Alsace! — Un sentiment de profonde douleur s'empara de notre âme.

Le premier objet qui nous offusqua en arrivant à Saint-Louis fut le casque pointu des Prussiens. A cette vue, un mouvement d'indignation s'empara d'un marin, vieux loup de mer, qui se tenait à peine debout : « Monsieur l'aumônier, cria-t-il, descendons pour leur donner une *raclée*.

— Mon ami, c'est trop tard, je vous engage à vous tenir tranquille. »

En effet, le moindre geste, la moindre parole, pouvaient nous causer les plus graves désagréments.

Mais combien nous ressentîmes alors les conséquences déplorables de la plus malheureuse des guerres..., qui venaient d'arracher du cœur de la France ces provinces si généreuses, si françaises, si riches en patriotisme!

On nous acclamait dans les gares de passage; les cris de : « Vive la France!—Au revoir!—A bas la Prusse!» retentissaient de toutes parts. Le train se remettait en marche, et on essuyait d'inutiles larmes...

Les Alsaciens ne se contentèrent pas de ces stériles manifestations; ils accueillaient partout nos soldats comme des frères, auxquels ils restent unis par le cœur et l'inviolable énergie de la volonté. Cela se sent. Tout l'or du Pérou et tous les supplices de la Sibérie n'y changeraient rien. L'enfant qu'on a arraché du sein de sa mère ne s'attachera jamais à une marâtre.

A Strasbourg on fit des prodiges pour bien recevoir ces chers exilés : rien ne manquait, ni le vêtement chaud, ni le tabac, ni les cigares, ni la soupe pour les valides, ni le bouillon et le vin pour les malades.

Au milieu de ces ruines, qui restent là comme une flétrissure éloquente de l'acte le plus sauvage qui ait jamais déshonoré l'histoire d'un peuple, et malgré la misère des milliers de familles qui ont tout perdu dans cette horrible catastrophe du bombardement, les Strasbourgeois ont trouvé dans leur amour pour la France une source d'aumônes toujours abondantes; le pauvre donnait dans la même mesure que le riche, et des centaines de mille prisonniers ont trouvé là, au retour, du soulagement.

L'organisation était avantageusement conçue : restaurants gratuits, traitements des blessés et des malades, logements, tout avait été préparé. Des enfants couraient joyeux au-devant de nos soldats, pour leur souhaiter la bienvenue, porter leur sac et les conduire au foyer paternel, où ils s'asseyaient comme le fils de la famille. « Ah! disaient-ils avec émotion, si nous ne sommes plus sur le territoire de France, nous sommes toujours au milieu des Français! » Ils avaient raison. Bismark arrachera à l'Alsacien le cœur et la vie plutôt que de lui enlever l'amour de la patrie perdue.

Parmi les âmes qui se sont dévouées sans limites à cette œuvre, il faut citer Mlle Ritton, personne aussi estimée qu'honorable. Elle avait l'habitude de se rendre à Kœnigshoffen pour y attendre nos prisonniers; là elle leur prodiguait tous ses soins, leur fournissait des vêtements, et ne dédaignait pas de leur faire la soupe. Tous la vénéraient comme une mère. Elle devait périr victime de son dévouement. En rentrant à Strasbourg, elle fit un faux pas et trouva la mort sous les roues du train. Toute la ville assista à ses funérailles, les femmes vêtues de noir, les hommes ayant à la boutonnière un bouquet d'immortelles, se pressaient derrière le cercueil avec tous les prisonniers présents à Strasbourg. Trois discours furent prononcés pour rendre hommage à l'héroïsme de cette sainte victime, au milieu des cris mille fois répétés de : « Vive la France! » sous les yeux impassibles des vainqueurs.

Mulhouse se distingua par la persévérance de ses efforts couronnés d'un plein succès.

On avait organisé un comité de dames et de demoiselles sous la présidence d'une femme admirable, Mme Étienne Miquey, qui porte dans son âme toutes les vertus d'une sœur de Charité, qu'elle exerce depuis longtemps au profit de toutes les infortunes. Dès trois heures du matin elles étaient à la gare, et se succédaient tout le jour pour attendre les prisonniers, auxquels elles distribuaient vivres et médicaments; elles parcouraient tous les wagons, faisaient asseoir les blessés sur les marches, et s'agenouillaient à terre quelquefois dans la boue, et pansaient leurs plaies... (1).

Anges du ciel qui avez été témoins de ces actes de sublime dévouement, portez-les au trône de Dieu, afin qu'ils soient récompensés !

Le Maître a promis qu'un verre d'eau froide donné en son nom ne resterait pas sans récompense. O Alsace ! ô Lorraine ! qui avez tiré des trésors de votre cœur ces dons généreux, la vôtre ne se fera pas attendre ; car il est impossible que la plus sainte aumône qui fut jamais ne pèse pas d'un bon poids dans la balance des miséricordes.

« Un jour sainte Hedwige implorait Jagellon en faveur de quelques Polonais ruinés et chassés de leur pays. Le prince répondit à sa royale épouse : « Ne « pleurez pas, je leur ai rendu leurs biens et leurs de- « meures. » Mais sainte Hedwige, qui était Française, trouva que ce n'était pas assez, et s'écria : « Qui leur « rendra leurs larmes »? (2)

« Eh bien ! voilà une mesure que le Ciel adoptera à votre égard : la patrie vous rendra vos biens, vos fils vous rendront la gloire, Dieu vous rendra vos aumônes et vos larmes. »

En attendant cette heure solennelle des restitutions divines, rappelez-vous que ce qui fait la nationalité de l'homme, *c'est la volonté*, non la contrainte.

Le choix de la patrie est libre comme l'amour. Si la Prusse, qui a attenté sacrilègement à votre droit, a vaincu votre pays, elle a été vaincue au fond de votre conscience ; elle a forcé vos citadelles, démoli vos rem-

---

(1) Vers la fin du rapatriement, les Prussiens, irrités de tant de patriotisme, défendirent à ces cœurs dévoués l'accès des trains de prisonniers.

(2) R. P. Caussette.

parts et vos foyers, mais elle ne s'est point emparée de vos cœurs.

Oui! disons-le à l'honneur éternel de ces populations, jamais elles n'ont été plus dignes, plus constantes, plus héroïques, que lorsqu'elles virent leurs monuments détruits, leurs habitations ruinées et le sang de leurs enfants couler à grands flots. J'ai vu les défenseurs de Strasbourg pleurer sur les cercueils de leurs fils et de leurs frères, et leur cœur rester invincible comme la mort dans l'amour de la France (1). Ils ont prouvé au monde qu'il n'y a pas assez d'engins meurtriers dans les mains des oppresseurs des peuples pour tuer dans les cœurs l'amour de la patrie, le premier et le dernier après celui de nos mères.

Voilà pourquoi la conquête de ces provinces n'est pas encore faite.

O Alsace! ô Lorraine! restez françaises par votre dignité en face du vainqueur, votre patience dans l'épreuve, votre constance dans la vertu. Dieu et la France ne vous oublieront pas!

CHAPITRE XVII

UNE ORGANISATION ESSENTIELLE DANS LA RÉORGANISATION DE L'ARMÉE

A Paris, un orateur catholique (2) disait à la France, du haut de la chaire, ces paroles :

« Chaque année vous nous envoyez quatre-vingt mille de vos enfants pour servir sous les drapeaux de la patrie. Eh bien! ces braves jeunes gens, la fleur de

---

(1) « Êtes-vous Prussien, demandait-on récemment à un Alsacien? — Jusqu'à la cheville, fit-il fièrement, ça ne montera jamais plus haut. »

(2) Mgr Freppel, évêque d'Angers.

vos campagnes et l'orgueil du pays, je ne les vois pas dans nos temples; sauf un petit nombre, ils vivent en dehors du Christ et de l'Église. »

Ce reproche, le monde chrétien tout entier nous l'adresse. Il est vrai qu'il n'y a pas au monde une armée qui soit éloignée par système, au même degré que la nôtre, de toute croyance et de toute pratique religieuse. Ni en Chine, ni au Japon, ni en Angleterre, ni en Russie, ni en Suisse, ni nulle part ailleurs, on ne rencontre ce phénomène étrange d'une armée permanente de trois cent mille hommes qui vit sans Dieu et sans foi.

Et c'est la France catholique, la fille aînée de l'Église, le bras droit de la civilisation, le missionnaire des pays idolâtres, qui offre au monde ce triste et honteux spectacle!

Comment des gouvernements qui établissent, comme axiome politique, *la liberté de conscience*, ont-ils pu sans mentir à eux-mêmes obliger despotiquement, pendant cinq à sept ans, une armée à s'abstenir de tout acte religieux?

Comment une nation a-t-elle pu tolérer cet abus énorme du pouvoir dans l'oppression de la conscience de ses enfants?

C'est un des signes les plus frappants de notre faiblesse et de notre légèreté.

Il y a là une situation immorale et scandaleuse, contre laquelle tous les hommes de cœur et de sens doivent réagir.

Nous, en sommes affligé à l'excès comme Français, comme chrétien et comme prêtre, parce que nous avons vu de nos yeux, ce que sont devenus, par l'absence de religion, le moral, la discipline de l'armée.

Qu'on le veuille ou non, c'est là la vraie, pour ne pas dire la seule cause de ses irréparables désastres.

Nous en sommes, de plus, humiliés profondément.

Il y a longtemps que nous lisions dans un journal étranger cette remarque :

« L'armée française vit sans religion et sans Dieu. Il n'y a point d'armée en Europe qui soit moins sous l'influence des principes chrétiens. On y rencontre bien, mais en petit nombre, certains officiers qui ne rougissent pas de pratiquer ; mais dans l'ensemble c'est l'indifférence et même l'hostilité contre la religion qui règnent chez elle. Des prêtres français ont eu la douleur de constater que l'irréligion et la débauche ne pénètrent dans leurs paroisses que par les militaires qui ont fini leur service (1).

« On rencontre dans cette armée un certain nombre de vieux troupiers qui ont été lavés dans toutes les eaux, excepté celle qui est propre ; qui ne se préoccupent pas plus de religion que le rationaliste pur sang, avec cette différence qu'ils ne détestent pas toujours le prêtre ; mais ils le voient passer avec indifférence, et se contentent de dire : *Il fait son métier;* dès lors ils se croient justifiés, et n'ont pas plus de considérations pour lui que pour le dernier artisan. Il en résulte qu'avec le prestige de l'autorité du prêtre disparaît toute autre autorité.

(1) J'ai été missionnaire pendant douze ans ; je n'ai pas trouvé un seul curé qui n'ait eu à gémir de ce fait malheureux que les soldats qui rentrent au foyer deviennent, pour les paroisses, une cause de démoralisation. Il faut qu'on le sache et qu'on ait le courage de le dire, afin de dissiper sur ce point, des illusions étranges : le maréchal Niel, ministre de la guerre, n'osait-il pas affirmer, en 1867, à la chambre, que *son armée était si morale que les campagnes elles-mêmes avaient besoin du retour de leurs soldats pour se moraliser!*... Et on l'a cru ; il était cependant bien facile de lui donner un démenti avec les registres des syphilitiques dans les hôpitaux, des punitions dans les casernes, et des condamnations prononcées par les conseils de guerre. Mais voilà où en était dès lors l'aveuglement qui devait, en 1870, nous précipiter dans l'abime.

« Nul homme n'est malheureux comme un conscrit qui arrive au régiment : qu'il veuille aller à l'église le dimanche, les règlements militaires s'y opposeront; qu'il désire continuer à la caserne les pratiques de son village, les anciens le persécuteront si bien, qu'il ne tardera pas à leur ressembler. Lorsque nous disons aux Français que tous nos soldats catholiques font leurs pâques, ils ont peine à le croire, tant la religion est oubliée et méconnue dans leur armée (1). »

Voilà, en toute vérité, où nous en sommes, et malgré l'évidence des malheurs soufferts et la certitude de périls nouveaux, les mieux intentionnés continuent à se bercer des plus folles illusions. On ne veut pas voir le mal où il est, ni tel qu'il est.

Lorsque, au début de cette triste campagne, on a vu nos soldats recevoir avec avidité des médailles, des chapelets, des scapulaires, des crucifix, on a dit : « Dieu soit béni, notre armée est catholique : quand on marche à l'ennemi avec de pareils sentiments on est invincible! » Et l'on se trompait. Nos soldats, qui connaissaient mieux leur fond de religion, disaient : « Nous serons battus. » Et ils ne se trompaient pas. Je le répète, cet aveu m'a révolté; mais où avaient-ils pris cet instinct?

En effet, entre le port, même respectueux, d'un objet de piété et l'accomplissement des préceptes, il y a un abîme. Dans un camp où nous exercions le saint ministère, nous avons rencontré une multitude de militaires qui étaient couverts de médailles et de scapulaires, et que nous n'avons jamais pu décider à se confesser, même la veille des batailles!

Cette aversion ne doit pas étonner. Y a-t-il dans l'arsenal des lois militaires un seul article qui protége

(1) Anzeiger von Offenburg.

cette immense question des intérêts religieux de notre armée, ou qui assure au moins *la liberté de conscience de nos soldats?* Nous n'en connaissons point.

Mais soyons juste; il s'est rencontré dans plusieurs villes des officiers supérieurs foncièrement chrétiens, qui, préoccupés de cette grave situation, facilitaient, de leur propre mouvement, à leurs subordonnés, l'accomplissement des devoirs religieux, et leur en donnaient l'exemple en assistant à une messe militaire le dimanche. Voilà de nobles exceptions.

Dans les régiments, au contraire, dont les chefs étaient rationalistes, sceptiques ou libres-penseurs, voici ce qui se passait : En semaine, le soldat était souvent libre, et ne savait que faire pour tuer le temps; mais s'il y avait une revue, une inspection, une corvée, un rapport, on choisissait toujours le dimanche; tout le monde alors était consigné jusqu'après midi, c'est-à-dire exactement pendant le temps nécessaire aux soldats pour se rendre à l'église et assister aux offices!...

C'est ainsi que pendant quarante ans, *grâce au silence de la loi*, quelques libres-penseurs ont mis sous le séquestre la conscience de trois cent mille hommes!

Quand on a voulu éloigner nos soldats des clubs, des Folies-Belleville et autres lieux, que de clameurs ont retenti dans la presse et à la tribune! Et lorsqu'on les mettait dans l'impossibilité de se rendre dans les temples, où l'on enseigne la discipline et la morale, il ne s'élevait pas une voix pour protester.

Mais la charité a des industries, et le zèle des âmes enfante des dévouements qui suppléent à l'insuffisance des lois, ou qui s'efforcent de paralyser les funestes effets d'une législation athée. C'est ainsi que pendant les vingt dernières années, qui ont été spécialement employées à démoraliser et à corrompre l'armée, des efforts héroïques ont été faits pour y introduire la religion. Dans plusieurs villes on a créé, sous le patronage des évêques, l'*Œuvre des soldats*; nous y avons coopéré; mais, soit exiguïté des ressources, soit difficultés du côté des règlements militaires ou du mauvais vouloir de certains chefs, on n'a rien fait de solide.

Que de tristes détails il y aurait à enregistrer sur les entraves venues de haut pour paralyser l'action religieuse! Que de misérables chicanes ont été suscitées au zèle le plus prudent! Ici on défendait aux militaires de fréquenter les écoles des Frères, où ils trouvaient une instruction saine et des conseils; là, de se rendre à des exercices de piété, d'aborder des maisons religieuses, où ils trouvaient des moyens préservateurs contre le vice.

Et jamais je n'ai appris que l'on eût lancé de ces interdits contre les maisons de débauche, où le soldat perd son corps et son âme, sa santé et son honneur!

L'Etat admet, il est vrai, des aumôniers dans les hôpitaux militaires. Quelle action peuvent-ils avoir? Ce qu'ils édifient pendant la maladie du soldat, est démoli le jour même de la guérison (1).

Tel est le bilan religieux de l'armée en temps de paix.

Mais voilà la guerre qui a éclaté, et le gouvernement a eu la munificence de nommer un aumônier par

---

(1) La situation de ces aumôniers est d'ailleurs si fausse, si mal définie, si mesquine sous tous les rapports, que la dignité de leurs fonctions et la liberté de leur conscience en souffrent. Témoin les articles 138, 140 et 141 du règlement des aumôniers dans les hôpitaux militaires, où même les fonctions sacerdotales sont mises en défiance par l'autorité militaire.

« Les aumôniers peuvent dire la messe; mais il ne leur a pas été toujours et partout permis d'y remplir leurs autres fonctions : les circulaires et décisions ministérielles de 1861, 1862, 1864, aux chefs de corps, etc., les chargent d'empêcher les prêtres de prêcher aux soldats et même de leur parler! »

corps d'armée (2). C'était une dérision. Il a bien montré par là que la religion n'avait jamais été pour lui *qu'une enseigne*. Il y eut des réclamations de la part de tous les catholiques; on y fit droit en admettant des aumôniers *volontaires;* tous les dévouements ne furent pas agréés; les *sérénissimes* intendants ne daignèrent accorder la faveur extraordinaire de pénétrer dans les camps, à ceux qui voulaient suivre nos soldats sur le champ de bataille, qu'en y mettant cette clause rigoureuse : *C'est à vos risques et périls : vous n'aurez ni le logement, ni la table, ni le pain de munition, et pas un sou.*

J'ai entendu cela, je n'invente rien.

Donc le service de l'aumônerie a été, comme tous les autres, à organiser au moment de la guerre et « bien des aumôniers », dit un officier supérieur, « très-bons prêtres d'ailleurs n'avaient ni les qualités ni l'habitude pour des fonctions si différentes du ministère paroissial. » Ceux qui réussissaient à souhait voyaient leur ministère entravé par le mauvais vouloir des chefs qui ne pouvaient se résoudre à voir la religion prendre possession des rangs de l'armée. Un des aumôniers avait réussi à gagner ses soldats; ils allaient se confesser, mais la présence et les discours d'un capitaine athée, paralysèrent et arrêtèrent ce généreux mouvement.

---

(2) « Parmi ces aumôniers, très-peu ont été acceptés convenablement. On a refusé de recevoir les autres. Tous en général ont rencontré une froideur, une défiance affligeantes, et n'ont été longtemps que des étrangers au milieu des troupes et de leurs chefs : de sorte que, circulant dans les camps, plusieurs y ont été arrêtés et malmenés comme espions prussiens. »

Ils étaient donc trop peu nombreux, et de plus avilis et persécutés. Qu'on juge de leur influence. Il est évident, au fond, que le gouvernement ne voulait ni religion, ni aumôniers; on en sait les résultats.

(Voir *Une Aumônerie*, par M. l'abbé Baron.)

Et pour que l'on ait une idée des difficultés que rencontraient nos prêtres, citons la lettre qu'un commandant adressait au vénérable abbé Planchat, qui a été massacré plus tard avec les otages de la rue Haxo, en récompense de son dévouement et de son inépuisable charité pour les pauvres et les ouvriers.

Monsieur,

« Je viens d'apprendre que vous avez embauché la plus grande partie de mes hommes pour aller à la messe, dimanche prochain ; j'en suis d'autant plus surpris, que je vous ai donné l'ordre formel de ne plus vous présenter dans les baraques de mon bataillon. Si j'ai un conseil à vous donner et que vous ferez très-bien de suivre, c'est de ne plus vous occuper de mes hommes et de les laisser tranquilles à leurs devoirs militaires et de ne les en détourner, sous aucun prétexte. L'ordre a été donné aux compagnies de *vous mettre à la porte chaque fois que vous vous présenterez* dans l'une d'elle. J'espère, monsieur, que cet avis vous suffira et que je n'aurai plus besoin de vous écrire à ce sujet. »

Nous n'avons pas besoin de dire que M. l'abbé Planchat répondit, comme il convenait, à cette étrange sommation. Mais de quelle triste lumière une lettre pareille n'éclaire-t-elle pas l'état moral des troupes commandées de la sorte. Est-ce donc ainsi qu'on pense obtenir le secours du Dieu des armées et exciter le soldat à faire son devoir ? Ce qui devait s'ensuivre, tout le monde le sait aujourd'hui, mais les soldats l'appréciaient eux-mêmes dès le début, car nos troupiers qui se laissent si souvent entraîner savent aussi réfléchir. L'un d'eux voyait déjà clair au lendemain de Sedan sur l'avenir de la France. « Nous avons été battus, disait-il avec l'accent d'une foi simple et profonde, c'est justice. Nous avions quitté Dieu. A son tour, il nous a abandonnés. »

Tel est le bilan religieux de l'armée en temps de guerre.

Nous ne voulons pas, dites-vous, de *cléricaux*.

Mais, de grâce, finissons-en une bonne fois avec ces mots inventés par les préjugés pour autoriser les plus mauvaises passions, et servir d'épouvantail aux esprits faibles. Si vous ne voulez pas de *cléricaux*, vous aurez des *pétroleurs* et des *communards*. Choisissez.

Les deux camps sont dessinés, l'entre-deux n'est plus tenable. Si vous vous y tenez obstinément, vous renouvelez à chaque heure pour le pays toutes les catastrophes du passé. Tandis que l'*Internationale* et les *sociétés secrètes* utilisent toutes leurs puissances pour hâter notre ruine universelle, c'est un devoir strict pour tous les conservateurs de revenir franchement aux principes qui peuvent seuls nous sauver.

Qui ne le comprendra enfin?

Et, pour l'objet présent, qu'on nous permette encore quelques réflexions.

La religion est pour l'armée une force morale dont, moins que jamais, on a le droit de la priver.

La puissance du canon et le chiffre des combattants ne sont pas tout, on l'a vu. Il faut l'obéissance passive, l'abnégation sans limites, la bravoure à toute épreuve; il faut surtout le patriotisme qu'inspirent seules les fortes convictions de la foi, avec l'antique et sublime devise de nos pères : *Pro aris et focis* (1).

Et qui mettra tout cela dans l'âme du soldat?

Un officier me disait récemment : « La salle de police! »
— C'est une mauvaise plaisanterie, lui dis-je; la salle de police n'apprend pas le catéchisme.

---

(1) Pour nos autels et nos foyers.

Vous avez la théorie, les écoles d'application, les salles d'escrime, la gymnastique, l'exercice, l'école du soldat : rien ne manque pour donner aux membres la souplesse et au tir la précision, pour former, en un mot, l'homme au *métier*.

Où est pour le soldat l'école de la conscience? L'âme, qui est le tout de la vie et de l'homme, n'est-elle plus rien chez lui?

Et si elle est quelque chose, pendant les cinq années où le fils de nos campagnes est séquestré dans vos casernes, qui lui enseigne la morale, l'obéissance aux règlements, la crainte de Dieu, sanction de toute discipline, la *sobriété*, la *chasteté*, l'*amour du devoir*?

Vous ajouterez peut-être « à la salle de police » les ordres du jour, l'espoir des récompenses ou de l'avancement.

Mais depuis quand ces moyens d'émulation ou de terreur remplacent-ils la conscience?

Et, permettez-moi de vous le dire, vous n'avez ni mission ni grâce d'état, pour faire ce grand œuvre que Dieu a réservé exclusivement à son Église et à son sacerdoce.

Il y a pour l'armée les droits imprescriptibles de la conscience, qu'on ne doit pas violer impunément.

La loi, en France, est assez large pour toutes les autres classes de citoyens. Chaque diocèse possède son évêque, chaque paroisse son curé, chaque lycée son aumônier; il n'y a pas de prison qui n'ait au moins un prêtre pour les détenus. Et en vertu de quel droit et de quel principe a-t-on mis le soldat *hors du droit commun?*

On ne lui marchande pas le pain de munition, on lui donne la solde, on pourvoit à son fourniment : pourquoi lui refuse-t-on le pain de l'âme? Le jeune homme enlevé à son clocher pour défendre les intérêts de la patrie n'est-il pas digne, comme tout autre citoyen, d'avoir un prêtre qui s'occupe de lui, qui lui fournisse les moyens de se préserver de la licence des camps, de pratiquer sa religion et de sauver son âme?

La plus simple équité exige que ce droit soit respecté. On objectera que « des militaires verront cette innovation de mauvais œil ». Ceux-là resteront *libres-penseurs*, si bon leur semble. Ce n'est pas une raison pour priver de leurs droits ceux qui ont la foi, et qui veulent la conserver.

Il y a enfin un vœu légitime des familles, qui demande satisfaction (1).

De toutes parts, chaque jour, pour ne pas dire à chaque heure, des pères, des mères de famille manifestent des inquiétudes sur le sort de leurs fils devenus soldats ; l'isolement où ils les savent de tous secours religieux change souvent ces inquiétudes en tourments. Cela se conçoit : les familles qui livrent pour la défense de la patrie, avec leurs fils, toutes les joies du foyer, toutes les espérances de l'avenir, n'ont-elles pas le droit d'exiger qu'ils rapportent au village la foi et les bonnes mœurs de la jeunesse?

Que de lettres nous pourrions citer qui reflètent ces vérités !

« Plaignez une pauvre mère, m'écrivait-on un jour, qui a consacré vingt ans à faire de son fils un honnête homme et un bon chrétien ; depuis que mon pauvre enfant nous a quittés, il a abandonné la religion et les sacrements ; il s'est livré à tous les désordres des camps ; en un mot, il n'est plus le même, et j'en suis

---

(1) C'est en considération des familles arabes qu'on a donné un *taleb* ou *marabout* aux tirailleurs algériens en garnison à Paris. Pourquoi les familles catholiques n'auraient-elles pas droit à la même consolation? Et d'où vient, enfin, que les seuls chrétiens soient réduits constamment à une si déplorable infériorité?

inconsolable. Mais puisqu'en Allemagne du moins nos soldats ont des aumôniers qui s'occupent d'eux, je vous supplie d'attirer à vous mon fils, de le ramener à des sentiments meilleurs, d'être son père pour l'âme, comme vous l'avez été pour les soins du corps. Je vous en serai éternellement reconnaissante. »

C'est pour mettre fin à cette triste situation que des pères de famille ont signé la pétition que l'on va lire, et l'ont envoyée à l'Assemblée nationale (1). Elle résume toute cette grave question.

« Messieurs les représentants,

« La réorganisation de l'armée préoccupe tous les esprits en France; mais elle est pour nous, *pères de famille*, l'objet de préoccupations plus vives; elle alarme nos cœurs, elle alarme encore plus nos consciences, par la perspective des dangers moraux que la religion seule peut conjurer, et que, dans tous les cas, elle devrait être appelée à combattre.

« C'est au prix de soins et de sacrifices incessants

(1) Nous venons de lire le texte de la nouvelle loi sur la réorganisation de l'armée : les justes réclamations de tous les honnêtes gens, les pétitions innombrables qui ont été signées et envoyées à la commission, les observations judicieuses d'un grand nombre d'officiers supérieurs et les sévères leçons du passé n'ont pu décider nos légistes à placer dans la nouvelle loi ce titre : *les aumôneries dans l'armée.*

Nous le déplorons amèrement. Mais nous voulons espérer encore qu'une loi spéciale viendra statuer sur une mesure *qui est une question de vie ou de mort pour la patrie et pour l'armée.* Non ! il ne sera pas dit que toute notre jeunesse appelée en masse, désormais, sous les drapeaux continuera, comme par le passé, à être privée de Dieu, de l'Évangile et des pratiques chrétiennes. Les législateurs n'ont pas le droit de violer, à ce point, *la liberté de conscience,* chez des hommes qui sont la grande force vitale du pays ; à tout *vrai* français d'agir vigoureusement par tout moyen que la loi met en son pouvoir; sinon l'horrible menace qui retentit depuis deux ans sur nos têtes : *Finis galliae,* deviendra une désespérante réalité.

que nous élevons nos familles à l'abri du vice et de l'irréligion ; l'État doit continuer notre œuvre dès qu'il substitue son autorité à la nôtre en nous prenant nos enfants ; il doit nous accorder pour eux des garanties morales et religieuses. Ces garanties n'existent pas aujourd'hui : c'est à vous, Messieurs, de nous les préparer et de nous les assurer par une *loi spéciale*.

« Dans l'organisation militaire, tout est réglé pour le service matériel ; mais les intérêts moraux et religieux semblent systématiquement oubliés : personne dans l'armée n'est chargé de les représenter et de les défendre. *Seule en Europe la France ne tient nul compte de la conscience du soldat*, seule elle prive ses troupes d'une *aumônerie régulière* en temps ordinaire.

« Aussi que deviennent les soldats ?

« Enlevés à la sollicitude de leurs parents à l'âge où la violence des passions rendrait si nécessaire la sauvegarde de la famille, jetés au milieu du désordre des camps et des garnisons, privés de l'enseignement et des secours religieux, ils s'usent trop souvent dans la débauche, et ne rapportent rien à leur retour que l'habitude et la contagion du vice.

« Si la loi nouvelle ne tient pas compte de cette situation, la jeunesse française, appelée tout entière sous les drapeaux, sera en grande partie perdue de mœurs et de santé, et l'armée, au lieu d'être le salut du pays, en sera la perte inévitable.

« Vous êtes aussi intéressés que nous, Messieurs les représentants, à prévenir ce malheur ; faites une loi protectrice qui assure la liberté religieuse de nos soldats, en organisant un service d'aumônerie, à poste fixe en temps de paix, et mobilisable en temps de guerre, et établissez ce service avec les conditions et avec l'appui, le crédit et la protection nécessaires à son efficacité dans toute l'armée.

« Cette loi, nous la réclamons *comme pères de famille*, nous la réclamons au nom de la liberté religieuse de nos enfants, au nom de nos devoirs de pères, au nom de la justice et de l'intérêt du pays.

« La France, humiliée, mutilée, a droit à de grands sacrifices : nous sommes prêts à les faire ; nous sommes prêts, s'il le faut, à donner le sang de nos enfants et notre propre sang ; mais il est un sacrifice que le pays ne peut pas demander et que nul n'a le droit d'accorder : c'est le sacrifice de la conscience et de la foi. »

Cette grave question appelle l'attention la plus sérieuse du gouvernement ; et puisqu'il s'agit de la réorganisation de l'armée, il est indispensable d'y introduire la religion par les *aumôneries régulières*.

Certes, nous ne voudrions rien emprunter à ceux qui ont été nos ennemis. Cependant il faudra bien tenir compte de leur organisation dans notre future loi militaire.

Eh bien ! chez eux, au point de vue religieux, il n'y a rien à désirer. A la tête de l'armée se trouve l'aumônier en chef, qui est évêque *(Feldprobst)* ; chaque ville de garnison a son aumônier militaire ; en temps de guerre, on désigne toujours des aumôniers auxiliaires pour chaque régiment, afin que le service religieux ne manque nulle part. En temps de paix, tous les militaires assistent à une messe le dimanche et entendent la parole de Dieu. Ainsi ils sont maintenus dans la pratique du devoir, et quand le temps pascal arrive, ils vont au confessionnal et communient ensemble. Nul ne les force à ces actes solennels, qu'ils accomplissent avec piété, avec foi, naturellement, parce qu'ils y sont préparés et en sentent le besoin. Tout le monde en France a été frappé de cette attitude (1).

(1) On lit dans *le Français* :
« Les troupes, surtout badoises, wurtembergeoises et polonaises,

Pendant la captivité, nos soldats eux-mêmes furent saisis d'étonnement en voyant les militaires allemands s'approcher en masse de la table sainte ; sur mille hommes, il n'y avait pas 10 abstentions ! Tous priaient avec foi et piété ; leur attitude religieuse contrastait douloureusement avec celle de nos hommes.

Là, chaque conscrit reçoit son *Manuel de prières*, en même temps que son fourniment. Les princes inscrivent cet objet à leur liste civile et j'ai vu la reine de Wurtemberg, quoique protestante, faire des envois considérables de livres de prières pour les soldats catholiques de son royaume.

C'est pour atteindre ce but que nous avons fait réimprimer notre manuel du soldat. Il est d'une extrême importance que chaque troupier ait le sien. Le soldat qui n'a pas de Manuel ne prie plus, ni à l'église, ni ailleurs, et si on veut lui apprendre à tenir bravement son fusil, il faut avant tout qu'il sache tenir son livre de prières (1).

renferment beaucoup de catholiques. Quand Versailles a dix mille hommes de garnison française, on ne voit pas autant de soldats le dimanche, avec cette piété et cette simplicité !... En France, quand un soldat va à la messe, il fait souvent un acte tout bonnement héroïque, à cause de l'impiété et des sarcasmes de ses camarades. Pour eux, c'est tout simple. — On se sent remué profondément en s'agenouillant à la même messe, au milieu de ces hommes recueillis, pieux et qu'il faut combattre : « Eux ne sont pas nos vrais ennemis, » comme disait l'autre jour un artilleur polonais, qui m'avait abordé par ces premiers mots : « Êtes-vous catholique ? moi je le suis... » — « Vos vrais ennemis, que Dieu les voie et les juge ! »

» Chaque dimanche, à Notre-Dame, les Prussiens ont fait dire une messe à laquelle on n'assiste que librement. Dimanche dernier, il y avait là environ mille soldats, presque tous d'aspect pieux et recueilli ; la messe dite par un de leurs aumôniers était servie par deux d'entre eux ; le petit orgue fort bien tenu par l'un d'eux.... C'était un grand spectacle. »

(1) Ce manuel de 160 pages se trouve chez M. Cattier, libraire, à Tours. Le cent relié, ne coûte que 20 francs.

Qu'on me permette de citer, à l'appui, les nobles paroles de M. le major Coste.

« Relever l'armée par la discipline et le service obligatoire pour tous, c'est très-bien, la discipline est la première vertu du soldat, elle marche après le courage. Quand tout citoyen sera obligé de servir son pays, les armes seront en honneur. Mais cela ne suffit pas ; il faut de plus moraliser l'armée, il faut faire revivre dans ses rangs les principes religieux qui sont la base de tout édifice social. Nous aurons beau imiter nos ennemis dans leur organisation militaire, dans la perfection de l'armement, nous n'obtiendrons pas le but, si nous n'attaquons résolument le mal qui nous ronge : *Le matérialisme*. Comme chez nos ennemis, il faut qu'il soit question de Dieu dans nos régiments, dans nos casernes, dans notre vie militaire.

« Écoutez ce que j'ai vu au mois d'octobre dernier. J'étais à Metz : un dimanche, je me promenais humilié, la rage dans le cœur, sur la place d'armes devant le poste jadis occupé par des soldats français. Tout à coup j'entends des pas cadencés résonner sur le pavé de la rue des Clercs et de la rue des Jardins. C'étaient des bataillons prussiens conduits par des officiers qui se rendaient à la cathédrale. Poussé par la curiosité, j'entre après eux. La messe commence. Eh bien ! on ne le croira pas chez nous, chaque soldat tenait un livre et lisait religieusement. Les livres se ressemblaient tous. Comme j'en manifestais l'étonnement, on me répondit : quand un conscrit entre au corps, l'État lui fournit un livre de messe, voilà pourquoi ces livres se ressemblent comme se ressemblent le casque et le pantalon, que lui délivre le capitaine d'habillement.

« L'aumônier fit un discours de dix minutes ou d'un quart d'heure. Ne connaissant pas sa langue, je n'y compris rien, mais je suis persuadé qu'il leur prêcha l'obéissance aux chefs, la sobriété, la valeur, la discipline, l'amour de la patrie allemande.

« Je sortis en me rappelant les victoires de ces soldats et les paroles de Gustave Adolphe : « Les meilleurs chrétiens sont les meilleurs soldats. »

« Je sais qu'il faut un certain courage au milieu de notre indifférentisme, pour oser signaler les sentiments religieux comme un des meilleurs moyens de réorganisation militaire. Ce courage, je veux l'avoir ; faites de ma lettre l'usage que vous jugerez convenable. »

Et puisqu'on tient tant à copier l'armée allemande, que la nôtre ne soit pas traitée plus mal au point de vue religieux. Nous demandons :

1° Que dans chaque ville de garnison il y ait un aumônier militaire désigné par l'évêque ;

2° Que tous les dimanches et fêtes il y ait une messe, avec instruction, où les soldats seront conduits en corps, mais jamais sous les armes. Que tous aient le temps et la liberté nécessaires pour y assister ;

3° Que pendant le temps pascal, tous les soldats aient également la liberté pour accomplir leur devoir et assister aux exercices qui seraient jugés nécessaires pour les préparer à le faire dignement (1) ;

4° Que l'aumônier militaire ait la faculté d'établir, en temps libre, des réunions utiles ou agréables, pour soustraire les soldats qui voudront s'y rendre aux désastreux effets de la débauche ;

5° Qu'en temps de guerre il y ait des aumôniers en nombre suffisant pour assurer le service religieux dans tous les camps (2).

(1) Plus favorisés jusqu'ici, les militaires israélites obtenaient tous les ans à Pâques huit jours entiers pour leurs pratiques religieuses ; et *nos soldats catholiques n'obtenaient même pas de pouvoir aller à la messe le jour de Pâques.*

(2) Voir à l'*Appendice* une lettre très-judicieuse, d'un officier sur l'organisation des aumôneries.

Il faut que ces dispositions soient prises *par une loi*, sinon on ne fera rien de solide ni de durable.

Nous disons par une loi. En voici la raison :

A Paris et dans quelques autres villes, les autorités supérieures ont autorisé à nouveau le service religieux militaire. Eh bien, le mauvais vouloir de quelques chefs suffit pour paralyser ces mesures intelligentes et réparatrices : à l'heure fixée pour l'office, ils convoquent leurs soldats à des revues, appels, etc., qui pourraient être retardés sans inconvénient ; il m'est arrivé, à Paris, d'avoir à célébrer la sainte Messe le dimanche, devant une dizaine d'hommes, les autres étaient sous les armes. Il faut ajouter que la bonne volonté des meilleurs commandants est souvent entravée par l'ordre du Ministre de la guerre *qui prescrit une revue tous les dimanches* : or, quelle que soit l'heure, l'astiquement préalable, les préparatifs du fourniment enlèvent au soldat tout son temps.

Il est donc défendu au militaire chrétien, de par le règlement, d'accomplir ses devoirs de religion, et c'est, je le répète, une violation *légale de la liberté de conscience!* Il est vrai que M. le général de Cissey, ministre de la guerre, dont les dispositions personnelles sont excellentes, pourrait remédier au mal par ce seul mot : « Dorénavant la revue hebdomadaire se fera le lundi. »

Mais son successeur aura toujours le droit d'abroger cet ordre. Et comme c'est le règlement qui mène tout, alors même que tous les ministres le maintiendraient, il sera toujours au pouvoir du premier officier *athée* venu de l'éluder ou d'en anéantir les effets, parce qu'il n'y aura pas les garanties de la loi.

« Cependant, écrit un officier supérieur, il est fort important pour l'armée que le gouvernement donne la liberté à des œuvres militaires qui consistent en une messe le dimanche, des instructions spéciales, retraites et réunions, où les soldats trouvent des jeux, des livres, de bons exemples et de bonnes paroles.

« Que voulez vous qu'ils deviennent si vous ne leur mettez rien dans la tête, ni dans le cœur?

« Vous leur devez le repos complet du dimanche et vous vous ménagerez, en le leur donnant, un moyen de répression bien puissant : car vous pourrez priver de cette liberté ceux qui en abuseront ou qui auront fait des fautes graves pendant la semaine.

« On dira que le dimanche est le seul jour où l'on puisse passer des revues et que l'on n'a pas trop de la semaine pour faire travailler les hommes. Je me contenterai pour toute réponse de citer cette parole si philosophique et si complétement justifiée par l'expérience : « *Vanum est vobis ante lucem surgere : surgite* « *postquam sederitis.....* » Le reste est de l'agitation presque sans fruit. Éclairez vos hommes, faites-les asseoir moralement et ils vous donneront, par suite du développement de leur intelligence et par leur bonne volonté, ce que vous n'obtiendriez jamais d'eux en les faisant travailler cinquante jours de plus par an. »

« Dans tous les cas, en observant la loi du dimanche, vous vous conformez à l'ordre et vous donnez à vos hommes un exemple de respect religieux qui, soyez-en certain, ne sera pas perdu. »

On objectera la question budgétaire?

Nous ne demandons ni salaire, ni traitement, ni gratification ; il ne manquera pas de prêtres dans tous les diocèses, qui se dévoueront volontiers à cette œuvre de salut social. Il ne faut que la *liberté* pour eux d'exercer leur ministère, et la facilité pour le soldat d'y correspondre. — Est-ce trop?

En ce temps, où la pluspart des libertés sont octroyées jusqu'à la licence, n'y aura-t-il pas enfin l'éclosion de celle-là?

Nous l'affirmons hautement : des œuvres militaires dirigées par des prêtres *zélés, prudents, capables* (1), contribueraient plus efficacement à la rénovation morale et disciplinaire de l'armée que tous les réglements et toutes les salles de police. Elle seule peut maintenir dans le soldat, avec la conscience, la notion du juste et de l'injuste, sans quoi rien ne se fait; lui inspirer le sentiment du devoir, la dignité de l'état militaire, si honteusement avilie, et lui procurer enfin des moyens efficaces pour en exercer toutes les vertus.

En 1859 je prêchais une retraite de quinze jours dans la caserne de Babylone à Paris; chaque soir, après souper, je donnais une instruction, à laquelle assistaient mille à quinze cents hommes ; elle produisit les résultats les plus heureux, entre autres la confirmation d'une centaine de militaires, donnée solennellement par S. Em. Mgr le cardinal Morlot, de sainte mémoire. Quand tout fut terminé, le colonel me fit adresser des remercîments. « J'aurais voulu, disait-il, que ces exercices pussent continuer : pendant toute leur durée, je n'ai pas eu de punitions à infliger, *jamais la conduite de mes hommes n'a été meilleure.* »

Oui, malgré tout, notre armée est accessible encore aux sentiments religieux : les commandants allemands eux-mêmes lui ont rendu cette justice; qu'on me permette de citer leur témoignage :

« L'action infatigable de Votre Révérence, m'écrivait le général-gouverneur d'Ulm, dans les hôpitaux et dans les camps, a été accompagnée des résultats les plus riches en bénédictions de toutes sortes, *et a produit très-visiblement l'influence la plus heureuse sur l'esprit*

---

(1) Tous les hommes compétents savent que la direction des militaires est une des œuvres les plus ardues. Voilà pourquoi le choix des aumôniers doit être fait par les évêques; mais leur nomination peut être réservée au ministre de la guerre.

de discipline et la bonne conduite de presque tous les prisonniers de guerre. »

Le colonel commandant le dépôt de nos soldats m'écrivait, de son côté, le jour de mon départ :

« Je suis pressé depuis longtemps de vous adresser mes chaleureux et profonds remercîments pour les fatigues inouïes que vous avez supportées, et le dévouement sans bornes qui vous a gagné la volonté et le cœur de vos soldats. Par là vous nous avez épargné bien des peines, et vous nous avez facilité d'une façon visible la charge si pénible d'un pareil commandement. »

Un commandant des forts qui, ainsi que nous l'avons dit plus haut, avait été un vrai père pour nos captifs, m'adressait la lettre suivante :

« Je vous remercie de tout ce que vous avez fait pour les prisonniers de guerre de la première compagnie du fort 12 ; car c'est vous seul qui m'avez secondé et soutenu dans mes pénibles fonctions. D'une bande démoralisée, qui n'avait plus la moindre notion de la discipline militaire, et qu'on ne pouvait ramener que par des sévérités excessives, vous avez su faire des hommes honnêtes, avec le seul ascendant de la religion. Grâce à vous ils ont aussi pu faire l'expérience que la religion, qui forme à la vertu, a pu seule les aider à supporter le terrible coup qui les a frappés, ainsi que la belle France, leur patrie. J'espère que cette leçon les rendra plus fidèles à la religion, et qu'elle restera gravée dans leurs cœurs, *qui avaient été séduits par des doctrines déplorables, mais non complètement gâtés.* »

Cette dernière appréciation, si juste, parce qu'elle est désintéressée, résume tout ce livre.

« Leurs cœurs ont été séduits par des doctrines déplorables, » nul n'en peut douter ; c'est une cause de nos infortunes, et le sujet de nos éternelles douleurs.

« Mais ils ne sont pas complètement gâtés ; » donc

il y a chez eux un germe de vie qui, s'il est fécondé, peut en faire à nouveau les premiers soldats du monde : et c'est le fondement de nos plus chères espérances !

La main sur la conscience, à cette heure la plus solennelle de notre histoire, voulez-vous que les principes immoraux qui ont *séduit* notre armée achèvent de la corrompre : dans ce cas il suffit de l'abandonner au souffle délétère des sociétés secrètes, de la mauvaise presse et du cabaret. Alors vous n'aurez plus d'armée. C'est le vœu de la révolution, qui ne peut vivre, à l'exemple du César déchu, que par l'ignoble maxime : « Corrompre pour régner; » elle sait trop bien que le jour où elle sera en présence d'une armée disciplinée par la foi et les bonnes mœurs, son règne sera fini.

Voulez-vous cette armée-là digne de la France, et capable de nous sauver? Travaillez à extirper de celle qui existe les germes malfaisants qui l'ont corrompue déjà si profondément, et rendez-lui le Christ, l'Évangile et les pratiques chrétiennes.

Alors la patrie retrouvera la gloire, et le monde aura la paix.

Sinon, les mêmes principes amèneront fatalement les mêmes conséquences. La vie de Capoue, continuée comme par le passé, préparera un nouveau Sedan, et il ne nous restera plus qu'une pierre sépulcrale.

Aux hommes qui portent dans leur cœur le culte de la patrie, de conjurer ce malheur ! Jamais but plus noble n'a été proposé à leurs efforts.

ÉPILOGUE

Notre tâche est finie.

Nous avons essayé de raconter, dans leur naturelle simplicité, les joies et les douleurs de notre captivité. Heureux si nous avons pu payer un tribut de reconnaissance à nos chers bienfaiteurs, aux généreux consolateurs de nos infortunes.

Nous avons aussi rempli un devoir. Notre conscience se refusait d'ensevelir dans l'obscurité les actes qui attestent, chez quelques-uns de nos soldats, les vertus inspirées par la foi, le dévouement et le patriotisme. Mais nous ne pouvions pas, sans trahir les intérêts les plus sérieux de l'armée, laisser ignorer les profondes plaies creusées dans son sein par l'irréligion, l'impiété, l'indifférence, avec leurs suites inévitables, qui sont : l'indiscipline, l'ivrognerie, la débauche, sous leurs formes hideuses et multiples.

En conséquence, nous avons demandé pour les bons des garanties de persévérance dans le bien, et pour les égarés un moyen de préservation et de retour à des principes meilleurs, par l'indispensable institution *des aumôneries régulières* dans toute l'armée. Il y a un an, nous n'aurions pas osé insister à ce point ; mais aujourd'hui l'expérience, éclairée encore par de cruelles et douloureuses réalités, nous force à le crier sur les toits. Et nous conjurons toutes les voix *restées françaises* de nous faire écho. « Il y va de la justice et de la liberté : deux choses pour lesquelles le fidèle doit combattre jusqu'à l'effusion du sang (1). »

(1) *Duo sunt, justitia et libertas, pro quibus quisque fidelis usque ad sanguinem stare debeat.*   (Pierre de Blois.)

Nous demandons pour le soldat, qui ne cesse pas d'être homme et chrétien, parce qu'il porte un uniforme : *la liberté de prier, la messe le dimanche et la parole de Dieu, la facilité d'accomplir le devoir pascal.*

La liberté de prier, parce que la prière est le trait d'union nécessaire entre l'âme et Dieu, et qu'il n'y a pas de religion sans prière.

La messe et la parole de Dieu, parce que l'homme qui n'entend que des conseils corrupteurs, qui l'excitent au vice et à l'indiscipline, a besoin d'un contre-poison; sinon sa conscience s'abâtardit, et disparaît pour faire place aux plus mauvais instincts.

L'accomplissement du devoir pascal, c'est-à-dire la confession et la communion : la confession, parce que l'homme qui tombe a besoin de se relever aux yeux de Dieu et de sa conscience ; s'il ne se confesse pas au prêtre, il finira par se confesser aux juges, sur le banc des criminels ; et cette confession ne guérit rien ; elle avilit et ne relève pas. — La communion, parce que l'homme est faible, et qu'il ne peut trouver la vie de la vertu que dans son union avec le Rédempteur par l'eucharistie. Sans ce sacrement il n'y a plus de catholicisme ; il n'y a même plus de christianisme, et, ce qui le prouve mieux que tous les arguments, c'est que ceux qui ont cessé de faire leurs pâques ne pratiquent plus aucun acte de religion. L'homme qui ne mange plus, ne travaille plus, et l'âme qui ne communie point, n'est pas capable des labeurs de la vertu.

Quelles que soient les appréciations humaines, nous demandons, pour nos soldats, la facilité d'accomplir ces grands et nobles devoirs, parce que Dieu l'ordonne, et qu'il y a d'immenses inconvénients à mépriser des préceptes qui reposent sur l'autorité de Dieu, base et sanction de toute autre autorité.

Je prie mes chers soldats d'Ulm et autres lieux allemands, dont j'ai partagé pendant neuf mois la captivité, de garder dans leur cœur les conseils qu'ils y ont reçus. Ils trouveront, dans leur accomplissement, des garanties infaillibles de prospérité, et un gage certain de gloire et d'invincible bravoure.

Et si ces lignes leur tombent sous les yeux, je tiens à ce qu'ils sachent que leur aumônier les a aimés toujours et qu'il ne les oubliera jamais. Chaque matin, je porte leur souvenir au saint autel, et il en sera ainsi jusqu'à mon dernier soupir. Entre eux et moi, ce sera « à la vie et à la mort », et si je suis assez heureux pour en rencontrer encore quelques-uns ici-bas, ils me retrouveront avec le même dévouement à leurs intérêts, avec les mêmes tendresses pour leurs âmes et les mêmes bénédictions pour leur bonheur.

Mais ces lignes n'ont pas été écrites seulement pour nos soldats : tous, ce me semble, y puiseront un enseignement. Ce serait une grave erreur de croire que l'armée seule peut sauver le pays. S'endormir dans cet espoir est plus qu'une faute, c'est un crime.

Frappés indistinctement et universellement dans notre grandeur nationale, dans nos affections, nos familles et nos biens, en un mot, solidaires dans des malheurs communs, nous devons l'être dans l'œuvre de notre régénération sociale. La tâche est assez vaste; chacun doit y avoir sa part; quiconque cherche à s'y soustraire est un renégat envers la patrie.

Nous sommes en présence d'associations formidables : *la Franc-maçonnerie, la Commune, l'Internationale*. Leur drapeau, c'est la révolution, c'est-à-dire la ruine de la religion, de la famille, de la propriété; leur mot d'ordre, c'est le mensonge de Satan : *Vous serez comme des dieux;* leur puissance, c'est l'audace.

Ces ennemis-là sont mille fois plus dangereux que

les Prussiens, qui n'en veulent qu'à nos richesses et à notre grandeur nationale, tandis qu'eux conspirent contre la vie même de la patrie.

Nous n'eussions jamais pensé que ces parricides oseraient lever la tête, après l'incendie de Paris et le massacre des otages... et les voilà plus arrogants, plus entreprenants que jamais.

Leur audace est plus grande encore que leurs crimes: lisez leurs journaux; considérez leurs démarches dans nos villes et nos paisibles campagnes; et ne nous appelez pas des alarmistes.

Mais, en face de ces infamies, il est un spectacle plus navrant : c'est celui de l'incurie et de l'indifférence des honnêtes gens.

Tous ont à remplir les devoirs les plus importants; très-peu ont le courage de secouer leur apathie et de combattre leur égoïsme.

Les uns disent : « A quoi bon ! nous ne serons jamais les maîtres. »

Les autres : « Je voudrais pouvoir réaliser ma fortune et aller sous un autre ciel chercher la tranquillité et la paix. »

Les pessimistes enfin : « Nous serons châtiés encore, ce n'est pas fini, la France est perdue. »

Subjugués par ces prétextes puérils, ils se retranchent dans leur *moi;* les élections arrivent, ils vont à leurs affaires, à leurs plaisirs : « On votera bien sans moi, » disent-ils, et ils ne se trompent pas; le lendemain, à leur réveil, ils apprennent que la liste *des rouges* a passé, grâce à cinquante mille abstentions *du parti de l'ordre.*

Est-ce assez triste? Quand, dans un siècle, l'histoire redira ces choses, nul ne les voudra croire.

D'une part, des flots d'énergumènes, de déclassés, d'imbéciles qui ne savent même plus ce qu'ils veulent;

d'autre part, des gens raisonnables, divisés sur les idées les plus fondamentales, et n'ayant plus, au milieu de ce chaos, la juste notion du mal et du bien. La soif de destruction chez les uns, l'indifférence et le doute chez les autres, voilà nos forces vives.

Et pendant ce temps, le vautour s'apprête à achever sa proie.

« La deuxième et décisive invasion prédite par tous ceux qui jugent les faits au flambeau de l'histoire débordera sur nous, et, cette fois avec la complicité de l'Europe, lasse de cette seconde Pologne aussi insensée que la première, nous serons bien et véritablement morcelés. Alors la Meuse et la Saône borneront à l'ouest le nouvel empire de Lothaire et l'Allemagne donnera à la Belgique et à l'Angleterre nos provinces du nord en échange du Rhin, que son ambition est de posséder tout entier. « Consultez certaines cartes allemandes ; le futur empire du milieu y est indiqué par la dénomination tudesque des villes. Je ne sais ce que, dans cet arrangement, deviendraient les pays au delà de la Loire ; mais ceux de la Garonne, du Gard, de l'Hérault et des Bouches-du-Rhône verraient sans doute d'assez près le bâton prussien pour regretter de n'avoir pas su vivre avec leurs compatriotes français (1). »

(1) Il y a quelques semaines, toute la presse française reproduisait la description suivante d'une lithographie qui venait alors d'être publiée en Allemagne :

Un soldat allemand, appuyé sur une arène à demi démolie et sur laquelle on lit : *France*, regarde se battre entre eux de petits groupes sur les drapeaux desquels sont écrits les noms de « Monarchie, Empire, République, Socialisme et Pétrole. »

Le soldat tient de la main gauche une carte déployée, et, de la main droite, il désigne les provinces de la Franche-Comté et de la Bresse, teintées comme l'Alsace et la Lorraine. — La Saône porte la devise : «] Limites de la France. » Une banderole qui s'échappe des lèvres du Prussien dit : « Courage, enfants, dévorez-vous les uns

Le *Journal de Lyon* qui cite ces lignes n'exagère rien ; ces cartes qui annoncent le démembrement de la patrie française, je les ai vues..... « C'est insensé ! » dira-t-on : fort bien ; mais qui conjurera ce malheur ? Ce ne sont pas ces puissances qu'une politique insensée a séparées de nous ; ce ne sont pas ces français dont le patriotisme s'arrête à la porte de leur usine, de leur magasin, ou à la limite de leur champ ! Et ce n'est pas le révolutionnaire qui rêve la république cosmopolite !

Mais le prussien ne dresse pas seulement des cartes ; il écrit des journaux, et ici encore j'ai lu. Voici le sommaire de quelques articles : « L'Allemagne a une population exubérante et un sol stérile ou insuffisant ; la France a une population insuffisante et un sol fécond et exubérant ; rétablissons l'équilibre ; annexons-la, et, au lieu de déverser nos enfants dans les deux Amériques nous les implanterons dans cette nouvelle terre promise. »

Il y a là des vérités qu'il serait coupable de dissimuler : l'égoïsme, le matérialisme, l'abandon des pratiques et des principes religieux ont frappé chez nous le mariage de stérilité.

Comment, au jour de l'invasion, la famille française, qui n'a qu'un fils défendra-t-elle son foyer contre l'envahisseur qui en possède huit ou dix ?

Tel est l'état où nous a réduit le mépris de toutes les lois naturelles et divines.

Et malgré ces douloureux pronostics, nous disons hardiment aux peureux, aux indifférents et aux

---

les autres ; quand il sera temps, c'est moi qui me chargerai d'être le juge du camp et de régler vos comptes. »

Nous oublions si vite que ce souvenir n'est pas inutile à évoquer en ce moment. Il y a des leçons salutaires à recueillir partout, même du crayon d'un ennemi.

égoïstes : « O hommes de peu de foi! non, la France n'est pas perdue : il ne tient qu'à vous de la tirer de l'abîme.

Les honnêtes gens sont, sans contredit, les plus nombreux : on ne leur demande pas de *l'audace*, mais de *l'activité* dans *le simple usage de leurs droits de citoyens*; on leur demande surtout *l'union* sur ce terrain commun : « le salut de la patrie », où doivent expirer les divisions politiques et les dissentiments des partis.

Ceux qui auront trouvé dans leur cœur ce courage seront les sauveurs de la France.

Ce n'est pas tout, il faut relever ses ruines; ses ruines morales surtout, et pour construire il faut des fondements. Or l'historien Plutarque a dit : « Qu'il est plus facile de bâtir une ville dans les airs que de fonder un État sans religion. » Il n'y a plus à discuter ce point; tout le monde, amis et ennemis, les uns par leur zèle, les autres par leur acharnement implacable conviennent, à cette heure, que la religion est éminemment un principe d'ordre; et ceux qui ont le simple bon sens, mais qui restent indifférents, doivent comprendre qu'elle est notre dernière planche de salut.

L'attaquer présentement ou encourager par des applaudissements ceux qui la battent en brèche, par leurs paroles et leurs écrits, c'est s'enrôler dans les bataillons des *communards*, c'est faire leur œuvre, c'est commettre un crime de lèse-nation.

Mais il ne suffit point de ne pas l'attaquer, il ne suffit même pas de la respecter. Autre temps, autres devoirs; ceux qui étaient insouciants, sur ce point, ne peuvent plus l'être. Il faut *pratiquer* ses enseignements et ses préceptes, il faut prêcher d'exemple.

Eh bien! nos églises, autrefois toujours vides, se remplissent-elles? Non; car nous venons de constater, avec une indicible douleur, que, malgré nos hontes et nos désastres, dans les départements encore occupés, on ne voit guère aux églises, le dimanche, que les Prussiens! Le peuple n'est donc pas corrigé. A quoi faut-il attribuer cette obstination aveugle ? Selon nous, à une cause surtout : l'irréligion des classes bourgeoises.

Aussi longtemps que les *fonctionnaires,* les *patrons* et les *propriétaires,* c'est-à-dire ceux qui tiennent entre leurs mains les intérêts de l'ordre, de l'industrie et de l'agriculture, continueront de scandaliser l'ouvrier des villes et des champs par leur systématique et hautaine abstention des pratiques religieuses, rien ne sera fait. S'ils s'obstinent encore à abandonner la religion au peuple, comme une chose méprisable ou tout au plus bonne pour lui, le peuple continuera à la mépriser, et on verra de nouveau ce dont est capable un peuple sans religion (1). Ce sera le dernier cataclysme, et il n'y aura plus de remède, parce que l'espoir sera perdu.

Ceux qui auront assez de grandeur d'âme et de caractère pour montrer, par leurs exemples, aux travailleurs, le chemin de l'église et des sacrements, seront les régénérateurs de la patrie.

Cette gloire est assez belle pour être méritée.

O vous qui compromettez encore une fois le pays par des abstentions qui sont des lâchetés, et par des in-

---

(1) L'hypocrite Voltaire avait compris cette nécessité, chez les classes élevées, de payer d'exemple : « Je ne dois point omettre, écrivait-il, que nous allons à la messe de paroisse le dimanche ; nous devons l'exemple au peuple et nous le donnnons. » — Et un jour que les encyclopédistes tournaient en ridicule la religion, à table, devant ses domestiques : « Je vous prie, dit-il, de garder le silence devant ces gens-là ; car s'ils tiraient des conclusions de vos principes, rien ne les empêcherait de m'assassiner et de me voler cette nuit. »

différences qui sont des crimes, trêve à tous vos préjugés et à toutes vos haines !

Et puisque notre bien-aimée patrie peut être sauvée encore une fois des ruines de la guerre et des périls des révolutions, épargnez-lui une épreuve suprême. Pour la guérir de tous les maux, « mettez une bonne fois au-dessus de vos intérêts les principes, au-dessus de toutes choses l'amour... L'esprit de parti, à certaines heures, peut détruire les empires, l'amour peut les retirer de l'abîme.

« Un poëte polonais a composé, pour son infortunée patrie, un apologue touchant que je propose aux méditations des Français (1).

« Une femme étant tombée en léthargie, son fils appela des médecins.

« Je la traiterai suivant la méthode de Brown, dit l'un; les autres répondaient : Qu'elle meure plutôt que d'être traitée suivant Brown.

« Je la traiterai suivant la méthode d'Hahnemann, dit le second ; les autres répondirent : «Qu'elle meure plutôt que d'être guérie par Hahnemann. »

« Alors le fils s'écria, dans son désespoir : « Ma mère ! » A la voix de son fils, la femme se réveilla et elle fut guérie.

« Soyons donc des fils et non pas des médecins; laissons crier nos cœurs, et les pierres elles-mêmes nous répondront !

« Chacun de nous a dans son âme, la mesure des frontières à venir. Plus vous agrandirez vos âmes, plus vous agrandirez les limites et l'avenir de la patrie. »

« Ainsi les poëtes comme la foi, les voix du ciel et de

---

(1) R. P. Caussette.

la terre tiennent à la France le même langage: « Si elle n'a pas plus de médecins que de véritables fils, elle se réveillera.

« Et si elle se confie encore plus à Dieu qu'à ses fils elle sera sauvée. »

FIN

APPENDICE

N° 1

Un compte-rendu détaillé de toutes nos opérations ayant été publié, dans les premières éditions, nous indiquons seulement ici les noms de nos principaux bienfaiteurs qui ont acquis des droits impérissables à la reconnaissance de l'armée et de la patrie.

S. A. R. Mme la princesse Clémentine d'Orléans. S. A. R. Mgr le duc d'Aumale. S. Em. Mgr le cardinal-archevêque de Bordeaux.

NN. SS. les archevêques et évêques d'Auch; de Cambrai; d'Albi; de Saint-Claude; de Belley; de Luçon; de Poitiers; de la Rochelle; de Nevers; de Rodez; de Vannes; du Puy; d'Angers, (mandats particuliers exclusivement destinés à ses diocésains); de Beauvais; de Grenoble; de Limoges; Mgr Mermillod, président du comité de Genève; Mgr de Ségur et Mgr Deutsch. MM. Michel, rédacteur en chef de l'*Union franccomtoise* à Besançon, souscriptions de ce journal; Perdonnet, trésorier du comité de Lausanne; Saint-Pierre, président du comité de Cette; Mme la maréchale Canrobert; MM^{mes} la princesse de Wolfegg, la baronne de Bonnault, à Villegenon (Cher); Tascher de la Pagerie; MM. de la Nicóllière (comité des beaux-arts de Nantes); du Petit-Thouars; le comte d'Arco-Valey; Robert de Loisy, à Genève; de Saint-Yon, à Lausanne; Alphonse Disbach de Rosière; Bachofen-Mérieu (Bâle); le major Reichstadt, à Ulm; Berthoud, artiste peintre à Interlaken (Suisse); l'abbé Bonnel, comité de Lyon; Loyson, président du comité de Lyon ; Tricot, de Montcornet (Aisne); Saglio, de Strasbourg; la *Gazette du Midi*, à Marseille ; le R. P. Dreveton, comité de Grenoble ; Paris, chef de bataillon ; Émile Paris, comité de Moscou ; Culty, de Lyon (mandats particuliers) ; l'abbé Cornet, prêtre de Saint-Sulpice ; l'abbé Barberon, curé de Manthelan ; l'abbé Delarue, curé de Crésancy (Cher) ; l'abbé Auvrelles, curé d'Orsennes (Indre); Mme la comtesse de Zeppelin; quelques personnes de Delle (Haut-Rhin); Tinbrinck, fabricant à Arlen (Baden); l'abbé Belmont (Lyon); l'abbé Lienhart, de Strasbourg ; Coulon, médecin, à Château-Chinon (Nièvre); Mlle Pascaud, à Orsennes; l'abbé Pagard, vicaire de Laon ; Mlles Lange, de Strasbourg; l'abbé Bénard; Mlle la comtesse Jeanne de Nicolaï; Mlles Corbin de Bellecour, à Caen (Calvados); M. Miquey, à Mulhouse; Mme Baumer, à Lyon; Mme Lasserre; Mme Millou; Orphelines de Versoix et d'Altstaetten; comité de Lille; M. Auguste Gérin, du comité de Saint-Étienne; comité de Haguenau, etc.

Les recettes en numéraire se sont élevées à 102,243,29. Les dépenses ont atteint un chiffre égal à celui des recettes. Nous avons acheté 42,972 objets de vêtements de toute nature; le reste a été distribué en argent, ou employé au soulagement des blessés et des malades.

Les dons en nature en destination d'Ulm, Neu-Ulm et autres villes allemandes peuvent être évalués à 200,000 fr. Il a donc été distribué, par notre intermédiaire, à nos soldats, pour plus de 300,000 fr. de secours.

Notre sollicitude ne s'est pas bornée à Ulm; chaque fois que des besoins exceptionnels nous étaient signalés ailleurs; nous nous efforcions d'y porter remède. Nous avons dirigé des secours sur toutes les villes allemandes. Au plus fort de l'hiver, il y a eu peu de jours où nous n'ayons pas envoyé des paquets à des militaires internés dans des dépôts étrangers aux nôtres.

Au commencement, il fallut payer les droits pour tous les dons en nature de provenance française : injustice criante; puisque, en distribuant des secours à nos soldats, nous déchargions les administrations allemandes d'un devoir strict.

Heureusement on le comprit, et, en novembre, Berlin exempta de l'impôt tous les objets destinés à nos malades.

Nous ne pouvons que déplorer la mesure que quelques départements ont cru devoir prendre, en envoyant des secours exclusivement pour ceux qui en étaient originaires. Elle compliqua notre tâche et nous créa des tourments inimaginables; elle excita des jalousies regrettables, car tous les prisonniers croyaient avoir les mêmes droits, et, comme nous ne pouvions les satisfaire, ils déversaient sur nous toute leur bile. Si nous avions pu prévoir tout ce qui en est résulté, nous n'aurions jamais accepté d'offrandes à ces conditions. De plus, on peut se convaincre par ce compte-rendu que, sauf un petit nombre, *les départements occupés par l'ennemi ne nous ont rien envoyé.* Eh bien, si tous ceux qui nous ont voulu secourir y avaient mis cette partialité, les deux tiers de nos prisonniers auraient souffert horriblement. Si la charité ne connaît pas de frontières, cela devrait être vrai, surtout pour les fils d'une même patrie. Égaux par le malheur et les privations, ils avaient droit à un soulagement équitable. C'est ce qui n'a pas eu lieu, grâce à cette distinction *départementale*.

APPENDICE N° 2

NOMS DES VILLES ALLEMANDES OU NOS SOLDATS ONT ÉTÉ INTERNÉS

(Cimetières qui possèdent un monument.)

Koenigsberg, Thorn, Marienburg, Munich, Stettin, Krekow, Altdamm, Stralsund, Colberg, Nekermunde, Cottbus, Wittenberg, Neustadt, Prenzlau, Magdeburg, Dessau, Heiligenstadt, Quandlinburg, Stendal, Tangermünde, Weissenfels, Glogau, Breslau, Neisse, Cosel, Glatz, Coblenz, Cologne (1), Schwerin, Wismar, Mayence, Friedberg, Minden, Düsseldorf, Munster, Lechfeld, Ulm, Neü-Ulm, Weingarten, Rastatt, Torgau, Dillingen, Wesel, Francfort-sur-Oder, Ludwisburg, Hoen-Asperg, Kempten.

(Cimetières qui possèdent un signe quelconque consistant en croix de bois, ou tablettes numérotées et où il faudra ériger un monument.)

Pillau, Labbes, Coslin, Stlop, Schlawe, Landsberg, Merseburg, Sonderhausen, Schleswig, Lokstadter-heide, Parchim, Hanovre, Papenburg, Northorn, Braunschweig, Darmstadt, Eisenach, Dantzig, Graudentz, Memel, Swiemünde.

(Cimetières qui ne possèdent aucun monument ni signe quelconque.)

Augsburg, Altemburg, Ansbach, Aachen, Altona, Achersleben, Arrsdorf, Anklam, Arolsen, Bielfeld, Birrersborn, Bonn, Baireuth, Burghausen, Bremen, Bischofsburg, Bramberg, Barein, Brieg, Breuthen, Bükow, Brandenburg,

---

(1) Deux cimetières, un seul possède un monument.

Berlin, Bendorf, Caisrune, Crefeld, Custrin, Cassel, Castel, Coswig, Caditz, Dresden, Durlesbach, Deutz, Dortmund, Dreisigaker, Dietz, Erfurt, Eichstaedt, Ellwangen, Emden, Emmelen, Essenbach, Edenkoben, Ehren-Breitstein, Edgem Leben, Friburg, Frenswegen, Friedland, Finz, Francfort-sur-Mein, Friedrichsfeld, Freising, Greifswald, Germersheim, Gremberg, Grivenbrauch, Gotha, Gorlitz, Greitz, Gera, Gartenfeld, Gross-Gerau, Gmünd, Haslach, Hanau, Halberstadt, Herdeke, Hagen, Haukenfer, Haren, Hamburg, Hildesheim, Hadmerslon, Hof, Halle, Hersfeld, Ingolstadt, Ichtershausen, Iülich, Iserlhon, Iüterbok, Intersburg, Kreutznach, Krempten, Kœnigstein, Kœnigshorst, Korbisdorf, Korlin, Lubek, Landshut, Lichtenfels, Lingen, Lochtadt, Luneburg, Laudsdorf, Liegnitz, Leipsik, Ludwigslust, Langensalza, Lauchstaedt, Lichtenfels, Mannheim, Mergentheim, Mayen, Marienberg, Meiningen, Marburg, Mülheim, Moritzburg, Naumburg, Nuremberg, Neuburg, Nordhausen, Neu-Strelitz, Naket, Oldenburg, Oberingelheim, Offenbach, Osnabruck, Oppeln, Osternohte, Passau, Paderborn, Posen, Parsevalk, Papiau, Reidt, Regensburg, Rins, Rendsburg, Ratibor, Reuss, Ronneburg, Riesa, Rostok, Riedolstatt, Raditz, Stuttgard, Speier, Straubing, Siegburg, Steele, Segeberg, Schafstedt, Stade, Soltau, Soest, Schneidemühe, Schweidnitz, Saint-Adelhaide, Sorau, Sommerfeld, Sagau, Spandau, Trosdorf, Tilsitt, Trier, Tantow, Uelzen, Uébigau, Weissenschirmbach, Woelklingen, Waldek, Wallendar, Wallerstaedt, Wriezen, Waslach, Wiesbaden, Wildbad, Wurtzburg, Wilden, Wahn, Weidenau, Witzlar, Zittau.

N. B. — Grâce aux dons de la *Société française de secours aux blessés* et aux souscriptions de nos amis, une centaine de monuments sont en voie d'exécution, dans les cimetières de ces ville; des arbres et des haies sont plantés pour assurer le respect aux restes des pauvres exilés. Nous supplions la charité française de ne pas nous délaisser, et avant peu il ne restera plus sur la terre étrangère une seule tombe privée de ce témoignage de piété et d'amour offert par la patrie !

APPENDICE N° 3

Nous recommandons à l'attention du lecteur la lettre suivante. Elle est remarquable par sa modération et son sens pratique, et prouve, une fois de plus, combien nos officiers eux-mêmes sentent le vide causé dans l'armée par l'absence de la religion.

Mon Révérend Père,

Vous voulez bien me demander mon avis sur deux questions qui préoccupent beaucoup de catholiques français en ce moment de réorganisation de notre armée, savoir la question des aumôniers militaires, et l'opportunité d'un service religieux obligatoire pour les soldats.

Je ne désire point le retour des aumôniers de régiment. Quiconque a vécu plusieurs années dans l'armée sent comme moi, que l'apostolat d'un aumônier habituellement attaché au corps et le suivant partout, vivant familièrement avec les officiers et devenant bientôt l'objet des plaisanteries et des farces du troupier, serait bien peu efficace : tout au plus exercerait-il quelqu'action sur une vingtaine d'enfants de troupe, dont l'instruction chrétienne lui serait confiée.

Je pense toutefois qu'il faut en finir avec la situation actuelle.

Au mois de juillet de l'année dernière, l'armée française est entrée en campagne *sans aumôniers*. Un ordre du jour nous promit un aumônier par régiment ; mais comme on avait attendu, pour organiser un service aussi important, que la guerre eut éclaté, on fut surpris par la rapidité des événements et les secours religieux *arrivèrent trop tard*. J'ignore ce qui s'est passé à Wissembourg et à Reischshoffen, mais je sais que des milliers de blessés et de mourants sont restés sur le champ de bataille de Forbach sans les consolations de la religion. Je me souviendrai toujours de cette nuit du 6 au 7 août, dans laquelle j'ai vu des infirmiers, des chirurgiens se multiplier pour prodiguer les secours matériels aux blessés, parmi lesquels j'étais, mais je n'ai pas aperçu un seul prêtre; *des mourants l'appelaient et pas de réponse.*

C'est un fait grave; et sans perdre notre temps en récriminations stériles, il faut aviser au remède.

S'il y a une leçon qui ressort clairement de la campagne 1870, c'est qu'il faut se préparer d'avance dans les derniers détails, et ne rien réserver au dernier moment. On ne fut pas prêt à temps; nous l'avons remarqué pour la question de l'aumônerie militaire. Il aurait fallu préparer en temps de paix un nombre d'aumôneries suffisantes, qui aurait pu, dès le premier jour de l'ouverture des hostilités, accompagner nos soldats sur les champs de bataille.

Je disais tout-à-l'heure qu'il n'était pas désirable qu'on ressuscitât les anciens aumôniers de régiment. Mais une institution excellente à tous égards, ce serait celle des aumôniers de garnison. A chaque chef-lieu de subdivision militaire serait attaché un ecclésiastique, qu'on pourrait appeler aumônier de brigade. On sait que presque tous nos chefs-lieux de subdivision sont de grandes garnisons, où l'action d'un aumônier s'exercerait au moins sur un régiment.

Une pareille institution tiendrait prête, pour le jour de l'ouverture d'une campagne, un cadre d'aumôniers presque suffisant, et qu'il serait facile de compléter au dernier moment par des aumôniers volontaires, fournis soit par le clergé séculier soit par les corporations religieuses.

J'arrive à la seconde question, celle du service religieux en temps de paix. Le retour du service religieux obligatoire, tel qu'il était pratiqué sous la Restauration, ne me paraît pas plus désirable que l'institution des aumôniers du régiment : on ne manquerait pas de crier à l'intolérance, et le mot de *billet de confession* serait de nouveau dans toutes les bouches; il y a bon nombre d'officiers qui croient encore à cette fable.

N'y aura-t-il donc plus de messe militaire? J'ai vu en Algérie une pratique qui me paraît tout concilier. Chaque dimanche un faible détachement de troupe en armes se rend à l'église et assiste à l'office divin, célébré spécialement pour la garnison. Hormis ce détachement qui rend les honneurs pendant le saint sacrifice, tous les militaires sont libres de venir ou non à l'église : aucune revue, aucun appel, aucun service n'a lieu pendant ce temps. Voilà la messe militaire telle qu'elle se célèbre en Algérie; et il serait à désirer qu'elle fût instituée dans toutes nos villes de garnison. Nos soldats ne seraient plus éloignés de l'église par le respect humain, ce terrible respect humain, qui enchaîne les meilleures volontés, dans l'armée plus que dans le reste de la société. La présence à l'église d'un détachement commandé, pour rendre les honneurs, suffirait, comme on dit, pour rompre la glace.

Ainsi pour me résumer, institution d'aumôniers de garnison dans tous les chefs-lieux militaires, et célébration d'une messe à laquelle chaque dimanche les troupes viendraient assister librement, mais à laquelle la présence d'un détachement en armes donnerait un caractère militaire : voilà les deux réformes que me paraît réclamer le service religieux jusqu'ici trop négligé dans notre armée. Puissent tous les hommes religieux en France réunir leurs efforts pour obtenir du gouvernement qu'en ce temps de réformes et de réorganisation il s'occupât sérieusement des intérêts religieux de l'armée !

Daignez agréer, mon révérend père, l'hommage de mon respect et de mon dévouement.

Un officier de l'armée.

LISTE NÉCROLOGIQUE

DES PRISONNIERS DÉCÉDÉS A ULM, EN 1870-71 (1)

PAR ORDRE ALPHABÉTIQUE

Aberjoux, Aimable, de Privas (Ardèche), soldat au 37e de ligne; 10 octobre 1870, — typhus.

Ahmed-ben-Djelali, de Constantine, soldat au 1er régiment de tirailleurs algériens; 8 mars 1871, — pneumonie.

Allié, Victor, d'Aingeray (Meurthe), soldat au 25e de ligne; 21 septembre 1870, — pneumonie.

Alvine, Victor, de..... soldat au 24e de ligne; 30 septembre 1870, — typhus.

Amont, Jean, de....... soldat au 99e de ligne; 22 décembre 1870, — typhus.

Andoin, Pierre, de Saint-Pierre-Montlimard (Maine-et-Loire), soldat au 11e d'artillerie; 2 avril 1871, — pneumonie.

André, Ferdinand, de..... soldat au 2e régiment d'infanterie de marine; 15 octobre 1870, — typhus.

Anjou, François, de..... soldat au 1er régiment de grenadiers de l'ex-garde; 27 décembre 1870, — typhus.

Anjoux, Joseph, de Troyes (Aube), soldat au 13e bataillon de chasseurs à pied; 27 août 1870, — blessure.

Antz, Hubert, de Fegersheim (Bas-Rhin), caporal au 13e régiment d'infanterie de marine; 4 octobre 1870, — pyamie.

Arageonet, Jean-Marie, d'Ourdis (Hautes-Pyrénées), tambour au 33e de ligne; 25 octobre 1870, — typhus.

Artex, Charles, de Mont-de-Marsan (Landes), soldat au 72e de ligne; 25 janvier 1871, — pneumonie.

---

1) Les familles qui désirent des renseignements peuvent s'adresser au R. P. Joseph, aumônier militaire, à Lons-le-Saulnier (Jura).

Assiet, Jean, de Beaumont (Haute-Garonne), soldat au 72ᵉ de ligne; 14 octobre 1870, — typhus.

Astenay, Thomas, de Poullan (Finistère), soldat au 40ᵉ de ligne; 9 mars 1871, — pneumonie.

Aubry, Pierre, de Lancieux (Côtes-du-Nord), soldat au 24ᵉ de ligne; 30 janvier 1870, — inflammation des reins.

Augeard, Ferdinand, de..... soldat au 57ᵉ de ligne; 18 septembre 1870, — pneumonie.

Aumèze, François, de Louarguat (Côtes-du-Nord), soldat au 8ᵉ de ligne; 21 octobre 1870, — typhus.

Argin-ben-Amar, d'Alger, 3ᵉ tirailleurs algériens; 19 février 1871, — pneumonie.

Baradot, Henri, de Saint-Florent-des-Bois (Vendée), 58ᵉ de ligne; 10 février 1871, — pneumonie.

Barbaroux, François, de Grasse (Alpes-Maritimes), 22ᵉ de ligne; 21 mai 1871, — typhus.

Barbier, Jules, de..... 61ᵉ de ligne; 19 septembre 1870, — pneumonie.

Baron, Pierre-Marie, de Guilly (Loire-Inférieure), 2ᵉ régiment de grenadiers de l'ex-garde; 26 décembre 1870, — typhus.

Barre, Isaac, de Vivonne (Vienne), 2ᵉ régiment d'infanterie de marine; 7 janvier 1871, — typhus.

Barthon, Pierre, de..... (Ardennes), garde mobile; 16 décembre 1870, — typhus.

Basquand, Joseph, de Montjoie (Ariége), 2ᵉ zouaves; 25 mai 1871, — phthisie.

Baudesson, Georges, d'Issy-le-Bourg (Aisne), garde mobile; 19 février 1871, — fièvre scarlatine.

Bautin, Pierre, de Lemoing (Vienne), 2ᵉ régiment d'infanterie de marine; 15 octobre 1870, — typhus.

Beaumont, Albert, de Vanville-Bologne (Calvados), 62ᵉ de ligne; 7 février 1871, — pneumonie.

Beauvais, Nicolas, de Tolvain (Meurthe), 1ᵉʳ régiment de grenadiers de l'ex-garde; 19 février 1871, — typhus.

Bécard, Léon, de Valenciennes (Nord), 9ᵉ d'artillerie; 7 octobre 1870, — typhus.

APPENDICE

Belin, Symphorien, de Montarlot (Haute-Saône), 65e de ligne ; 5 janvier 1871, — typhus.

Bellemin, Marc-Antoine, de Marcieu (Isère), 3e régiment d'infanterie de marine ; 25 décembre 1870, — typhus.

Béranger, Ernest, de Saint-Pierre-de-Cormeilles (Eure), 71e de ligne ; 21 février 1871, typhus.

Béreaud, Pierre, de Serves (Drôme), 2e régiment de grenadiers ; 30 janvier 1871, — pneumonie.

Berly, Antoine, de..... 99e de ligne ; 9 septembre 1870, — blessure.

Bernard, François, de Auchisson (Vienne), 2e régiment d'infanterie de marine ; 9 octobre 1870, — typhus.

Berton, Joseph, d'Eyguières (Bouches-du-Rhône), 64e de ligne ; 30 janvier 1871, — pneumonie et catarrhe.

Bertrand..... de Beaumont (Aisne), soldat au 8e de ligne ; 11 octobre 1870, — typhus.

Berthon, Gilbert, de Champlet (Allier), 58e de ligne ; 6 mars 1871, — pneumonie.

Besse, Jacques, d'Eymoutiers (Haute-Vienne), 89e de ligne ; 10 février 1871, — typhus.

Besse............... 89e de ligne ; 19 septembre 1870, — pneumonie.

Bille, Alexandre, de..... 8e de ligne ; 21 octobre 1870, — typhus.

Bisch, Louis, d'Obernai (Bas-Rhin), 1er lanciers ; 14 janvier 1871, — pneumonie.

Bisson, Jacques, de Saint-Cyr-du-Gault (Loir-et-Cher), 50e de ligne ; 28 novembre 1870, — typhus.

Bissonnier, Jean, de Les Bas-de-Briousse (Nièvre), 2e régiment d'infanterie de marine ; 9 janvier 1871, — typhus.

Bivard, Justin, de Luzoles (Sarthe), train des équipages ; 25 octobre 1870, — typhus.

Blamard, Eugène, d'Amiens (Somme), 1er régiment de grenadiers ; 29 décembre 1870, — typhus.

Boccaron, Maurice, de Gilette (Alpes-Maritimes), 96e de ligne ; 2 février 1871, — diphthérisie.

Boisseau, Alphonse, de Cléry (Loiret), 24e de ligne ; 17 décembre 1870, — typhus.

Bordeloy, Jean, de Decienne (Haute-Vienne), 14ᵉ chasseurs à pied; 1ᵉʳ octobre 1870, — typhus.

Bossard, François, de Luitré (Ille-et-Vilaine), 59ᵉ de ligne; 17 mars 1871, — pneumonie.

Boulicault, Philibert, de Cormot (Côte-d'Or), 2ᵉ régiment d'infanterie de marine; 20 octobre 1870, — typhus.

Bourdalès, Joseph, de Bidache (Basses-Pyrénées), 72ᵉ de ligne; 1ᵉʳ mars 1871, — pneumonie.

Bourson, Victor, de la Croix (Oise), 58ᵉ de ligne; 2 avril 1871, — pneumonie.

Bourton, Émile, de Bœseghem (Nord), 57ᵉ de ligne; 30 septembre 1870, — pyamie.

Bouson, Théodore, de Couriet (Sarthe), 57ᵉ de ligne; 10 février 1871, — pneumonie.

Bouard, François, de Ploumilliau (Côtes-du-Nord), 2ᵉ régiment d'infanterie de marine; 11 janvier 1871, — pneumonie.

Breton, Auguste, de Bar-sur-Aube (Aube), 8ᵉ de ligne; 30 octobre 1870, — typhus.

Brian, Jean, de Monbazillac (Dordogne), 89ᵉ de ligne; 26 décembre 1870, — pneumonie.

Briant, Louis, de.... 20ᵉ de ligne; 29 octobre 1870, — typhus.

Brisson, Jean-Baptiste-Pierre, de..... 96ᵉ de ligne; 10 novembre 1870, — typhus.

Brossy, Jean-Louis, de Saveyraud (Loire), 9ᵉ de ligne; 4 octobre 1870, — typhus.

Broussie, Joseph, de Plounérin (Côtes-du-Nord), 24ᵉ de ligne; 9 février 1871, — typhus.

Bruère, Alexandre, de Beaumont (Indre-et-Loire), 1ᵉʳ hussards; 17 janvier 1871, — décomposition du sang.

Brun, Charles, de Toulon (Var), 3ᵉ régiment du génie; 27 décembre 1870, — typhus.

Brunet, Martial, de..... 79ᵉ de ligne; 9 décembre 1870, — typhus.

Brunot, Jules, de Connerré (Sarthe), 79ᵉ de ligne; 15 décembre 1870, — apoplexie.

Bruyant, Louis-Joseph, de Febvin-Palfart (Pas-de-Calais), 62ᵉ de ligne; 7 octobre 1870, — typhus.

APPENDICE

Budin, Edgard, de Bazoches (Loiret), 3e régiment d'infanterie de marine; 19 décembre 1870, — typhus.

Buy, Louis, d'Ouzilly (Vienne), 2e régiment d'infanterie de marine; 29 septembre 1870, — typhus.

Bouche, Jean-Baptiste, de..... 7e d'artillerie; 5 octobre 1870, — typhus.

Bourdet, Simon, de Vellexon (Haute-Saône), 11e de ligne; 9 mai 1871, — pneumonie.

Calais, Jean, de Genac (Dordogne), 22e de ligne; 2 mars 1871, — pneumonie.

Cardon, Alphonse, de Rondfroid (Somme), 29e de ligne; 16 février 1871, pneumonie.

Carré, Louis, de Mouthiers (Yonne), 2e régiment d'infanterie de marine; 12 décembre 1870, — typhus.

Carrion, Trudy, de Roucoux (Finistère), 43e de ligne; 2 janvier 1871, — péripneumonie.

Cartier, Joseph, de Précigné (Maine-et-Loire), 79e de ligne; 21 octobre 1870, — typhus.

Chabron, Jean-Louis, de Rouillac (Côtes-du-Nord), 24e de ligne; 21 octobre 1870, — typhus.

Chalaye, Augustin, de.... 82e de ligne; 28 oct. 1870, — typhus.

Chardon, François, de..... 22e de ligne; 22 janvier 1871, — pneumonie.

Chargeley, Louis, de..... 74e de ligne; 18 septembre 1870, — pyamie.

Chatelus, Émile, de Lyon (Rhône), 1er régiment des grenadiers de l'ex-garde; 27 janvier 1871, — pneumonie.

Chauterlot, Jules, de Beaumont (Ardennes), 8e de ligne; 22 octobre 1870, — typhus.

Chauvois, Ambroise, de Bouchery (Manche), 34e de ligne; 22 septembre 1870, — typhus.

Cheminaud, Isidore, de Tracy (Yonne), 64e de ligne; 31 décembre 1870, — pneumonie.

Chevalier, Auguste, de Maulan (Meuse), 64e de ligne; 23 octobre 1870, — typhus.

Chevret, Arsène, de Ompont (Mayenne), 14e de ligne; 20 décembre 1870, — palpitations.

Claude, Claude, de Saint-Côme (Gironde), 31ᵉ de ligne 20 avril 1870, — pneumonie.

Colard, Claude, de Mornon (Nièvre), 47ᵉ de ligne; 28 novembre 1870, — typhus.

Coqueux, Julien-Pierre, de Saint-Erblon (Ille-et-Vilaine), 2ᵉ régiment d'infanterie de marine; 12 janvier 1871, — typhus.

Coullet, Auguste, de Meysse (Ardèche), 2ᵉ régiment des grenadiers de l'ex-garde; 23 décembre 1870,—pneumonie.

Coupel, Louis, de Lambercourt (Somme), 64ᵉ de ligne; 24 septembre 1870, — typhus.

Crolt, Charles, de..... 78ᵉ de ligne; 19 septembre 1870, — pyamie.

Campmas, Antoine-Casimir, de Taix, (Tarn), 99ᵉ de ligne; 7 juin 1871, — phthisie.

Chambre, Léon, de Saint-Dié (Vosges) caporal, 51ᵉ de ligne; 9 janvier 1871, — pneumonie.

Chazal, Charles, de Saint-Sauveur-de-Cruzières (Ardèche), 62ᵉ de ligne; 16 mars 1871, — pneumonie.

Dauviller, Jean, de Joinville (Orne), 61ᵉ de ligne; 13 octobre 1870, — typhus.

Deaumis, Jean, de Pouligny (Indre), 17ᵉ de ligne; 22 janvier 1871, — pneumonie.

Delahaye, Alphonse, de Saint-Pierre-du-Val (Eure), 62ᵉ de ligne; 12 octobre 1870, — typhus.

Delaire, Joseph, de Saint-Martial..... 64ᵉ de ligne; 4 octobre 1870, — typhus.

Delisse ou Lisse, Auguste, de la Coudre (Deux-Sèvres), 94ᵉ de ligne; 22 septembre 1870, — dyssenterie.

Delivet, Eugène, de Montmarel (Oise), caporal au 20ᵉ de ligne; 31 octobre 1870, — typhus.

Demonfout, Jean, de Tarare (Rhône), 2ᵉ régiment d'infanterie de marine; 31 octobre 1870, — typhus.

Derachinois, Louis, maréchal des logis, de Neucheran (Nord) 14 octobre 1870, — typhus.

Dobmin ou Dobnik, Édouard-Ferdinand, de Saint-Quentin (Aisne), 54ᵉ de ligne; 5 janvier 1871, — péripneumonie.

APPENDICE

Dogesse, Jean, de Biganos (Gironde), 2ᵉ régiment d'infanterie de marine ; 4 octobre 1870, — typhus.

Dorcier, Jean-Marie, brigadier au 6ᵉ d'artillerie, de..... 28 octobre 1870, — typhus.

Doucet, Antoine, de Santa-Maria-Sicche (Corse), 12ᵉ de ligne ; 28 septembre 1870, — pyamie.

Drouot, Camille, de Bayon (Meurthe), 24ᵉ de ligne ; 6 octobre 1870, — typhus.

Dubois, Louis, de Mézières (Ardennes), soldat au 20ᵉ de ligne ; 6 novembre 1870, — typhus.

Dubois, Jules-Ernest, de Château-Gontier (Mayenne), 2ᵉ de ligne 19 décembre 1870, — apoplexie.

Duchet, Étienne, de Montbrison (Loire), 18ᵉ de ligne ; 30 octobre 1870, — typhus.

Duhamel, Robert, de Paris, 3ᵉ régiment d'infanterie de marine ; 4 novembre 1870, — typhus.

Dumont, Louis, de Lamnie (Nord), 71ᵉ de ligne ; 20 novembre 1870, — typhus.

Dumont, Pierre, de Saint-Fort-de-Nantes (Corrèze), 2ᵉ train d'artillerie ; 5 janvier 1871. — Pneumonie.

Dupey, Marius, d'Avignon (Vaucluse), 32ᵉ de ligne ; 10 novembre 1870, — typhus.

Dupont, Élie, d'Agec (Pas-de-Calais), 1ᵉʳ grenadiers de l'ex-garde ; 15 décembre 1870, — pneumonie.

Dupont, Mathieu, de Meysse (Rhône), 3ᵉ grenadiers de l'ex-garde ; 15 décembre 1870, — typhus.

Dupont, Auguste, de Fresnes (Orne), 29ᵉ de ligne ; 8 mars 1871, — pneumonie.

Dupuis, François, de Ponts (Seine-Inférieure), 8ᵉ lanciers ; 31 octobre 1870, — typhus.

Dupuis, René, de Soivre (Deux-Sèvres), 2ᵉ régiment d'infanterie de marine ; 7 mars 1871, pulmonie.

Durigneux, Louis, de Vieux (Nord), 33ᵉ de ligne ; 30 mars 1871, — pneumonie.

Duringue, Ernest, de..... 2ᵉ zouaves ; 24 août 1870, — blessures.

Duvange, Jean, de Bernage (Gironde), 72ᵉ de ligne ; 27 septembre 1870, — fièvre.

Élie, Jean-Louis, de Bonneville (Manche), 60e de ligne; 12 décembre 1870, — pneumonie.

Embark-el-Chouali, de Constantine, 3e tirailleurs algériens; 3 avril 1871, — pneumonie.

Emery, Jean, de Coscia (Corse), 36e de ligne; 10 octobre 1870, — typhus.

Ernst, Romain, d'Ungersheim (Haut-Rhin), 2e régiment d'infanterie de marine; 27 octobre 1870, — typhus.

Escoffier, Marcel, de Argois (Bouches-du-Rhône), 8e de ligne; 20 octobre 1870, — typhus.

Fabre, Pierre, de Hautdans (Loiret), 17e de ligne; 29 septembre 1870, — typhus.

Faillet, Blaise, de Bougie (Dordogne), 3e régiment d'infanterie de marine; 29 mai 1871, — typhus.

Faivre........., 68e de ligne; 7 octobre 1870, — pyamie.

Fallot, Eugène, de Algy (Aisne), 3e régiment d'infanterie de marine; 17 décembre 1870, — typhus.

Fanfournoux, Jean-Charles, de Saint-Thurin (Loire), 52e de ligne; 30 janvier 1871, — typhus.

Fare ou Sare, Jules-Constant, d'Écromagny (Haute-Saône), 13e de ligne; 25 décembre 1870, — typhus.

Farnault, Jean-Homère, de Château-Landon (Seine-et-Marne), soldat au 19e de ligne; 18 novembre 1870, — typhus.

Fatosme, Simon-François, de Fermanville (Manche), guide; 19 novembre 1870, — typhus.

Faucon, Eugène, d'Aubencheull (Aisne), 62e de ligne; 15 octobre 1870, — typhus.

Faure, Pierre-Antoine, de Roybon (Isère), 2e régiment d'infanterie de marine; 29 septembre 1870, — typhus.

Faure, Étienne, de Sablon (Allier), 55e de ligne; 1er juin 1871, — pneumonie.

Fayet, Eugène, d'Arras (Pas-de-Calais), caporal au 24e de ligne; 4 avril 1871, — abcès au cerveau.

Ferrand, Louis, de Ruy (Isère), 54e de ligne; 12 décembre 1870 — typhus.

Flavenot, Jean-Baptiste, d'Autrepierre (Meurthe), 1er grenadiers de l'ex-garde; 5 février 1871, — typhus.

Fleury, Jean-Baptiste, de Bergemont (Côte-d'Or), 62e de ligne; 12 novembre 1870, — typhus.

Fontanier, Dieudonné, de Beauvigny (Nord), 62e de ligne; 2 mars 1871, — affaiblissement d'estomac.

Fougardou-Tougard, Jean-Baptiste, de..... 68e de ligne; 10 octobre 1870, — pyamie.

Gache, Jean-Claude, d'Étappes (Vosges), 82e de ligne; 10 février 1871, — typhus.

Galloyer, François, de Montreuil (Sarthe), 10e de ligne; 17 mai 1871, — typhus.

Gastbled, François, de Belan (Manche), 57e de ligne; 29 novembre 1870, — typhus.

Gaston, Ignace, de Seix (Ariége), 17e de ligne; 10 mars 1871, — pneumonie.

Gaudrat, Jean, de Perra (Creuse), 47e de ligne; 6 février 1871, — typhus.

Gauthier, Charles-Louis, de..... 18e chasseurs à pied; 21 novembre 1870, — typhus.

Gauthier, Jacques, de Limeux (Gironde), 19e de ligne; 10 janvier 1871, — typhus.

Geslin, Constantin, de Billon (Orne), 3e régiment du génie; 6 avril 1871, — pneumonie.

Gibault, Jean, de Dun-le-Poélier (Indre), 2e régiment des grenadiers de l'ex-garde; 5 mars 1871, — pneumonie.

Gillet, Martin, sergent-major au 47e de ligne; de..... 19 août 1870, blessure.

Gillet, Jean, de Lauraines (Maine-et-Loire), 3e régiment d'infanterie de marine; 11 octobre 1870, — palpitations.

Gimbert, André, de Vital (Haute-Loire), 60e de ligne; 6 février 1871, — typhus.

Gimet, Laurent, de la Palisse (Allier), 41e de ligne; 15 mars 1871, — pneumonie.

Glandaz, Jean, d'Orléans (Loiret), caporal au 8e de ligne; 8 octobre 1870, — typhus.

Gossard, Jean, d'Épineuil (Cher), 6e de ligne; 24 novembre 1870, — typhus.

GOUBERT, Jean, de Saint-Sauveur-le-Vicomte (Manche), 2ᵉ chasseurs à pied; 13 décembre 1870, — typhus.

GOUBILLE,.... de Nérigean (Gironde), garde mobile; 7 janvier 1871, — typhus.

GOUDRAUT,..... de..... 54ᵉ de ligne; 4 octobre 1870,— pyamie.

GOUJON, Louis, de Ligné (Loire-Inférieure) 1ᵉʳ régiment d'artillerie; 4 février 1871, — typhus.

GOUPET, Félix, de Montsaugeon (Haute-Marne), 24ᵉ de ligne; 18 octobre 1870, — typhus.

GOURANTON, Charles, de Bringolo (Côtes-du-Nord), 8ᵉ de ligne; 12 décembre 1870, — typhus.

GOURDIN, Armand, de Val-Premier (Manche), 64ᵉ de ligne; 1ᵉʳ novembre 1870, — typhus.

GOURLET, Jean-Baptiste, de..... 8ᵉ de ligne; 21 octobre 1870, — typhus.

GOUTAYER, Claude, de la Chapelle (Allier), 79ᵉ de ligne; 5 novembre 1870, — typhus.

GOUTORBE, Jean, de Ferrières (Allier), 2ᵉ régiment d'infanterie de marine; 17 octobre 1870, — typhus.

GRODAILLON, Joseph-Marie, de Saint-Offenge (Savoie), soldat au 56ᵉ de ligne; 19 octobre 1870, — typhus.

GROS, Léon, de Paris, 37ᵉ de ligne; 16 janvier 1871, — pneumonie.

GUICHARD, Désiré, de Coulombs (Eure-et-Loir), 6ᵉ de ligne; 3 octobre 1871, — dyssenterie.

GUICHARD, Louis, de Possensy (Vienne), 80ᵉ de ligne; 2 février 1870, — pneumonie.

GUIRARD, François-Joseph, de Barne (Mayenne), garde mobile; 6 janvier 1871, — typhus.

GUTKNECHT, Jean, de Obersheim (Bas-Rhin), 1ᵉʳ régiment du génie; 1ᵉʳ octobre 1870, — typhus.

HAQUET, Eugène, de..... caporal au 79ᵉ de ligne; 24 octobre 1870, — typhus.

HAVUY, Joseph, de Belval (Vosges), 2ᵉ régiment d'infanterie de marine; 10 octobre 1870, — diarrhée.

HERVET, Charles, de Guirbrac (Finistère), 21ᵉ de ligne; 12 octobre 1870, — typhus.

Hosteing, Pierre, de Bordeaux (Gironde), 99ᵉ de ligne; 23 octobre 1870, — typhus.

Hubert, Pierre, de Virming (Meurthe), 6ᵉ de ligne; 11 janvier 1871, — variole.

Huchon, Claude, de Quetigny (Côte-d'Or), 1ᵉʳ régiment d'artillerie; 9 décembre 1870, — typhus.

Huchot, Alexandre, de Lucy-sur-Cure (Yonne), sergent au 33ᵉ de ligne; 15 octobre 1870, — typhus.

Husson, Casimir, de..... 61ᵉ de ligne; 10 décembre 1870, — typhus.

Ine, Victor, de Tougney (Calvados), 34ᵉ de ligne; 28 janvier 1871, — pneumonie.

Innocenci, Joseph, de Casalta (Corse), 3ᵉ régiment d'infanterie de marine; 14 décembre 1870, — typhus.

Irisson, Jean-Pierre, de..... 31ᵉ de ligne; 4 novembre 1870, — typhus.

Jacquemet, Alexandre, de Fontaines (Meuse), 1ᵉʳ régiment du génie; 9 décembre 1870, — pneumonie.

Jacquinot, Joseph, de Noroy-le-Bourg (Haute-Saône), 10ᵉ cuirassiers; 1ᵉʳ décembre 1870. — typhus.

Jaillet, André, de Dolomieu (Isère), 12ᵉ d'artillerie; 13 mai 1871, — typhus.

Jaillet, Joseph, de Badinières (Isère), 3ᵉ régiment de chasseurs; 31 mai 1871, — pneumonie.

Jancini, Antoine-André, d'Oletta (Corse), 1ᵉʳ grenadiers de l'ex-garde; 11 janvier 1871, — phthisie.

Jeannetet, Ferdinand, de Saint-Péray (Ardèche), 37ᵉ de ligne; 21 juillet 1871, — pneumonie.

Johannès, Albert, de Serdonnerra (Yonne), 8ᵉ de ligne; 17 octobre 1870, — typhus.

Johannès, Aimé, de Boisleux-au-Mont (Pas-de-Calais), 89ᵉ de ligne; 7 février 1871, — pneumonie.

Joly, Antoine, de Savoyeux (Haute-Saône), 1ᵉʳ grenadiers de l'ex-garde; 2 janvier 1871, — typhus.

Jonqua, Jacques, de Bonport (Dordogne), garde mobile; 22 décembre 1870, — typhus.

Julien, François, de Saint-Pierre (Tarn), 28ᵉ de ligne; 14 janvier 1871.

Jumel, Mathurin, de Mauron (Morbihan), 2ᵉ régiment des grenadiers; 20 février 1871, — palpitations.

Kerronet,....... de....... 24ᵉ de ligne; 12 octobre 1870. — typhus.

Lachassagne, Jacques, de Maison (Creuse), 3ᵉ régiment d'infanterie de marine; 5 octobre 1870, — typhus.

Lagarde, François, de Togar (Ariége), 10ᵉ chasseurs; 29 janvier 1871, — pneumonie.

Lagdar-bel-Hadj, de Constantine, 3ᵉ tirailleurs algériens; 17 mars 1871, — pneumonie.

Lagnet ou Lanier, Pierre, de Saint-Lot (Landes), 17ᵉ de ligne; 8 février 1871, — typhus.

Lagrenat, Émile, de Pouilly (Haute-Marne), 14ᵉ chasseurs à pied; 18 janvier 1871, — hydropisie.

Lahirle, Gabriel, de l'Isle-en-Jourdain (Gers), 37ᵉ de ligne; 19 janvier 1871, — pneumonie.

Lambert, Victor, de Saint-Gilles (Orne), 21ᵉ de ligne; 1ᵉʳ octobre 1870, — typhus.

Lamothe, Vincent, de Riscle (Gers), 99ᵉ de ligne; 21 avril 1871, — apoplexie.

Lamy, Gabriel, de Chevreau (Creuse), 64ᵉ de ligne; 13 avril 1871, — pneumonie.

Landercy, Auguste, de Valenciennes (Nord), 18ᵉ chasseurs à pied; 12 octobre 1870, — typhus.

Largnon, Baptiste, de Dun-les-Places (Nièvre), 37ᵉ de ligne; 12 janvier 1871, — typhus.

Lasseur, Delphin, d'Anceins (Orne), 93ᵉ de ligne; 27 mars 1871, — pneumonie.

Lasserre, François, de Dax (Landes), 52ᵉ de ligne; 23 octobre 1870, — typhus.

Leboucq, Jules, de Griselles (Loiret), 24ᵉ de ligne; 17 mars 1871, — pneumonie,

Lebourgeois, François, de Basilly (Manche), 2ᵉ régiment d'infanterie de marine; 22 novembre 1870, — typhus et pneumonie.

Lefèbre, Séraphin, de..... clairon au 94ᵉ de ligne ; 20 novembre 1870, — typhus.

Legland, Jean, d'Angers (Maine-et-Loire), 79ᵉ de ligne ; 27 novembre 1870, — typhus.

Lemarié, Louis, de Léré (Manche), 64ᵉ de ligne ; 30 octobre 1870, — typhus.

Lemoine, Jean, de Neuville (Manche), 9ᵉ de ligne ; 1ᵉʳ juin 1871, — pyamie.

Le Normand, Louis, de Belle-Isle-en-Terre (Côtes-du-Nord), 1ᵉʳ régiment du train d'artillerie ; 9 mai 1871, — pneumonie.

Lepape, Louis-Jean, de..... 33ᵉ de ligne ; 1ᵉʳ novembre 1870, — typhus.

Lequerre, Jean-Marie, de Saint-Nazaire (Loire-Inférieure), 10ᵉ d'artillerie ; 29 septembre 1870, — typhus.

Lequief, Clovis, de Bouvignies (Nord), 37ᵉ de ligne ; 17 novembre 1870, — typhus.

Lerasle, Jean, de Diou (Indre), 43ᵉ de ligne ; 2 janvier 1871, péripneumonie.

Lesinces, Pierre-Nicolas, de la Horgne (Ardennes), 2ᵉ régiment d'infanterie de marine ; 26 mai 1871, — phthisie.

Louis, Jean, de la Garde (Drôme)..... 7 octobre 1870, — apoplexie.

Lucas, Théophile, d'Écardenville (Eure), 33ᵉ de ligne ; 30 novembre 1870, — angine.

Luisinchi, Antoine-François, de..... (Corse), sergent au 2ᵉ voltigeurs ; 28 janvier 1871, — pneumonie.

Lecornec, Jean-Marie, de Glomel (Côtes-du-Nord), 3ᵉ régiment d'infant. de marine ; 24 janvier 1871, — pneumonie.

Mahet, Jean, de Trébry (Côtes-du-Nord), 24ᵉ de ligne ; 25 avril 1871, — apoplexie.

Malcuit, Pierre, de Senargent (Haute-Saône), 3ᵉ régiment du génie ; 23 février 1871, — pneumonie.

Mandin, Henri, de Boule (Vendée), 77ᵉ de ligne ; 22 mai 1871, — phthisie.

Marast...... de....... sergent au 86ᵉ de ligne ; 3 octobre 1870, — pyamie.

Mantelet, Auguste-Eugène, de Vinomer (Rhône), 2ᵉ régiment d'infanterie de marine ; 7 janvier 1871, — typhus.

Martin, Jules, de Chaussonier (Vendée), 79ᵉ de ligne; 9 octobre 1870, — typhus.

Martin, Jean, de Saint-Géon (Dordogne), 22ᵉ de ligne ; 29 janvier 1871, — pneumonie.

Maruel, Jean, de Bessol-Saint-Victor (Puy-de-Dôme, 96ᵉ de ligne ; 23 octobre 1870, — typhus.

Masson, Henri, de Marieux-Saint-Aignan (Loir-et-Cher), 2ᵉ régiment d'infanterie de marine; 27 octobre 1870, — typhus.

Mathis, Lucien, de..... (Vosges), 8ᵉ de ligne; 21 octobre 1870, — typhus.

Maurice, Auguste, du Mans (Sarthe), 78ᵉ de ligne; 14 novembre 1870, — typhus.

Maurice, Joseph-Marie, de..... 51ᵉ de ligne; 19 décembre 1870, — typhus.

Maurisel, Auguste, de Grand-Bois (Loire-Inférieure), 3ᵉ régiment d'infanterie de marine; 7 octobre 1870, — typhus.

Mazarquil, Marc, de Floirac (Lot), 31ᵉ de ligne; 8 février 1871, — pneumonie.

Méchet, Louis, de..... sergent au 52ᵉ de ligne; 18 septembre 1870, — pneumonie.

Mercier, Joseph, de Châtillon (Ain), 8ᵉ de ligne; 21 octobre 1870, — typhus.

Meurique, Pierre, de Quimper-Guéjénec (Côtes-du-Nord), 3ᵉ régiment d'infanterie de marine; 4 janvier 1871, — péripneumonie.

Millet, Jacques, de Darvies (Loire-Inférieure), 52ᵉ de ligne; 1ᵉʳ novembre 1870, — typhus.

Miloud,..... d'Alger, 1ᵉʳ régiment de tirailleurs algériens; 13 septembre 1870, — pyamie.

Miquel, Pierre, de..... 13ᵉ de ligne; 25 décembre 1870, — typhus.

Mohammed-ben-Choban, de Constantine, 3ᵉ tirailleurs algériens; 26 février 1871, — pneumonie.

Moine, Jean-Baptiste, de Bronchois (Côte-d'Or); 79ᵉ de ligne; 22 octobre 1870, — typhus.

APPENDICE

Moll, Xavier, de Soleure (Suisse), légion étrangère ; 13 janvier 1871, — pneumonie.

Mollereau, Adolphe, de....., 8ᵉ de ligne ; 8 novembre 1870, — typhus.

Monseau, Jean, de Ennordres (Loir-et-Cher), 2ᵉ régiment d'infanterie de marine ; 1ᵉʳ novembre 1870, — typhus.

Morel, Pierre, de Chenay (Rhône), 79ᵉ de ligne ; 7 octobre 1870, — typhus.

Mouly, Jean-Félix, de..... 17ᵉ de ligne ; 7 octobre 1870, — charbon.

Moussain, Albert, de Saint-Denis-le-Gast (Manche) ; 13 octobre 1870, — typhus.

Munch, Émile, de Vicheim (Haut-Rhin), 21ᵉ de ligne ; 28 septembre 1870, — typhus.

Naudin, Ferdinand-François, de Champis (Ardèche), caporal au 1ᵉʳ régiment des grenadiers de l'ex-garde ; 21 février 1871, — pneumonie.

Nectoux, Florimond, de Paris, 1ᵉʳ régiment d'artillerie ; 14 juin 1871, — phthisie.

Noble, Napoléon, d'Ouzouer (Loiret), 24ᵉ de ligne ; 23 janvier 1871, — pneumonie.

Noguez, Jean-Baptiste, de Bois-Lillas (Pyrénées-Orientales), 25ᵉ de ligne ; 1ᵉʳ février 1871, — pneumonie.

Pagès, Jean-Baptiste-Jacques, de Pieusse (Aude), 18ᵉ d'artillerie ; 10 décembre 1870, — pneumonie.

Pailler, Antoine, de..... 72ᵉ de ligne ; 14 octobre 1870, — typhus.

Patelec, Jean, de Turgoin (Finistère), 59ᵉ de ligne ; 23 février 1871, — pneumonie.

Paul, Jean, de..... 3ᵉ régiment d'infanterie de marine ; 25 octobre 1870, — typhus.

Péché, Aimé, de Téfine (Vosges), 8ᵉ d'artillerie ; 11 septembre 1870, — pyamie.

Pégorier, Victor, de Mouret (Aveyron), 2ᵉ grenadiers de l'ex-garde ; 18 avril 1871, — inflammation de cerveau.

Pelletier, Théophile, d'Appoigny (Yonne), 8ᵉ de ligne; 30 janvier 1871, — pneumonie.

Perron, Pierre, de Locarn (Côtes-du-Nord), 8ᵉ de ligne; 1ᵉʳ mars 1871, — typhus.

Petit, Antoine, de Saint-Ferréol (Haute-Loire), 10ᵉ cuirassiers; 29 septembre 1870, — typhus.

Philippard, Désiré, de Lizieux (Calvados), 2ᵉ zouaves; 4 octobre 1870, — typhus.

Piet, Jean-Baptiste, d'Autet (Haute-Saône), 33ᵉ de ligne; 15 octobre 1870, — typhus.

Pince, François, de Champrois (Nord), 24ᵉ de ligne; 10 octobre 1870, — typhus.

Pinson, Pierre, d'Henrichemont (Cher), 80ᵉ de ligne; 18 novembre 1870, — typhus.

Planchon, François, d'Oyonnax (Ain), 79ᵉ de ligne; 3 octobre 1870, — typhus.

Plion ou Blion, Raoul, de Sabrolanne (Ille-et-Vilaine), 40ᵉ de ligne; 10 février 1871, — typhus.

Pointeau, Hilaire, de..... 33ᵉ de ligne; 26 novembre 1870, — typhus.

Polotèque, Jean-Marie, de Rostrenen (Côtes-du-Nord), 8ᵉ de ligne; 27 novembre 1870, — typhus.

Portier, Anthelme, de Novalaise (Savoie), 15ᵉ d'artillerie; 15 mars 1871, — pneumonie.

Poulain, Constantin, de Gœulzin (Nord), 62ᵉ de ligne; 23 décembre 1870, — typhus.

Poulot, Pierre, de Calais (Dordogne), 2ᵉ régiment d'infanterie de marine; 17 novembre 1870, — typhus.

Prévot, Victor, de Varognes (Haute-Saône), 3ᵉ régiment d'infanterie de marine; 12 novembre 1870, — typhus.

Prudhomme, Théodore, de..... 62ᵉ de ligne; 17 novembre 1870, — typhus.

Quille, Charles-Alfred, de Lille (Nord), 24ᵉ de ligne; 25 octobre 1870, — typhus.

Rabier, Léonard, de Franchy (Dordogne), 2ᵉ régiment d'infanterie de marine; 27 septembre 1870, — fièvre.

Rainaud, Joseph, de Crebonnot (Aisne), 79ᵉ de ligne; 27 novembre 1870, — typhus.

Ranvoise, Auguste-Constant, de Savigny (Loir-et-Cher), 2ᵉ régiment d'infanterie de marine; 11 décembre 1870, — typhus.

Raveau, Jules, de Paudy (Indre), 47ᵉ de ligne; 27 septembre 1870, — typhus.

Remouselle, de Rochefort (Charente-Inférieure), 86ᵉ de ligne; 20 septembre 1870, — pneumonie.

Renaud, Simon, de Saint-Julien (Haute-Savoie); .... 1ᵉʳ octobre 1870, — pyamie (côté gauche).

Retoux, Jean, de Chezel-Fleury (Orne), 21ᵉ de ligne; 11 octobre 1870, — typhus.

Rhin, Jean, de Molsheim (Bas-Rhin), 3ᵉ cuirassiers; 4 mars 1871, — apoplexie.

Riffaud, François, de Coulon (Deux-Sèvres), 52ᵉ de ligne; 27 décembre 1870, — palpitations.

Rioux, Guillaume, de Plougras (Côtes-du-Nord), 79ᵉ de ligne; 11 février 1871, — pneumonie.

Rivassot, Pierre, de Lampierre (Vendée), 71ᵉ de ligne; 26 décembre 1870, — fièvre.

Robert, Joseph, de Boissière-Villy (Ille-et-Vilaine), 71ᵉ de ligne; 17 décembre 1870, — typhus.

Romilla, François, de..... 85ᵉ de ligne; 9 décembre 1870, — typhus.

Roth, Félix, de Sentheim (Haut-Rhin), 3ᵉ régiment d'infanterie de marine; 15 octobre 1870, — typhus.

Rouget, Hippolyte, de Saint-Charles-la-Forêt (Mayenne) garde mobile; 20 décembre 1870, — typhus.

Rousseau, Edmond, de Lille (Nord), 24ᵉ de ligne; 31 octobre 1870, — typhus.

Roussel, Ernest, de Louviers (Eure), 94ᵉ de ligne; 6 décembre 1870, — typhus.

Rousset, Jacques, de Avinières (Aisne), 3ᵉ régiment d'infanterie de marine; 29 janvier 1871, — pneumonie.

Rouyre, Jean, de Paris, 18ᵉ chasseurs à pied; 3 novembre 1870, — pneumonie.

Ruisseux, Justin, de Vaudut (Nord), 26ᵉ de ligne ; 18 décembre 1870, — typhus.

Sachot, François, de Toire (Vosges), 67ᵉ de ligne ; 26 décembre 1870, — typhus.

Saïd-ben-Ahmed, de Sétif, 3ᵉ tirailleurs algériens, caporal ; 17 février 1871, — pneumonie.

Sallaberry, Pierre, de Saint-Esteben (Basses-Pyrénées), 1ᵉʳ grenadiers ; 30 janvier 1871, — fièvre scarlatine.

Sallat, Pierre, de Varennes (Dordogne), 72ᵉ de ligne ; 13 octobre 1870, — typhus.

Secretin, Charles, de Loisy (Sarthe), 62ᵉ de ligne ; 10 février 1871, — pneumonie.

Ser-ben-Ali, de Constantine, 1ᵉʳ régiment des tirailleurs algériens ; 22 août 1870, — blessures.

Serrault, Sylvain-Désiré, de..... 2ᵉ régiment d'infanterie de marine ; 23 octobre 1870, — typhus.

Soliman-ben-Salah, de Constantine, 3ᵉ régiment de tirailleurs algériens ; 6 février 1871, — pneumonie.

Sorin, Jean-Marie, d'Aignan (Loire), 2ᵉ grenadiers ; 6 juin 1871, — phthisie.

Souday, François, de Rustrhof (Moselle), 62ᵉ de ligne ; 24 octobre 1870, — typhus.

Surcin, Jean-Louis, de..... 33ᵉ de ligne ; 6 décembre 1870, — typhus.

Suzini, Jean-Baptiste, de Sartène (Corse), 28ᵉ de ligne ; 13 septembre 1870, — pyamie.

Tallois, Aimé, de la Croix (Eure), 3ᵉ tirailleurs algériens ; 4 février 1871, — typhus.

Tanguy, Yves, de Pleubian (Côtes-du-Nord), 3ᵉ grenadiers ; 13 janvier 1871, — pneumonie.

Tavan, Frédéric, de Lyon, 99ᵉ de ligne ; 7 mars 1871, — pneumonie.

Thomas, Paul, de la Chapelle (Vendée), 79ᵉ de ligne ; 4 octobre 1870, — typhus.

Thouet, Pierre, de..... 79ᵉ de ligne ; 20 novembre 1870, — typhus.

Tillard, François, de Tartécourt (Haute-Saône), 8e de ligne ; 23 mars 1871, — pneumonie tuberculeuse.

Toullier, Pierre, de Visège (Ille-et-Vilaine), 48e de ligne ; 6 février 1871, — typhus.

Touray, Aimable, d'Auberville (Seine-Inférieure), 63e de ligne; 2 février 1871, — pneumonie.

Traversier, Charles, de Reims (Marne), 33e de ligne; 8 décembre 1870, — pneumonie et typhus.

Trente, Charles, de Pradiers (Vienne), 2e grenadiers ; 17 novembre 1870, — convulsions.

Tricot, Camille, de Montcornet (Aisne), garde mobile ; 8 octobre 1870, — typhus.

Trion, Jean, de Dué-la-Fontaine (Maine-et-Loire), 1er grenadiers; 28 novembre 1870, — typhus.

Trouve, Alexis, de Filly (Sarthe), 8e de ligne; 13 janvier 1871, — typhus.

Trovey, Olivier, de Moustérus (Côtes-du-Nord), 8e de ligne; 8 novembre 1870, — typhus.

Truchet, Michel, de Saint-Gaudin (Isère), 47e de ligne; 28 décembre 1870, — typhus.

Vaillant, Achille, de Ressons-le-Long (Aisne), 33e de ligne; 12 novembre 1870, — typhus.

Valet, Jules, de..... 21e de ligne; 3 nov. 1870, — typhus.

Valin, Louis, de Beauchemin (Maine-et-Loire), 79e de ligne; 17 février 1871, — pneumonie.

Vanhove, Jules, de Paris, 1er régiment d'artillerie ; 24 février 1871, — pneumonie.

Vasseur, Joseph, de Samer (Pas-de-Calais), 62e de ligne; 24 décembre 1870, — typhus.

Veret, Hippolyte, de..... 62e de ligne; 9 novembre 1870, typhus.

Vergely, Joseph, de la Salvetat (Hérault); 20 mars 1871; — apoplexie.

Verger, Alexandre, de Juvigné (Mayenne), 2e régiment d'infanterie de marine; 29 novembre 1870, — typhus.

Vérisel, Jean, de Lyon, 4e régiment d'infanterie de marine; 2 mars 1871, — pneumonie.

Vézy, Julien, de Sévillac (Haute-Vienne), 3ᵉ régiment d'infanterie de marine; 31 mars 1871, — pneumonie.

Vignais, François, de Blanchière (Mayenne), garde mobile; 19 décembre 1870, — pneumonie.

Vinçot, Pierre-Lucien, de Juvers (Eure-et-Loir), 25ᵉ de ligne; 16 décembre 1870, — typhus.

Viol, Eugène, de Malbieur (Vaucluse), 2ᵉ zouaves; 23 septembre 1870, — typhus.

Vicart, Louis, d'Aire (Pas-de-Calais), 68ᵉ de ligne; 26 septembre 1870, — dyssenterie, catalepsie et blessure.

Vilsieux, Alexandre, de....33ᵉ de ligne; 3 novembre 1870, — typhus.

Vonzet, ou Wantz, Toussaint, de Villé (Bas-Rhin), section d'ouvriers; 9 novembre 1870, — typhus.

Watrin, Claude, de Nomeny (Meurthe), 4ᵉ régiment d'infanterie de marine; 4 décembre 1870, — typhus.

Winterhalter, Charles, d'Altkirch (Haut-Rhin), 79ᵉ de ligne; 31 octobre 1870, — typhus.

R. I. P.

LISTE

DES PRISONNIERS DÉCÉDÉS A NEU-ULM, 1870-71

PAR ORDRE ALPHABÉTIQUE

Aimé, Jean-Pierre, de Forbach (Moselle), 22 ans; 22 décembre 1870; — variole.

Andrieu, Auguste, de Queslin (Marne), 26 ans; 3 avril 1871, — typhus.

Bartou, Eugène, de Sierre (Hérault), 28 ans; 15 janvier 1871, — typhus.

Bichota,..... de Lury (Cher), 25 ans; 25 janvier 1871, — dyssenterie.

Bontemy, François, 2ᵉ chasseurs, de Brecy-Dusey (Manche), 23 ans; 15 avril 1871, — tuberculeux.

Bouerlé, Joseph, de Mulhouse (Haut-Rhin), 32 ans; 12 décembre 1870, — typhus.

Bouhus, Jean, de Cordesagne (Tarn-et-Garonne), 20 ans; 16 janvier 1871, — pulmonie.

Bronlien, Désiré, de Beaumont (Meuse), 23 ans; 13 décembre 1870, — typhus.

Bunlet, Jacques, 1ᵉʳ d'artillerie, de Veveny (Dordogne), 27 ans; 12 juin 1871, — gastrite.

Bureau,..... d'Aubigny-sur-Nère (Cher), 22 ans; 3 août 1871, — phthisie (mort à Mulhouse au retour.)

Caour-ben-Mandel, d'Orléansville (Algérie), 21 ans; 6 février 1871, typhus.

Castineau, Ambroise, de Geaon (Mayenne), 31 ans; 30 novembre 1870, — typhus.

Charlevêque, Louis, de Gerautier (Vienne), 21 ans; 10 septembre 1870, — typhus.

Chéneau, Jean-Baptiste, garde-mobile, de Fourrières (Hautes-Pyrénées); 25 mai 1871, — pleurésie.

Chier, Charles, de Valbois (Moselle), 32 ans; 2 décembre 1870, — tuberculeux.

Crole, Charles, de....... 25 ans; 17 sept. 1870, — typhus.

Delaunay, Jean-François, de Fougères (Ille-et-Vilaine), 25 ans; 31 décembre 1870, — dyssenterie.

Dépail, Désiré, de Amlet (Ille-et-Vilaine), 29 ans; 10 février 1871.

Despailles..... (Breton), 40e de ligne.

Duprail, Jean, de Boulogne..... 25 ans; 21 novembre 1870, — typhus

Duchesne, Jean, de Bellefontaine (Vosges), 24 ans; 21 janvier, 1871, — typhus.

Faura, Charles, de Selappe (Haute-Garonne), 20 ans; 10 janvier 1871, — pulmonie.

Festu, Charles, de Buet (Aisne), 19 ans; 17 mars 1871, — typhus.

Galopin, Just, de Trompin (Nord), 23 ans; 26 novembre 1870, — typhus.

Gourdon, Jules, de Villeneuve (Marne), 24 ans; 9 avril 1871, — péritonite.

Hertz, Antoine, de Fix (Moselle), 32 ans; 2 décembre 1870, — typhus.

Juin, François, de Saint-Calais (Sarthe), 26 ans; 27 novembre 1870, — typhus.

Klein, Laurent, de Feix (Meurthe), 24 ans; 9 mars 1871, — typhus.

Labanne, François, de Privas (Dordogne), 23 ans ; 19 décembre 1870, — pulmonie.

Lactesse, Joseph, de Naidière (Meurthe), 21 ans ; 2 décembre 1870, — tubercules.

Laselle, Armand, de Mourcy (Aveyron), 27 ans ; 7 janvier 1871, — typhus.

Lebourgogne, Jean, de..... (Morbihan), 24 ans ; 22 janvier 1871, — tubercules.

Leclerc, Alexandre, de Saugé (Maine-et-Loire), 21 ans ; 24 janvier 1871, — blessure.

Legalleau, Nicolas, de Mendec (Morbihan), 22 ans ; 23 février 1871, — pleurésie.

Le Hélo, Jean, de Hemié (Loire-Inférieure), 25 ans ; 22 décembre 1870, — variole.

Lobolle, Antoine, de Saint-Goin (Meurthe), 25 ans ; 16 février 1871, — pulmonie.

Loiès, Louis, de Meriel (Seine-et-Oise), 21 ans ; 25 janvier 1871, — pleurésie.

Macé, Auguste, de Saint-Aubert (Orne), 29e de ligne, 23 ans ; 7 mai 1871, — tubercules.

Maravon, Antoine, de..... (Aveyron), 25 ans ; 11 novembre 1870, — typhus.

Minart, Alexandre, de Luans (Yonne), 19 ans ; 16 mars 1871, — pulmonie.

Nollet, Henri, de Civey (Vienne), 26 ans ; 24 janvier 1871, — pneumonie.

Nuobet, Constant, de Montbeau (Manche), 30 ans ; 14 février 1871, — pulmonie.

Ollivier, Hippolyte, de Duxy (Charente), 27 ans ; 25 janvier 1871, — variole.

Parisot, Camille, de Bologne (Haute-Marne) ; 31 ans ; 2 janvier 1871, — apoplexie.

Plesis, Moïse, de Saint-Remy-des-Monts (Sarthe), 20 ans ; 16 janvier 1871, — variole.

Poumas, Antoine, de Claize (Mayenne), 22 ans ; 27 février 1871, — apoplexie.

Ruillo, Pierre, de la Rivière (Gironde), 24 ans; 18 décembre 1870, — scarlatine.

Sudan, Victor, de Chantier (Jura), 23 ans; 9 février 1871,— typhus.

Thomas, Jean, de Saint-Loup (Nièvre), 22 ans; 27 février 1871, — apoplexie.

Troussel, Jean, de Lavertujon (Puy-de-Dôme), 32 ans; 30 janvier 1871, — typhus.

Vigneory, Jean, de Neuillac (Charente), 22 ans; 28 février 1871, — typhus.

R. I. P.

TABLE DES MATIÈRES

Avis de l'Éditeur....................	III
Prologue...........................	9
Chapitre. I. — Le bombardement de Strasbourg.......	15
— II. — La ville d'Ulm.................	36
— III. — L'arrivée des prisonniers..........	40
— IV. — Les officiers allemands...........	50
— V. — Le clergé allemand..............	62
— VI. — Le clergé français..............	72
— VII. — Les sources.................	86
— VIII. — Les distributions..............	98
— IX. — Les occupations des prisonniers.......	108
— X. — Les hôpitaux et les ambulances.......	123
— XI. — La religion dans les ambulances......	137
— XII. — Le service religieux dans les casemates. .	160
— XIII. — La reconnaissance.............	177
— XIV. — Les turcos..................	186
— XV. — Les derniers adieux.............	190
— XVI. — Le départ...................	209
— XVII. — Une organisation essentielle dans la réorganisation de l'armée.................	217
Épilogue...........................	239
Appendice N° 1......................	249
— 2. — Cimetières................	252
— 3. — Lettre d'un officier de l'armée......	254
— Liste nécrologique des prisonniers décédés à Ulm, en 1870-71, par ordre alphabétique..	257
— Liste des prisonniers décédés à Neu-Ulm...	271

Tours, impr. Juliot.

www.ingramcontent.com/pod-product-compliance
Lightning Source LLC
Chambersburg PA
CBHW070542160426
43199CB00014B/2342